W0174590

ARDBuffet

Silvia Frank

Haushalts-1x1
Noch mehr Expertenwissen

Über
250 TIPPS
von Deutschlands
bekanntester
Haushalts-
expertin

Stadtbücherei Ahrensburg

63214044059

Inhaltsverzeichnis

Liebe Leserinnen und Leser, liebe Zuschauer,

nun liegt bereits Band 2 des ARD-Buffet Haushalts-1x1 vor Ihnen ... Denn Ihr Interesse an Band 1 war enorm!

Kaum war der erste Band erschienen, häuften sich die Nachfragen nach Tipps zu weiteren Haushaltsproblemen: Wie reinige ich Kochfelder aus Glaskeramik? Wie pflege ich Küchenarbeitsplatten, Plissees, Teddybären, Kaschmirpullover ...?

In Band 1 konnten nicht alle Themen und Bereiche abgedeckt werden, die ich in 15 Jahren für das ARD-Buffet bearbeitet habe. Sonst hätte das Buch doppelt so dick werden müssen wie geplant. Es musste also viel gekürzt werden, viele Kapitel haben wir gestrichen. Ich bin froh und dankbar, dass ich nun weitere interessante Themen für Sie bearbeiten kann.

Im vorliegenden Band steht die Pflege einzelner Materialien, von der Granitplatte bis zum Klettverschluss, im Vordergrund. Ich beschäftige mich mit haushaltsrelevanten Umweltthemen und kümmere mich um den Outdoorbereich sowie um Motte, Fruchtfliege und Co.

In meinen Fernsehbeiträgen kann ich viele interessante Gesichtspunkte nicht ansprechen und Ihnen nur knappe Antworten geben, denn die Zeit ist immer viel zu kurz. Schließlich sollen möglichst viele Ihrer Fragen beantwortet werden. Deshalb freue ich mich sehr, dieses zweite Buch für Sie schreiben zu dürfen!

Ich wünsche mir, dass das Buch Ihnen hilft, viele alltägliche Probleme im Haushalt zu lösen – schnell, einfach und nachhaltig!

Ihre

Silvia Frank

Im Fokus:

Gesundheit und Umwelt

In dieses Kapitel habe ich viele, ganz verschiedene haushaltsnahe Themen gepackt, die aber alle Ihrer Gesundheit und/oder der Umwelt dienen. Denn Gesundheitsschutz und Umweltschutz brauchen neben Gesetzen und großen staatlichen Programmen die aktive Mitarbeit der einzelnen Menschen und vieler einzelner Haushalte.

Ich weiß, die Führung eines Haushalts ist kein Gesundheitstrip! Es ist eine komplexe und vielfältige Aufgabe, und sie wird durch die moderne, oft verwirrende Informationsflut nicht einfacher. Trotzdem habe ich in vielen Sendungen versucht, mit meinem naturwissenschaftlichen Know-how Informationen zu filtern und zusammenzufassen. Hier finden Sie nun Tipps, wie Sie selbst für umweltgerechte und gesundheitsverträgliche Lebensbedingungen in Ihrem eigenen Haushalt sorgen können. Bei über 40 Millionen Privathaushalten in Deutschland hat eine persönliche und individuelle Fürsorge und Vorsorge erhebliche positive Auswirkungen.

Deshalb, fangen Sie an – es lohnt sich für Sie, Ihre Familie und Ihr Umfeld!

Ihre Gesundheit im Fokus

Gesund und fit bleiben, das möchten wir alle. Durch Vorbeugung und Beachtung einfacher Hygiene-regeln können Ansteckungen trotz des engen Zusammenlebens im Privathaushalt vermindert werden. Doch auch die körperliche Bewegung ist wichtig und da bietet der private Haushalt ja reichlich Gelegenheit.

Rückenschonung bei der Hausarbeit

Hausarbeit ist für viele ein „Kreuz", aber sie muss nicht ins Kreuz gehen. Denn Hausarbeit ist mit sehr vielen dynamischen und ganz unterschiedlichen Bewegungen verbunden und kann durchaus eine rückenfreundliche Tätigkeit sein. Vorausgesetzt, wir halten uns im Eifer des Haushaltsalltags an ergonomische Grundregeln.

Geräte- sowie Küchen- und Möbelhersteller passen ihre Produkte schon lange dem Menschen an. Also liegt es an uns, die ergonomischen Erkenntnisse zu übernehmen und die vielerlei Möglichkeiten richtig zu nutzen.

ES FÄNGT BEREITS BEIM RICHTIGEN STEHEN AN

- Tragen Sie zuhause **flache Schuhe** mit einer elastischen gedämpften Sohle, die den Fuß gut abrollen lässt. Verteilen Sie das Gewicht gleichmäßig auf Ferse und Ballen. Auf hohen Schuhen kippt das Becken nach vorne, das Hohlkreuz wird verstärkt.
- Vermeiden Sie zu langes unbewegliches Stehen mit geschlossenen Beinen.
- Beim **entspannten Stehen** sind die Beine leicht geöffnet, das Hüftgelenk ist leicht gespreizt und nach außen gedreht und bildet mit Knie- und Sprunggelenk eine Achse. Die Knie sind nicht ganz durchgedrückt, so haben Sie bereits in der Grundstellung mehr Beweglichkeit.
- Verlagern Sie im Stehen öfter das Gewicht von einem Bein auf das andere.

Noch besser wäre bei langem Stehen, zum Beispiel während des Bügelns, eine etwa 10 cm hohe Fußbank. Es reicht aber auch ein stabiler Karton. Setzen Sie abwechselnd jeweils einen Fuß ab – das entlastet die Bandscheiben und die Ausbildung eines Hohlkreuzes wird vermindert.

MEIN SPEZIELLER TIPP
Beim langen Stehen an der Spüle können Sie auch die Türe des Unterschranks öffnen und den Fuß in den Schrank stellen.

- Ein stetiger Wechsel zwischen Stehen, Gehen und Sitzen ist die beste Arbeitshaltung.
- **Schaffen Sie sich in der Küche einen Sitzarbeitsplatz** oder verwenden Sie zur Entlastung der Rückenmuskulatur eine höhenverstellbare Steh-Sitzhilfe.

VERMEIDEN SIE ARBEITEN MIT GEBEUGTEM RÜCKEN

- Passen Sie Ihren Arbeitsplatz und Ihre Arbeitsgeräte Ihrem Körper an. Nach ergonomischen Untersuchungen führt schon eine längere 20°-Neigung des Rückens nach vorn zu Verspannungen und zu Rückenschmerzen.
- Die **richtige Arbeitshöhe** in der Küche wird nicht mehr ausgehend von der Körpergröße bestimmt, sondern Richtschnur ist inzwischen die Ellenbogenhöhe. Stellen Sie sich aufrecht hin, winkeln Sie den Ellenbogen im 90°-

Winkel an und strecken Sie die flache Hand waagrecht aus. Die optimale Arbeitshöhe für die gesamte Küche ist dann 10–15 cm unterhalb der Höhe des Ellenbogens. Diese Methode ist genauer und berücksichtigt stärker den individuellen Körperbau.

- Bei Rückenproblemen lohnt sich in zu niedrigen Küchen zumindest am Hauptarbeitsplatz der Bau eines Aufsatzblockes.
- Besonders komfortabel für einen entspannten Rücken ist eine Absenkung des Kochfeldes um 10–15 cm (25 cm unterhalb des Ellenbogens), dadurch wird die Topfhöhe berücksichtigt. Aber das hat nur Sinn, wenn Sie rechts und links jeweils 30 cm Arbeitsfläche auf gleicher Höhe einplanen können, damit Sie Platz für überkochende Töpfe haben. Die früher empfohlene Erhöhung der Spüle um 10 cm ist bei reichlichem Einsatz der Spülmaschine nicht mehr notwendig, vor allem, wenn dadurch die Hauptarbeitsfläche zu klein wird.
- In **Sicht- oder Greifhöhe** eingebaute Backöfen, Geschirrspülmaschinen,

Dampfgarer und Mikrowellengeräte ermöglichen ein rückenschonendes Arbeiten. Aber überprüfen Sie kritisch die Einbauhöhen von Dampfgarer und Backofen, damit Ihnen beim Öffnen die Hitze nicht direkt ins Gesicht steigt. Geben Sie bei Platzmangel einer höher eingebauten Spülmaschine den Vorrang gegenüber einem höher eingebauten Backofen, denn die Spülmaschine wird in der Regel intensiver genutzt.

- Bei Spülmaschinen, die nicht höher eingebaut sind, ist eine Programmierungsleiste im Türfalz komfortabel. Leider ist bei den meisten Maschinen die Öffnung zum Einfüllen des Salzes immer noch ergonomisch schlecht platziert, doch scheint für die Hersteller wegen der Bevorzugung von Multifunktionsspülmitteln eine Änderung nicht attraktiv genug zu sein.
- **Kühlschränke mit Auszugswagen** sind eine echte Alternative, wenn eine erhöhte Positionierung nicht möglich ist. Bei den hohen Standkühlschränken sind Auszugsfächer im unteren Bereich rückenschonend.
- Planen Sie in eine neue Küche so viele Vollauszüge wie möglich ein. Aber auch fast alle alten, unbequemen Unterbaufächer lassen sich nachträglich auf Auszüge umrüsten. Der Platzverlust ist minimal und wird durch die erleichterte Raumnutzung ausgeglichen.
- Bewahren Sie oft benutztes, schweres Geschirr grundsätzlich direkt unterhalb der Arbeitsplatte oder in der unteren Ebene von Hängeschränken auf.
- Schwere Gegenstände in Hochschränken sollten Sie immer unterhalb der Höhe des Schultergelenks lagern, sonst wird Ihr Rücken beim Herausheben zu sehr belastet.
- Schräge Blenden an Waschmaschine oder Trockner ermöglichen die Programmierung in aufrechter Haltung.

- Das Bügelbrett wird auf Hüfthöhe eingestellt. Die richtige Höhe ist erreicht, wenn Sie bei Bewegung des Bügeleisens aufrecht stehen und die Schultern entspannt nach unten hängen.
- Stellen Sie den Waschkorb hoch, sowohl beim Wäscheaufhängen als auch beim Abhängen und Bügeln.
- Bevorzugen Sie lange Stiele oder **Teleskopstiele** bei Arbeitsgeräten wie Besen, Mopp oder Wischgeräten, damit Sie in aufrechter Haltung arbeiten können.
- Stellen Sie den Putzeimer zum Auswringen des Lappens/Mopps höher. Nehmen Sie lieber einen längeren Weg in Kauf.
- Machen Sie beim Aufnehmen von Schmutz mit Kehrblech und Handfeger einen Ausfallschritt und halten Sie den Rücken gerade.
- Wählen Sie als Staubsauger ein Schlittenmodell auf Leichtlaufrädern. Bei einem Handstaubsauger müssen Sie das ganze Gewicht mit schieben.
- Ganz wichtig ist die **aufrechte Haltung während des Staubsaugens.** Denn beim Saugen in gebückter Haltung, verbunden mit den üblichen Drehungen des Oberkörpers, besteht die Gefahr eines Bandscheibenvorfalls. Achten Sie auf eine ausreichende Einstellhöhe des Teleskoprohres, damit Sie in aufrechter Haltung saugen können.
- Beim Saugen selbst machen Sie in aufrechter Haltung innerhalb Ihres Bewegungssektors Ausfallschritte und verla-

gern beim Vor- und Zurückgehen jeweils das Gewicht.
- Muss das Gerät über Stufen getragen werden, sollte das Gerät gut körpernah getragen werden. Jede Last, die Sie weit weg von Ihrem Körper tragen, wird durch die Hebelwirkung der Arme vervielfacht!

VERMEIDEN SIE EINEN ÜBERSTRECKTEN RÜCKEN

Beim Gardinenaufhängen benutzen Sie bitte immer eine Trittleiter mit ausreichender Höhe. Gehen Sie so hoch wie möglich, damit Sie nicht über dem Kopf arbeiten und Ihre Halswirbelsäule überstrecken müssen. Denn die Ursachen für die vielen Leiterunfälle im Haushalt sind weniger ungeeignete Schuhe oder falsche Leiterpositionen, sondern der Blutzufluss zum Gehirn wird durch das Beugen das Kopfes nach hinten beeinträchtigt. Es kommt zu Schwindel und Gleichgewichtsproblemen.

Das Gleiche gilt natürlich auch für ähnliche Arbeiten wie Fensterputzen, Wäscheaufhängen, Leuchtenreinigung oder das Ein- und Ausräumen hoher Schränke.

Ansteckung bei Fußpilzerkrankungen vermeiden

Es gibt viele Hautpilzerkrankungen, aber der Fußpilz und der Fußnagelpilz sind am weitesten verbreitet. Die Krankheit selbst ist harmlos, aber lästig, und der Pilz schädigt die Haut, so dass andere Erreger eindringen können. Eine Ansteckung droht nicht nur in öffentlichen Schwimmbädern oder Hotels, sondern ebenso in der eigenen Wohnung. Schon durch einfache Hygienemaßnahmen können Sie bei akuten Fuß- und Nagelpilzerkrankungen innerhalb Ihres Haushalts einer Ansteckung vorbeugen.

HINWEIS

Jede infizierte Person kann durch Rücksicht die anderen Haushaltsmitglieder vor Ansteckung schützen. Die erkrankte Person sollte die Erkrankung ernst nehmen und die verordneten Medikamente sorgfältig und regelmäßig anwenden. Die Infektionsgefahr ist bei Pilzerkrankungen hoch, da die befallenen Stellen ständig winzige Haut- und Hornschüppchen mit Pilzen und Pilzsporen absondern. Die Pilzsporen können einige Wochen in Strümpfen und Schuhen, auf dem Fußboden und Teppichen, in Handtüchern, Bettwäsche und Badematten überleben. Aber nicht jeder Pilz wächst weiter, nicht jede Pilzspore muss auch auskeimen und zu einem Befall führen! Erst wenn der Säureschutzmantel der Haut zerstört oder die Haut durch Wasser oder Schweiß aufgeweicht ist, können sich die Pilze vermehren.

PERSÖNLICHE HYGIENE

- Erkrankte Personen können im Haus luftige Hausschuhe tragen, aber immer **nur mit Strümpfen.** Die übrigen Haushaltsmitglieder sollten während der akuten Erkrankung zu Hause nicht barfuß laufen, sondern erst sechs Wochen nach Abklingen der letzten Symptome auf Schuhe und Strümpfe verzichten. Die erkrankte Person verzichtet im Haus wegen der erhöhten Anfälligkeit besser noch für einige Zeit darauf! Später ist barfuß Laufen sogar empfehlenswert, da es die Durchblutung anregt und Schweißfüßen vorbeugt.
- Die Schuhe der erkrankten Person werden bis zum Abklingen der akuten Erkrankung regelmäßig mit einem medizinischen Spray oder Puder behandelt. Stellen Sie diese Schuhe etwas abseits von den Schuhen der anderen Mitbewohner.

- Während der akuten Phase sollte die erkrankte Person die Füße nicht mit einem Handtuch, sondern nur mit Toilettenpapier abtrocknen, damit weniger Hautschuppen aufgewirbelt werden. Das Papier entsorgen Sie bitte sofort über die Toilette.

- Nach dem Abtrocknen werden als Erstes die Strümpfe angezogen. Das sofortige Anziehen verhindert die Übertragung von Hautschuppen auf die übrige Wäsche und damit eine Ausbreitung des Pilzes.

HYGIENE IM BAD

- Erneuern Sie täglich die Handtücher und die Bademaatte des Erkrankten und verwenden Sie möglichst für jede Person eine eigene Bademaatte. Da diese sehr oft gewaschen werden muss, wählen Sie am besten einfache Frottiermatten.
- Die Dusche sollten Sie nach dem Duschen der erkrankten Person kräftig nachspülen. Bei Kindern, Senioren oder immunschwachen Personen im Haushalt können Sie nach dem Trockenreiben der Dusche eine desinfizierendes Flächenspray aufsprühen. Schnell wirken **alkoholhaltige Desinfektionsmittel,** die Wirkung tritt hier bereits nach 30 Sekunden ein. Diese Mittel können auch auf Sanitäracryl angewendet werden.
- Einfaches Wischen und Scheuern des Bodens kann die Pilzbelastung zwar vermindern, aber sicherer ist zumindest für kurze Zeit die Anwendung von zusätzlichen Maßnahmen: Am schnellsten geht es wiederum mit alkoholhaltigen Desinfektionssprays, doch sollten Sie unmittelbar danach kein offenes Feuer oder elektrische Geräte in Betrieb nehmen. Robuste Materialien wie Fliesen oder Porzellan können Sie in

einem belüfteten (!) Bad gut und preiswert **mit Chlorreiniger desinfizieren.** Verdünnen Sie 100 ml Chlorreiniger mit 2–3 l kaltem Wasser und wischen Sie damit auf. Nach 15 Minuten Einwirkzeit wischen Sie mit einem neuen Wischtuch und klarem Wasser nach. Es gibt aber auch angenehm riechende Flächendesinfektionsmittel! Beachten Sie bei der Anwendung immer die notwendige Konzentration und die Einwirkdauer.

- Essig als häufig empfohlenes Hausmittel hilft nur, wenn direkt mit Essigessenz (25 %) gearbeitet wird, denn nur so kann ein pilzschädigender pH-Wert erreicht werden. Die Wirkung ist aber nicht sicher, die Essigdämpfe schaden Ihren Schleimhäuten und der säureempfindlichen Badeinrichtung sowie den Zementfugen zwischen den Fliesen.

WÄSCHEHYGIENE

- Handtücher, Strümpfe, Badematte und Bettwäsche des Erkrankten sollten Sie **in einem luftigen textilen Wäschesack (Kissenbezug) getrennt sammeln** und direkt darin in die Waschmaschine geben. Der Wäschesack wird immer mitgewaschen!
- Die Wäsche waschen Sie bei mindestens 60 °C. Diese Temperatur reicht aber nur zur Abtötung des Pilzes, nicht aber zur Abtötung aller Pilzsporen, aus. Manche Pilzsporen brauchen Temperaturen über 80 °C. Deshalb wird eine 60 °C-Wäsche mit bleichmittelhaltigem pulverförmigem Vollwaschmittel oder Colorwaschmittel plus Bleichmittelzusatz gewaschen. Bleichmittel wirken desinfizierend! Noch besser desinfizierend wirkt die Zugabe von etwas Hypochlorit (umgangssprachlich „Chlorbleiche") oder ein PAP-haltiges Bleichmittel (Phthalimidoperoxyhexansäure).

Dosierungen für Baumwollwäsche: 100 ml Hypochloritlösung in 1 l Wasser lösen und zusätzlich zum Waschmittel in die Waschmaschine füllen. Beim umweltfreundlicheren PAP-Bleichmittel reichen 80 ml auf eine 5 kg-Trommel. Dieses Bleichmittel erhalten Sie in Ökoläden.

MEIN SPEZIELLER TIPP
Wegen des Bleichmittelzusatzes sollten Sie in der akuten Phase helle Baumwollwäsche bevorzugen.

- Unter diesen Waschbedingungen können Sie durchaus auch andere (helle) Wäsche von gesunden Familienmitgliedern mitwaschen.
- Evtl. können Sie auch ausnahmsweise für die Zeit der akuten Erkrankung noch eine Hygienewäschespülung einsetzen, unbedingt notwendig ist dies aber nicht. **Sehr empfehlenswert ist ein Wäschetrockner,** hier werden etwa überlebende Keime deutlich vermindert. Dagegen kann es bei zu langsamer Lufttrocknung zu einem Keimanstieg kommen. Auch durch Bügeln können Keime reduziert werden.

- Müssen aus beruflichen Gründen z. B. dunkle Socken getragen werden, so gibt es spezielle Wäschedesinfektionsmittel oder desinfizierende Wäschespülungen. Beachten Sie genau die Anwendungshinweise!

RAUMHYGIENE

- Leider lässt sich eine Verschleppung der Keime auf den Boden nicht immer vermeiden, vor allem, wenn die Erkrankung erst spät diagnostiziert wurde. Staubsaugen oder Wischen zur Entfernung der Keime reichen nicht aus, doch in gut belüfteten, trockenen(!) Wohnräumen ist die Ansteckungsgefahr gering. Wenn nötig, können Sie auch empfindliche Böden mit einem Flächendesinfektionsmittel aus der Apotheke wischen.
- Bei Synthetikteppichen sterben die Keime wegen der trockenen Faser allmählich ab und können durch häufiges Saugen entfernt werden. Bei Naturfasern wie Baumwolle kann in ganz seltenen Fällen eine Desinfektion notwendig sein. Am schnellsten geht die Desinfektion mit alkoholischem Sprühreiniger.

Ansteckung bei Erkältungskrankheiten vermeiden

Sie sind überall – die Schnupfen- und Erkaltungsviren! Viren können sich außerhalb lebender Organismen nicht vermehren. Aber sie werden vom Menschen beim Husten und Niesen verbreitet, sie kleben an unseren Händen und so kommt kaum ein Haushalt ohne eine dicke Erkältungskrankheit eines Mitbewohners durch den Winter. Welche Möglichkeiten gibt es, durch Hygienemaßnahmen im Haushalt die Ansteckungsgefahr zu vermindern?

Telefonen oder Fernbedienungen und können so über die Finger in Mund oder Nase übertragen werden. In Tests waren Hotelzimmer nach 18 Stunden immer noch infektiös.

HINWEIS

Eine Übertragung von Viren kann schon vor den ersten Krankheitsanzeichen erfolgen. Sie können also das Risiko einer Ansteckung immer nur verringern. Trotzdem ist das Motto „Schütz ich mich, schütz ich Dich" richtig und wirksam. Unter diesem Motto haben das Robert-Koch-Institut und die Bundeszentrale für gesundheitliche Aufklärung schon vor Jahren eine Aktion zur Verminderung von Ansteckungen bei Erkältungskrankheiten gestartet.

DIE KRANKHEITSVERURSACHER

- Die häufigsten Erreger sind von einer Membran „umhüllte Viren" wie z. B. die Coronaviren, die rund 30 % der grippalen Infekte beim Menschen verursachen. Aber auch die Grippeviren (Influenzaviren) und Herpesviren sind solche behüllte Viren, die sich leichter desinfizieren lassen als die unbehüllten, nackten Rhinoviren = Schnupfenviren.
- Die Hülle der Viren kann bereits durch 70 % Alkohol innerhalb von 30 Sekunden oder durch Seifen und Reinigungsmittel angegriffen werden. Unbehüllte Viren dagegen benötigen höhere Alkoholkonzentrationen und längere Einwirkzeiten. Händewaschen und Reinigen bewirken hier nur eine Verminderung der Keimzahl durch „Wegschwemmen" der Viren.
- **Die Ausbreitung der Viren erfolgt durch Tröpfchen,** die beim Sprechen, Husten und Niesen entstehen. Beim heftigen Niesen verteilen sie sich im Umkreis von 2 m! Aber die Viren überleben viele Stunden auf Händen, Türklinken,

ANSTECKUNGSGEFAHR DURCH PERSÖNLICHE RÜCKSICHTNAHME DER ERKRANKTEN PERSONEN VERMINDERN

- Verzichten Sie auf das Händeschütteln, auf Umarmungen und Küsse!
- Halten Sie Abstand zu den anderen Haushaltsmitgliedern und halten Sie sich bevorzugt in anderen Räumen auf.
- Meiden Sie den Küchenbereich. Überlassen Sie, wenn möglich, das Kochen und Tischdecken gesunden Personen.
- Niesen und husten Sie nie in die Hände, sondern immer in ein Taschentuch und, wenn es dazu nicht mehr reicht, in die Armbeuge. Wenden Sie sich dabei von Ihrem Gegenüber ab und halten Sie Abstand zu anderen Personen.
- **Bevorzugen Sie Papiertaschentücher,** aber benutzen Sie ein Taschentuch nur einmal! Sie selbst können sich zwar nicht nochmals an dem Taschentuch anstecken, da sich in Ihrem Körper für kurze Zeit sofort viele Antikörper genau gegen diese Viren bilden, aber das Taschentuch ist nach Benutzung hoch ansteckend und wird bei mehrmaligem Gebrauch zu einer Keimschleuder. Deshalb das Taschentuch nicht einfach in die Tasche stecken oder gar irgendwo liegenlassen. Entweder Sie entsorgen es sofort oder packen es diskret in eine kleine Plastiktüte.
- Papiertaschentücher sind nassfestere Zellstoffpapiere als Toilettenpapier und lösen sich daher nicht rasch genug in der Kanalisation auf. Deshalb die Tücher über den Restmüll (eventuell auch Kompost oder Biomüll) entsorgen.
- Waschen Sie sich sehr häufig die Hände, ganz besonders nach intensivem Schnäuzen, um eine Übertragung der Viren auf Türklinken, Tastaturen usw. zu vermindern.

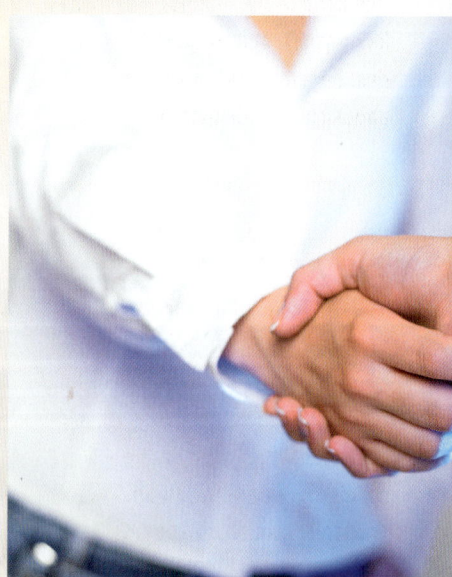

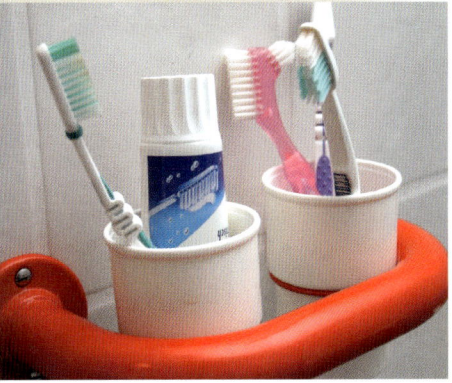

- Reinigen Sie Ihren Zahnputzbecher und die Zahnbürste besonders gründlich und achten Sie auf eine trockene Lagerung, gut getrennt von den anderen Zahnbürsten im Bad. Ein sofortiger Austausch der Zahnbürste nach abgeklungener Erkältung wird eigentlich nur von den Bürstenherstellern empfohlen, ist aber nicht notwendig. Wenn Sie eine besonders saubere Zahnbürste möchten, können Sie die Bürste ab und zu in die während der Erkältung benutzten desinfizierenden Gurgellösungen tauchen.
- Die Wirksamkeit von Hygienemasken wird unterschiedlich beurteilt. Unbestritten ist, dass die Anzahl von Viren, die durch den Erkrankten an die Umgebung abgegeben wird, verringert wird. Deshalb sollten erkältete Personen beim direkten Umgang mit Säuglingen oder Immungeschwächten möglichst diese Masken tragen. Gesunde Personen können sich aber durch Masken kaum vor Ansteckung schützen. Zumindest liegen keine wissenschaftlich abgesicherten Beweise vor.

ANSTECKUNGSGEFAHR DURCH EINFACHE HYGIENE-MASSNAHMEN DER GESUNDEN PERSONEN VERRINGERN

- **Sorgen Sie für gute Luft in der Wohnung.** Lüften Sie bei erkälteten Personen im Haushalt die Wohnung häufiger als sonst, da dadurch die Belastung durch Viren in der Luft vermindert wird. Aber bei sehr kalter, trockener Außenluft kann die Raumluft zu tro-

cken werden und die Schleimhäute können austrocknen. Sie verlieren dann viel von ihrer Widerstandsfähigkeit und werden dadurch anfälliger für die Schnupfen- und Erkältungsviren. Verzichten Sie trotzdem nicht auf das Lüften, sondern stellen Sie Luftbefeuchter auf oder legen Sie feuchte Handtücher über die Heizung. Kontrollieren Sie dabei aber die Luftfeuchtigkeit mit einem Hygrometer, denn eine hohe Luftfeuchtigkeit (über 60 % relative Luftfeuchtigkeit) steigert die Überlebensdauer der Viren.
- Eine überhitzte Wohnung kann ebenfalls die Schleimhäute austrocknen.
- Auch wenn Sie noch gesund sind, **waschen Sie sich bei Erkältungskrankheiten im Haushalt zu Ihrem eigenen Schutz sehr häufig die Hände!** Die Krankheitserreger sind überall in der Wohnung verteilt und können über die Hände leicht auf die Schleimhäute von Augen, Nase und Mund übergehen. Es reicht gründliches Waschen mit Wasser und Seife, dabei sollte die Seife aber 20–30 Sekunden kräftig verrieben werden, und zwar auch auf dem Handrücken, dem Daumen und den Handgelenken. Für empfindliche Personen im Haushalt empfiehlt sich zusätzlich ein alkoholhaltiges Händedesinfektionsmittel.

- Reinigen Sie den Wohnraum etwas häufiger und gründlicher als gewohnt. Vor allem Küche und Bad und all die Gegenstände, die von den (gesunden und erkälteten) Bewohnern häufig angefasst werden: Türklinken, Telefone, Fernbedienungen, Treppengeländer .... Sie können ohne Desinfektionsmittel arbeiten, aber wechseln Sie sehr häufig das Wasser und die Lappen. Für empfindliche Gegenstände wie Fernbedienungen oder Computertastaturen sind aber die üblichen **Händedesinfektionstücher hilfreich.**
- Achten Sie auf strikte Trennung der Handtücher im Bad, auch beim Handwaschbecken in der Toilette!
- Ein häufiger Wechsel der Bettwäsche oder der Kopfkissenbezüge muss nicht sein, es sei denn, die Wäsche ist stark durchschwitzt. Oft reicht es, ein Handtuch über das Kopfkissen zu legen und morgens zu erneuern.

HINWEIS
Da in Federkissen der Kopf tiefer einsinkt und so weniger Hitze abgeführt wird, sollten Sie in der intensiven Erkältungsphase auf Federkissen verzichten.

- Ihre Wäsche können Sie ganz normal bei mindestens 40 °C, besser bei 60 °C, mit Waschmittel waschen. Sie müssen die Wäsche von Erkrankten und Gesunden nicht getrennt waschen, denn in der feuchten Hitze und dem alkalischen Waschmittel tritt rasch eine Deaktivierung der Viren ein. Sehr empfehlenswert ist aber der Zusatz einer desinfizierenden Sauerstoffbleiche.

Umwelt und Ressourcen

Es sind nicht nur die Industrie und der Verkehr, auch der private Haushalt ist reichlich an der Produktion von Müll, am Freisetzen von Schadstoffen und der damit verbundenen Verschmutzung von Luft, Abwasser und Boden beteiligt. Aber wir können bereits durch wenige überlegte Handlungen, durch kritisches Hinterfragen beim Einkauf und durch konsequente Unterstützung des Müllvermeidens und des Recyclings anfangen an der Stellschraube zu drehen – hin zu mehr Nachhaltigkeit.

Brauchen wir überall Silber-Ionen?

Die meisten Haushalte verzichten im Alltag bewusst auf Desinfektionsmittel, um sich dann andererseits das scheinbar harmlose Silber als wirksamen Mikrobenkiller ins Haus zu holen. Silber-Ionen sind heute in Socken, im Wischtuch, im Kühlschrank, in der Waschmaschine, im Duschschlauch usw. Rund 300 silberhaltige Alltagsprodukte sind im Angebot – es scheint eine wahre Silbermanie ausgebrochen zu sein.

Schon seit dem Altertum ist bekannt, dass Silber antibakterielle Eigenschaften besitzt. Deshalb wurden in vornehmen Haushalten Silberbestecke und Silberbecher benutzt. Denn Silbergegenstände geben immer etwas Silber-Ionen = geladene Silberteilchen ab. Diese Silber-Ionen greifen an den Mikroorganismen mehrfach an. Sie zerstören die Zellwände und behindern dadurch die Nährstoffzufuhr, sie stören die Enzyme im Zellstoffwechsel und die Zellteilung. Da der Angriff an mehreren Punkten der Mikroorganismen erfolgt, vermutete man zunächst, dass es damit zu keinen Resistenzen kommen kann. Leider erwies sich diese Annahme als falsch – es gibt bereits einige silberresistente Keime.

Heute wird vermehrt nicht mehr auf Silber und freie Silber-Ionen gesetzt, sondern man arbeitet mit Nano-Silberpartikeln = Silberteilchen mit einem Durchmesser von etwa 10–20 nm (1 nm = 10^{-9} m). Diese Silber-Nanopartikel kann man mit einem Vorratsspeicher vergleichen, aus dem kontinuierlich Silber-Ionen abgegeben werden. Die Nanoteilchen haben eine sehr große wirksame Oberfläche im Verhältnis zum Volumen, so dass bereits mit wenig Silber eine ausreichende Silberionen-Konzentration erzielt wird. Zudem kann das Nanosilber haltbarer in den verschiedenen Materialien verankert werden.

ABER ES GIBT VIELE UNBEANTWORTETE FRAGEN ...

Täglich werden silberhaltige Alltagsprodukte auf den Markt geworfen, denn Silber wird von den Verbrauchern positiv aufgenommen und bewertet. Langzeitstudien über deren Nutzen im Haushalt oder in der Bekleidungsindustrie stehen noch aus. Sowohl das Umweltbundesamt als auch das BfR (Bundesinstitut für Risikobewertung) können bislang keine ausreichende Bewertung abgeben.

- Wie ist die Alltagstauglichkeit der silberhaltigen Produkte und wie lange funktioniert die Silberabgabe in der notwendigen und richtigen Konzentration?

- Je mehr „versilberte" Alltagsgegenstände auf den Markt kommen, desto mehr werden sich die Bakterien gegen den Angriff der Silberteilchen zur Wehr setzen und Resistenzen entwickeln. Diese resistenten Stämme sind oft zusätzlich gegen Antibiotika immun, **es können also mehr multiresistente Keime entstehen.**

- Silber-Ionen verhalten sich nach den bisherigen Forschungsergebnissen gegenüber Mensch und Tier harmlos. Allerdings wissen wir bei Nanosilber, ebenso wie bei den anderen Nanoteilchen, noch zu wenig über die Auswirkungen. Was passiert, wenn das Nanosilber in den Organismus eindringt?

- Wie sind die Auswirkungen in der Kläranlage, wenn immer mehr Silberprodukte ins Abwasser gelangen?

• Silber-Ionen bilden im Abwasser schwerlösliche Silbersalze, die mit dem Klärschlamm in die Umwelt ausgebracht werden. Wie reagiert der Boden langfristig auf diesen silberhaltigen Klärschlamm?

BEISPIELE FÜR SINNVOLLEN SILBEREINSATZ

Im Gesundheitswesen gibt es schon lange viele erfolgreiche Desinfektionsmöglichkeiten mit Silber-Ionen. Auch die Nanopartikel sollten überwiegend den Medizinprodukten vorbehalten bleiben.

• Silber in Spezialkleidung verbessert den Hautzustand bei Neurodermitis.
• Silberbeschichtungen bei Implantaten oder Kathedern senken das Infektionsrisiko.
• Wundverbände mit silberhaltigen Materialien wirken schnell und lang anhaltend antimikrobiell.
• In haushaltsüblichen Tischwasserfiltern wird die Filterkartusche zur Entkeimung mit Silberverbindungen versetzt. Das kann aus hygienischen Gründen akzeptiert werden, aber Silberionen sind zur **allgemeinen Trinkwasserentkeimung in Deutschland bisher nicht zugelassen**. Das filtrierte Trinkwasser wird deshalb offiziell als „Lebensmittel" bezeichnet.

DARAUF SOLLTEN SIE LIEBER VERZICHTEN

Silberausstattungen, die unnötig oder uneffektiv sind und Silberausstattungen, die rasch ins Abwasser und in die Umwelt abgegeben werden, sollten Sie meiden. Dazu zählen:

• Waschmaschinen, die über eine zuschaltbare Funktion zur Abgabe von Silberpartikeln verfügen. Bei Zuschaltung der „Silberfunktion" werden die Bakterien in der Wäsche und in der Waschmaschine entfernt. Die Wirkung

ist unbestritten und wird auch durch ein LGA (Landesgewerbeanstalt Bayern)-Zertifikat und die Hohenstein Textilinstitute bestätigt. Aber diese Zertifikate sind immer nur ein Beweis für die Wirksamkeit und enthalten keine Aussage über die **Verträglichkeit für Mensch und Umwelt.**

• Die stark beworbenen silberabgebenden Waschkugeln haben die gleichen Wirkungen und Auswirkungen.
• Alltagsbekleidung mit Silberausstattungen für gesunde Menschen ist nicht empfehlenswert! Auch das BfR (Bundesinstitut für Risikobewertung) rät Verbrauchern von der Verwendung solcher Textilien ab, weil eine normale Körperhygiene ausreicht, um Krankheitserreger zu vermeiden.
• Kühlschränke mit silberhaltiger Innenausstattung sind wenig sinnvoll. Diese Ausstattung hat für die Haltbarkeit der

Lebensmittel keinerlei Vorteile, da die Mikroorganismen nur in direktem Kontakt mit der Silberbeschichtung abgetötet werden. Lebensmittel kommen nur gut verpackt in den Kühlschrank und die Silberpartikel an den Innenwänden des Kühlschranks können deshalb nichts gegen den Verderb der Nahrungsmittel ausrichten. Zudem werden aufgrund falscher Versprechungen häufig die herkömmlichen Hygieneregeln vernachlässigt.

MEIN SPEZIELLER TIPP
Preiswert und überall erhältlich sind Sauerstoffbleichen. Wasserstoffperoxid oder Percarbonate schaffen hygienische Sauberkeit und zerfallen dabei zu Wasser oder Salzen mit geringer Abwasserbelastung.

Aluminium sparsam verwenden

Heute werden überall Aluminium und Aluminiumverbindungen eingesetzt: in Lebensmitteln, in Lebensmittelverpackungen, in Bedarfsgegenständen und in Kosmetika. Dabei wurden die Empfehlungen für die tolerierbaren Aufnahmewerte für Aluminium durch die Nahrung schon vor einigen Jahren stark vermindert.

Aber nicht nur aus gesundheitlichen, sondern auch aus ökologischen Gründen sollten wir mit Aluminium sparsam und überlegt umgehen, denn das Metall verbraucht zur Herstellung viele Ressourcen.

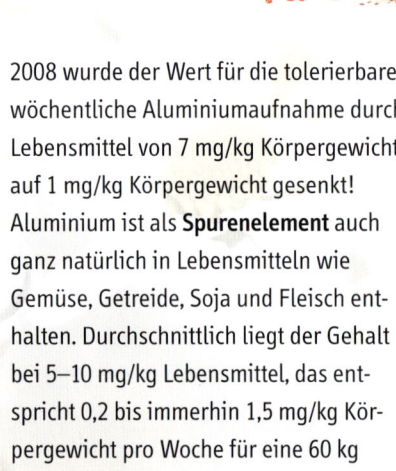

EIGENSCHAFTEN VON ALUMINIUM UND ALUMINIUMFOLIE

- Zur Abschätzung eines Materials wird gerne der Ökologische Rucksack verwendet. Der Ökologische Rucksack besteht aus dem Gewicht der natürlichen Ressourcen und der Energie, die ein Produkt während seines ganzen Lebenszyklusses verbraucht. Der Ökologische Rucksack für Kunststoffe liegt bei einem Faktor von 5, der von Aluminium aber bei 75!

- Aluminiumverbindungen kommen in der Natur reichlich vor, aber die Gewinnung von reinem Aluminium ist extrem energieaufwendig. So verbraucht eine aus Aluminiumoxid gewonnene Tonne Aluminium 220 000 Megajoule Energie, eine Tonne recyceltes Aluminium benötigt aber nur 12 000 Megajoule und die CO_2-Emission liegt nur bei 4 % gegenüber Primäraluminium. Wenn Sie Aluminiumgegenstände oder Aluminiumfolie verwenden, achten Sie deshalb immer auf die **richtige Entsorgung als Wertstoff** (Gelber Sack, Wertstofftonne, Wertstoffhof).

- Aluminium ist nach Kupfer der beste Wärmeleiter. Deshalb wird Aluminium gern für Kochgeschirr verwendet. Auch die hitzefeste Alufolie kann die Wärme gut weiterleiten.

- Aluminium ist ein korrosionsfestes Metall, das sich an der Luft sofort mit einer hauchdünnen Aluminiumoxidschicht überzieht. Aber diese schützende Oxidschicht ist nur zwischen pH 4,5–8,5 stabil. Sowohl im stärker sauren als auch im stärker alkalischen Bereich löst sich das Oxid auf und es kommt zu hohen Aluminiumgehalten in den Lebensmitteln.

ALUMINIUMAUFNAHME ÜBER LEBENSMITTEL

Lange Zeit schenkte man der Aluminiumaufnahme über Lebensmittel nur wenig Aufmerksamkeit. Denn bei kurzzeitiger hoher Aufnahme über die Nahrung ist Aluminium nicht akut gesundheitsschädlich. Aber bei einer erhöhten, langfristigen Aufnahme kann Aluminium beim Menschen zu brüchigen Knochen, zu Anämie und Hirn- und Nierenschädigungen führen. Lange Zeit vermutete man einen direkten Zusammenhang zwischen Aluminiumaufnahme und Alzheimer-Erkrankung, doch gibt es keine Bestätigung für diesen Verdacht.

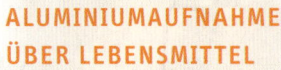

2008 wurde der Wert für die tolerierbare wöchentliche Aluminiumaufnahme durch Lebensmittel von 7 mg/kg Körpergewicht auf 1 mg/kg Körpergewicht gesenkt! Aluminium ist als **Spurenelement** auch ganz natürlich in Lebensmitteln wie Gemüse, Getreide, Soja und Fleisch enthalten. Durchschnittlich liegt der Gehalt bei 5–10 mg/kg Lebensmittel, das entspricht 0,2 bis immerhin 1,5 mg/kg Körpergewicht pro Woche für eine 60 kg schwere Person.

Viel stärker ist aber der Übergang von Aluminium durch die Verarbeitung auf die Lebensmittel – sowohl in der Industrie als auch im Haushalt. Ursachen sind schlecht lackierte Lagertanks und Getränkeleitungen aus Aluminium, Kochgeschirre, Küchengeräte und die beliebte Alu-Folie. Dagegen sind die Beiträge zur Gesamtbelastung über die Deodorants (sie enthalten als adstringierende schweißvermindernde Substanz Aluminiumsalze) und über das Trinkwasser sehr gering. Die Industrie hat bei der **Verarbeitung und Verpackung** von Lebensmitteln inzwischen viele mögliche Aluminiumquellen beseitigt. So werden für saure Säfte nur noch lackierte Tanks verwendet, die Alufolie für Verpackungen wird mit Kunststofffolien kaschiert, Joghurtdeckel,

Getränkedosen oder die Tubenmaterialien bestehen aus solchen beschichteten Materialien.

Wir sollten im Privathaushalt nachziehen und **Aluminium aus gesundheitlichen, aber auch aus ökologischen Gründen sparsamer verwenden.**

SO VERMINDERN SIE IHRE ALUMINIUMAUFNAHME

- Geben Sie keine Aluminiumgegenstände in die Spülmaschine. Die alkalischen Spülmittel greifen Aluminium an, es kommt zu Verfärbungen und beim anschließenden Gebrauch zu hohen Aluminiumübergängen auf Lebensmittel.
- Kochen Sie keine stark sauren Speisen in unbeschichteten Aluminiumkochgeschirren. Die modernen Töpfe und Pfannen aus Aluguss sind deshalb antihaftbeschichtet!
- Verwenden Sie keine alten und verbeulten Alu-Trinkflaschen. Achten Sie bei neuen Flaschen auf eine gute Innenbeschichtung und auf die Eignung für saure Säfte.
- Verwenden Sie zum Backen auf Aluminium-Blechen möglichst Backfolien oder Backpapiere. **Backen Sie niemals Laugengebäck auf Alu-Blechen,** da die alkalische Lauge viel Aluminium herauslösen kann.
- Verwenden Sie so wenig wie möglich

Folien aus Aluminium. Nehmen Sie vor allem keine Alufolie zum Verpacken oder Abdecken von sauren, salzhaltigen oder gepökelten Lebensmitteln. Die Alufolie wird durch diese Stoffe in Verbindung mit den feuchten Lebensmitteln teilweise angelöst, es kommt zu Verfärbungen und hohen Aluminiumgehalten. Gute Alternativen sind Frischhaltefolien, Gefrierbeutel oder Gefrierdosen.
- Garen Sie gerne Fisch, Fleisch, Gemüse oder Obst in kleinen Paketen aus Alufolie aromaschonend im Backofen? Sie verbrauchen weniger Folie und haben einen geringeren Aluminiumgehalt in den Speisen, wenn Sie Ihre Zutaten in eine Auflaufform füllen und diese dann nur mit Alufolie luftdicht abdecken.
- Auch zum Garen im Wasserbad wird

gern in Alufolie wasserdicht verpackt. Sie können zur Verminderung der Aluminiumaufnahme das gewürzte Gargut zuerst in Frischhaltefolie (noch temperaturstabiler wäre Mikrowellenfolie) einwickeln und dann in Alufolie wasserdicht verpacken.
- Belegen Sie keine Silberplatten mit Alufolie, denn durch darauf gelegte wasserhaltige Speisen kommt es zu elektrochemischen Reaktionen. Die Speisen können nach längerer Lagerung hohe Aluminiumgehalte aufweisen.

MEIN SPEZIELLER TIPP

Verwenden Sie aber weiterhin Alufolie oder Aluschalen zum Grillen. Hier vermindert das Aluminium die Bildung polycyclischer und heterocyclischer aromatischer Kohlenwasserstoffe, die wegen ihrer krebserregenden Wirkung viel schädlicher sind als ein erhöhter Aluminiumgehalt im Grillgut. Sie können aber auch hier die Aluminiumaufnahme senken, wenn Sie das Grillgut zunächst nur mit Ölen und Kräutern ohne Säuren und Salz marinieren.

Guter Duft im Haushalt

Wo Leben ist, entstehen Gerüche! Wo biochemische Reaktionen, wo Gärungen oder Fäulnisprozesse ablaufen, bilden sich unangenehme Gerüche! So ist es ganz natürlich, dass wir ständig versuchen, schlechte Gerüche zu bekämpfen.

Die beste und preiswerteste Möglichkeit: Frischluftzufuhr! Bei genügend Frischluft und ausreichender Luftbewegung werden schlechte Gerüche rasch abgeführt. Es kommt nicht nur zu einem Luftaustausch, sondern der Sauerstoff kann Gerüche auch durch chemische Reaktionen abbauen. Lüften bringt auch trockene Luft in die Räume und in trockener Luft sind Gerüche weniger lästig.

ÜBERLAGERUNG VON SCHLECHTEN DÜFTEN

Die Überlagerung unangenehmer Gerüche ist das älteste Verfahren und ist auch heute noch weit verbreitet. Stark duftende Essenzen belegen unsere Geruchsrezeptoren, so dass ein unterschwellig vorhandener schlechter Geruch kaum noch wahrnehmbar ist.

Viele Duftstoffe versetzen den Menschen in eine Wohlfühlstimmung. Aber Düfte sind sehr **komplexe Stoffgemische,** und es ist noch viel zu wenig über die Risiken bekannt. Immer wieder warnt das Umweltbundesamt vor dem regelmäßigen Einsatz von Riech- und Aromastoffen. Statt die Luft zu verbessern, wird sie mit VOC (volatile organic compounds) angereichert.

Duftstoffhaltige Substanzen unterliegen verschiedenen EU-Verordnungen zur Chemikalien- und Produktsicherheit. Aber sie sind auch Bedarfsgegenstände, da die Düfte direkt auf den menschlichen Körper einwirken. Somit gelten auch die umfassenden Bestimmungen der Bedarfsgegenständeverordnung. Leider werden die Gebote zum Schutz der Gesundheit und der Produktsicherheit von einigen Herstellern nur unzureichend eingehalten. So fehlen selbst einfachste Deklarierungen bei Räucherstäbchen. Bei Duftölen fehlen Warn- und Anwendungshinweise oder Hinweise auf allergene Duftstoffe, die ab einer bestimmten Konzentration Vorschrift sind.

BEDUFTUNG VON RÄUMEN

Wer seine Räume beduften will, sollte die Düfte möglichst kalt in die Luft bringen, über Raumparfums, Duftsteine oder Potpourris. Gerade in **Räumen mit Kindern unter drei Jahren** wird von der heißen Verteilung über Duftlampen strikt abgeraten. Wenn Duftstoffe natürlichen Ursprungs sind, ist das aus wissenschaftlicher Sicht nicht unbedingt ein Vorteil. Bei künstlich hergestellten Duftstoffen sind die Inhaltsstoffe und ihre Wirkung besser überprüfbar.

- Beduften Sie nur extrem sparsam! 0,5 mg Duftstoffe pro Kubikmeter Raumluft sind angenehm, bereits ab 1 mg wird es für viele unangenehm. 1–2 Tropfen reines Öl reichen für einen 20 qm-Raum aus.
- Duftstoffe werden bereits in geringsten Konzentrationen wahrgenommen. Sie binden an Rezeptoren in der Riechschleimhaut, von dort wird der Reiz verstärkt und in das Gehirn weitergeleitet. Eine zu hohe Dosis kann in der Nase die Riechhärchen verkleben und die Befeuchtung der Schleimhäute vermindern.
- Duftstoffe wirken im limbischen System, jenem Hirnareal, in dem Gedächtnis und Emotionen sitzen. Sie können die Stimmung heben, sie können ausgleichen oder beruhigen und Stress lindern. Aber sie können ebenso Unwohlsein bis hin zu Stressgefühlen auslösen.

- Zudem sind sowohl natürliche als auch künstliche Duftstoffe nach Nickel das häufigste **Kontaktallergen.** So enthält das ätherische Öl „Lemongras" bis zu 90 % potentiell allergieauslösende Stoffe.
- Noch ist nicht bewiesen, ob die Duftstoffe nicht auch schon beim Einatmen zu allergenen Reaktionen führen. In jedem Fall können bei Asthmatikern durch Duftstoffe Bronchialkrämpfe ausgelöst werden.
- Riechrezeptoren kommen nicht nur in Zellen der Riechschleimhaut vor, sondern sie finden sich auch in anderen Geweben. Es gibt immer mehr Studien, nach denen einzelne Duftstoffe auch über die Haut resorbiert werden und sich über die Blutbahn im ganzen Körper verteilen können. Deshalb können Duftstoffe auch unangenehmes Hitze- und Kälteempfinden auslösen oder den Trigeminusnerv reizen.

DUFTLAMPEN

In Duftlampen wird das ätherische Öl mit Wasser in die Lampe gefüllt und durch Teelichte oder Lampen erwärmt. Diese Beduftung ist besonders intensiv! 10 Tropfen Öl in 20 qm Raum verteilt belasten die Luft mit über 10 mg Duftstoffen pro Kubikmeter Luft. Dabei wird der empfohlene Richtwert für **Terpene** (eine häufig in Wohnräumen anzutreffende organische Verbindung) um das 400 fache überschritten.

DUFTKERZEN UND DUFTENDE LAMPENÖLE

Duftkerzen und Lampenöle mit Duft geben während des Schmelzens und der Erwärmung des Wachses die Duftstoffe ab. Der größte Anteil an Duftstoffen wird aber verbrannt. Eine Duftkerze in einem 20 m² großen Raum belastet die Raumluft durchschnittlich nur mit 0,3 mg/m³ Duftstoff.

RÄUCHERSTÄBCHEN UND RÄUCHERKEGEL

Diese haben vor allem im Winter Konjunktur. Aber immer mehr Räucherstoffe werden wegen ihrer medizinischen oder esoterischen Wirkung ganzjährig eingesetzt, denn sie sollen beruhigend, entspannend, stimulierend usw. wirken. Das Räucherwerk besteht aus einem Gemisch aus Holzkohle und Kartoffelstärke, dazu kommen Harze und duftende Pflanzenteile wie Jasmin, Myrrhe und Weihrauch. Bei der unvollständigen, langsam glimmenden Verbrennung entstehen viele unerwünschte Substanzen. Es bilden sich **krebserregende Schadstoffe** wie Benzpyrene, Formaldehyd und Benzol. Ein Räucherstäbchen entwickelt wegen seiner vielfältigen Zusammensetzung viel mehr Schadstoffe als eine Zigarette, doch gibt es auf den Verpackungen keinen Hinweis auf die Krebsgefahr.

Durch die Hitze entweichen schlagartig sehr viele Duftstoffe! Zudem bildet sich viel Schwebstaub (Ruß). Die Wissenschaftler sprechen von esoterischen Feinstäuben. Dieser Feinstaub bindet an seiner Oberfläche viele Schadstoffe und sorgt so für eine Aufnahme in den Organismus.

Wer gelegentlich ein Räucherstäbchen entzündet, muss sich bei gesunden Erwachsenen keine Sorgen machen, aber bei empfindlichen Personen und Kindern sollten Sie ganz darauf verzichten.

MEIN SPEZIELLER TIPP
Beduften Sie Ihre Räume nicht ständig und zu lange. Sorgen Sie nach jedem Duftritual für viel frische Luft!

BESEITIGUNG DER GERUCHSBILDENDEN BAKTERIEN

Im Abfalleimer und im Staubsaugerbeutel werden unangenehme Gerüche durch Schimmelpilze und bakterielle Zersetzungen verursacht. Deshalb gibt es für diese Bereiche Deo-Produkte, die neben Duftstoffen noch Inhaltsstoffe mit bakterizider Wirkung enthalten. Einige ätherische Öle aus Kamille, Myrrhe, Nelke, Salbei, Teebaum oder Weihrauch, aber auch synthetische Desinfektionsmittel, hemmen das Wachstum der Mikroorganismen im Staubbeutel oder Abfalleimer. Ich vermeide diese Produkte, da der Geruch ein gutes Signal für das Reinigen oder das Wechseln der Beutel ist.

GERUCHSBESEITIGUNG DURCH ADSORPTION

Viele Stinkstoffe lassen sich an fein verteilte, große Oberflächen adsorbieren und so geruchlos machen. Gut wirksam ist Aktivkohle, wie sie in Kohlekassetten der Umluft-Dunstabzugshauben enthalten ist. Aber neben Stinkstoffen werden in diesen auch Fettdämpfe adsorbiert, deshalb sind die Filter nach wenigen Wochen erschöpft.

Bewährt haben sich auch **Kühlschrank-Geruchskiller mit einer Aktivkohlefüllung,** die teilweise durch Erwärmen im Backofen regenerierbar ist. Stellen Sie die Filter in Ihrem Kühlschrank nach oben, da die warme Luft mehr Geruchsstoffe enthält, als die nach unten fallende kalte Luft. Verzichten Sie aber trotz Geruchsfilter nicht auf die Kühlschrankhygiene!

Schon lange bekannt ist die Wirkung von **Edelstahl zur Geruchsbekämpfung.** Zwiebel- oder Knoblauchgeruch verschwindet nach Abreiben an einem nassen Edelstahllöffel von den Händen. Inzwischen wurde dieses Phänomen untersucht und es hat sich bestätigt, dass Edelstahl mit besonders mikrostrukturierter Oberfläche zusammen mit Sauerstoff und Wasser schlecht riechende schwefel- und stickstoffhaltige Verbindungen binden kann. Die genaue Funktion ist wissenschaftlich noch nicht ganz abgesichert. Es könnte eine reine Adsorption an den Edelstahlflächen sein, es könnte aber auch eine „katalytisch induzierte Oxidation" sein. Inzwischen gibt es viele solcher Edelstahlprodukte, vom Raumluftreiniger bis hin zur Edelstahlseife.

GERUCHSNEUTRALISATION DURCH GERUCHSBINDER

Wenn der chemische Aufbau von typischen Stinkmolekülen bekannt ist, lassen sich heute Geruchsbinder herstellen, die genau diese unerwünschten Verbindungen umhüllen und geruchlos machen. Am bekanntesten sind die Geruchsbinder für Textilien, die mit Cyclodextrinen arbeiten. In die „Hohlräume" der Cyclodextrinstrukturen werden die Stinkstoffe eingefangen. Für den Haushaltsbereich gibt es vier verschiedene Geruchsbinder: für Schweißgeruch, für Toilettengerüche, für Küchen- und Abfalldüfte und für abgestandenen Rauch. Bisher werden sie überwiegend im gewerblichen Bereich eingesetzt.

HINWEIS
Viele Raumluftverbesserer werben mit Geruchsneutralisation, aber in Wirklichkeit sind es fast nur parfümhaltige Sprays.

19

Kerzen – stimmungsvolle Flammen

Kerzen spielen im Leben des Menschen eine besondere Rolle. Das sanfte Licht wirkt wohltuend und entspannend, es zieht uns mit seiner warmen Ausstrahlung in seinen Bann – in allen Religionen und Kulturkreisen. Sie erhellen die Festtage und sie begleiten uns durchs Leben, von der Taufkerze bis zur Sterbekerze.

KERZENMATERIALIEN

Je nach Material weisen Kerzen unterschiedliche Eigenschaften auf.

BIENENWACHS

Das Wachs der Bienenwaben ist durch die Pollen gelb gefärbt und kann roh für Kerzen verwendet werden. Dann duften die Kerzen beim Abbrand dezent nach Honig. Bienenwachs wird aber auch hell gebleicht, dann ist der typische Geruch kaum mehr wahrnehmbar, sofern nicht künstlich aromatisiert wird. Da das Wachs zähflüssig ist, verbrennen die Kerzen mit relativ kleiner Flamme. Deshalb brauchen diese Kerzen einen dickeren Docht.

HINWEIS

Bienenwachskerzen sind nicht „verschimmelt", wenn sie bei kühler Lagerung einen leichten Graubelag bekommen. Dies ist durchaus ein Qualitätsmerkmal. Der Belag besteht aus auskristallisierten Bienenwachsbestandteilen, die sich allmählich auf der Oberfläche absetzen. Sie können ihn ganz einfach mit einem weichen Tuch abwischen.

PARAFFIN

Paraffin wird aus Erdöl oder Erdwachsen gewonnen. Aus Paraffin gibt es preiswerte, leicht biegsame Konsumkerzen. Es sind aber auch durchaus gute bis beste Qualitäten erhältlich, die sauber raffinierte Paraffine enthalten. Aber Paraffin wird immer teurer, deshalb gibt es immer mehr alternative Materialien.

STEARIN

Stearin ist ein Gemisch aus Stearinsäure und Palmitinsäure. Beides sind Fettsäuren aus tierischen oder pflanzlichen Fetten. Heute werden Stearine bevorzugt aus nachwachsenden pflanzlichen Rohstoffen wie Palmölen gewonnen und deshalb großzügig als „umweltverträglich" eingestuft. Allerdings muss der Einsatz von Palmöl sehr kritisch gesehen werden! In Ostasien werden für die Palmenplantagen Regenwälder brandgerodet und Torfgebiete trockengelegt. **Dies hat verheerende Auswirkungen für Mensch und Natur.**

HINWEIS

Fragen Sie detailliert nach der Herkunft der Fette für die Stearingewinnung! Wenn Palmöl, dann sollte das RSPO-Zertifikat Mindeststandard sein. Das ökologisch beste Stearin ist aus zertifiziertem ökologischem Anbau aus kleinen Kooperativen. Es ist allerdings nur begrenzt verfügbar und sehr teuer.

Stearinkerzen sind härter und fester und nicht so leicht biegbar wie Bienenwachs- oder Paraffinkerzen und können beim Herunterfallen zerbrechen. Sie haben meist eine trockene Brennschüssel, deshalb sind sie bei Schräglage, höheren Temperaturen und Zugluft nicht so empfindlich. Da Stearin zähflüssiger als Paraffin ist, brauchen die Kerzen einen dickeren Docht, wenn eine ähnlich große Flamme wie bei Paraffinkerzen erzielt werden soll. Daher brennen Stearinkerzen etwas kürzer als Paraffinkerzen.

RAFFINIERTE GEHÄRTETE FETTE UND ÖLE

Fette und Öle werden inzwischen immer häufiger für Kerzen verwendet. Die einheimischen oder importierten Rohstoffe können so sauber aufbereitet werden, dass die Kerzen mit dem RAL-Gütezeichen angeboten werden können. Sie haben meist einen etwas niedrigeren Schmelzpunkt und werden deshalb für Behälterkerzen wie z. B. Teelichte verwendet.

SCHADSTOFFARMER ABBRAND

Das schadstoffarme Abbrennen von Kerzen ist sehr wichtig. Denn jede offene Verbrennung im Raum ist hinsichtlich Sicherheit und Gefahrstoffentwicklung riskant. Deshalb wurde 1998 zunächst ein nationales RAL-Gütezeichen geschaffen. Heute garantiert die Europäische Gütegemeinschaft Kerzen e. V. gütegesicherte Rohstoffe, die Prüfung aller Inhaltsstoffe und einen getesteten Abbrand.
Nur Kerzen, die bei korrektem Umgang
● wenig Kondensat erzeugen,

- wenig Schwefel,
- keine bedenklichen Duftstoffe,
- keine krebserregenden aromatischen Amine aus Azo-Farbstoffen freisetzen
- und keinen lange nachglimmenden Docht haben

erhalten das Gütesiegel.

HINWEIS

Sie müssen nicht mühsam nach geprüften Kerzen suchen, denn rund 80% der deutschen Gesamtproduktion führen das Gütezeichen.

- Lüften Sie vor dem Abbrennen von Kerzen, damit genügend Sauerstoff im Raum ist, denn jede Kerze produziert beim Abbrand rund 21 g/h CO_2. Zwei bis drei brennende Kerzen verbrauchen in einem Raum annähernd so viel Sauerstoff wie ein Mensch. Nach dem Löschen der Kerzen sollten Sie nochmals lüften, um die CO_2-Konzentration zu senken.
- Die ideale Dochtlänge ist 10–15 mm. Ein längerer Docht verursacht Ruß. Kürzen und putzen Sie regelmäßig den erkalteten Docht! Es gibt spezielle Dochtscheren mit großer Auffangfläche, damit die heruntergefallenen Teilchen den Brennteller nicht verschmutzen.
- Vermeiden Sie Zugluft. Je mehr Zugluft auf die Kerzenflamme einwirkt, desto weniger Sauerstoff steht zur Verfügung und desto mehr Ruß kann sich bilden. Je mehr Ruß, desto mehr schädliche Kohlenwasserstoffe können entstehen.
- Verzierte Kerzen neigen eher zum Rußen, da die Verzierung aus einem härteren Material besteht und der Rand nicht mit abschmilzt. Schneiden Sie den Rand im warmen Zustand ab, wenn er die gleichmäßige Sauerstoffzufuhr behindert.

TIPPS FÜR EINEN GLEICHMÄSSIGEN ABBRAND

- Angezündet wird der Docht immer so tief wie möglich. Wenn er schlecht brennt, die Kerze schief halten, damit mehr Wachs in den Docht aufsteigen kann.
- Der Docht sollte beim Brennen zum Rand der Flamme hin gekrümmt sein, weil die Dochtspitze am heißen Flammenrand am besten verglüht.
- Falls die Kerze einseitig abbrennt, den Docht in die andere Richtung ausrichten.
- Wenn eine Kerze von selbst verlöscht, ist der Docht zu kurz, zu dünn, zu wackelig oder er ist durch Farbpigmente oder Verunreinigungen im Brennteller verstopft. Löschen Sie die Flamme und gießen Sie vorsichtig etwas flüssiges Wachs ab.
- Bei einer rußenden Kerze die Zugluft sofort vermindern. Oder Sie löschen die Kerze und kürzen den Docht. Kerzen aus schlechten, nicht sauberen Ausgangsstoffen neigen eher zum Rußen! Verzichten Sie bei solchen Kerzen auf den Abbrand in geschlossenen Räumen.
- Kerzen tropfen, wenn der Raum zu warm ist (über 25 °C), bei Zugluft, bei Schrägstellung und bei zu vielen Farb-

pigmenten im Wachs, da diese die Saugfähigkeit des Dochtes stören und sich zu viel Wachs im Brennteller sammelt.
- Bei einer knisternden, spritzenden Kerze hat der Docht Wasser aufgenommen. Lassen Sie die Kerze einige Zeit trocknen.
- Dicke Kerzen immer so lange brennen lassen, bis der ganze Brennteller flüssig geworden ist. Sonst brennen die Kerzen hohl ab und die Flamme verkümmert.
- Kerzen mit mehreren Dochten brennen nur gut ab, wenn sie immer so lange brennen, bis der gesamte Brennteller mit flüssigem Wachs bedeckt ist.
- Löschen Sie die Kerze durch Eintauchen des Dochtes in das flüssige Wachs. So bilden sich die wenigsten Schadstoffe, da der Docht nicht nachqualmt. Richten Sie den Docht wieder auf, dann lässt sich die Kerze sogar wieder leichter anzünden.

SICHERER UMGANG MIT KERZEN

- **Lassen Sie Kerzen niemals ohne Aufsicht brennen!** Lassen Sie Kinder und Haustiere nie mit Kerzen alleine in einem Raum!
- Achten Sie auf einen sicheren Stand. Der Untergrund muss hitzebeständig und kippfest sein. Achten Sie auch auf genügend Abstand zu brennbaren Materialien.
- Kerzen und Schwimmkerzen nur in Gläsern mit großen Öffnungen abbrennen. Denn eine Kerzenflamme kann im Randbereich 1400 °C erreichen und bei zu großer Hitze platzt das Glas.
- Achten Sie auf einen sauberen Brennteller. Zünden Sie die Kerze mit einem Feuerzeug an, denn bei Streichhölzern können Verunreinigungen in den Kerzenteller fallen und auch Feuer fangen, womit die Kerze zur Gefahr wird.

- Kerzen brauchen in einem Arrangement **genügend Abstand** (15 cm) zueinander, sonst bringen sie sich gegenseitig zum Schmelzen. Halten Sie auch bei den beliebten Arrangements aus vielen Teelichten mindestens 10 cm Abstand, damit sich die ganze Wachsfläche nicht durch den Hitzestau schlagartig entzündet.
- Sehr empfehlenswert sind **selbstverlöschende Kerzen** oder Kerzen mit einem **„safety clip"**, einer eingebauten Metallplatte. Denn oft werden Kerzen in Gestecken mit Drähten befestigt, die sich gegen Ende des Abbrandes stark erhitzen. Dadurch entstehen im Kerzenboden kleine Löcher, durch die das flüssige Kerzenmaterial in das Gesteck fließen kann. Fällt dann noch der brennende Docht in das Gesteck, kann sich leicht ein Brand entwickeln.

- Und wenn doch mal etwas schief läuft, löschen Sie das brennende Wachs mit einem Kohlensäurelöscher oder ersticken Sie die Flamme mit einer Decke.

LAGERUNG

- Kerzen flach, kühl, trocken, dunkel und staubfrei lagern.
- Lagern Sie die Kerzen farblich getrennt oder wickeln Sie sie in Cellophan.
- Nehmen Sie keine Frischhaltefolie. Es kann es zu Wechselwirkungen mit dem Kerzenmaterial kommen.
- Die Vorratsstapel dürfen nicht zu hoch sein, da das Eigengewicht Druckstellen erzeugen kann. Sehr verbogene Kerzen können Sie auf etwa 40 °C erwärmen und mit einem kleinen Brett auf einer glatten Fläche wieder gerade rollen.
- Sehr lange Kerzen werden am besten gehängt.
- Verstaubte bzw. verschmutzte Kerzen können Sie mit einem mit Spiritus / Wassergemisch angefeuchteten, nicht fusselnden Leinen- oder Mikrofasertuch bzw. Perlonstrumpf abreiben.

Sparsame Ventilatoren statt Klimagerät

Es muss nicht gleich ein aufwendiges Klimagerät sein – auch Ventilatoren sind eine erfrischende Antwort auf heiße Tage, da sie eine kühle Brise in die Wohnung bringen! Die Raumtemperatur verändert sich durch den Einsatz eines Ventilators zwar nicht, trotzdem verspüren wir Kühlung. Die Wirkung beruht auf dem Prinzip „Verdunstung", denn der frische Wind lässt Schweiß und Feuchtigkeit schneller verdunsten, dem Körper wird die Verdunstungswärme entzogen und er kann sich etwas abkühlen.

Ventilatoren gibt es von winzig klein bis zur mächtig blasenden Windmaschine, und manche Deckenventilatoren entwickeln sich im Winter sogar zum Energiesparer.

VORTEILE

- Im Vergleich zu Klimageräten günstige Anschaffungspreise. Trotzdem können ordentliche Kühleffekte erreicht werden. Bewegt sich die Luft bei 27 °C mit 1,25 m/sec, so tritt ein empfundener

MEIN TIPP FÜR SIE

Vergessen Sie all die überlieferten Tipps für einen sparsameren Abbrand! Egal, ob Sie Kerzen jahrelang lagern, zuvor einfrieren, mit Salz bestreuen oder in Salzwasser tauchen – kein Verfahren hat sich bei der Überprüfung als effektiv erwiesen. Die Brenndauer von Kerzen kann bei gleicher Größe und gleichem Aussehen immer unterschiedlich sein. Sie ist von vielen Faktoren, wie den Rohstoffen, der Herstellungsart, der Raumtemperatur und immer von der Flammengröße abhängig. Die Flammengröße wiederum hängt von der Dochtdicke (je dünner, desto kleiner das Flammenbild), vom Wachsfluss in den Docht (verstopfte Brennschüssel verringert den Abbrand), von der Sauerstoffzufuhr und von der Zugluft ab. Durchschnittlich verbrennen pro Stunde 7–10 g Kerzenmasse. Bei Teelichten, Grab- und Opferlichten ist der Verbrauch pro Stunde etwa halb so groß, da diese Kerzen in einem Becher abbrennen und die Flamme wegen der knapperen Sauerstoffzufuhr klein bleibt.

Kühleffekt um rund 3 °C ein. Bei 30 °C und einer Luftgeschwindigkeit von 2,5 m/sec = 9 km/h beträgt der empfundene Kühleffekt bereits knapp 6 °C.

- Geringer Stromverbrauch (>100 W)
- Viele Insekten fliehen vor der bewegten Luft.

NACHTEILE

- Motorengeräusche
- Zugluft kann Erkältungen, Bindehautentzündungen oder rheumatischen Beschwerden auslösen.
- Staub und Allergene werden aufgewirbelt.

ALLGEMEINE TIPPS

- Vor dem Kauf sollten Sie sich über den gewünschten Standort im Klaren sein, damit Sie die richtige Größe für Ihren persönlichen Bedarf wählen. Denn je größer ein Ventilator ist, umso langsamer kann er drehen, um die gleiche Luftmenge zu bewegen – mit weniger Luftgeräuschen und größerer Laufruhe. Bei zu hoher **Drehzahl** des Ventilators kommt es zu Zugerscheinungen. Doch darf die Drehzahl auch nicht zu niedrig sein, denn dann ist die Durchdringungstiefe zu gering und der Luftstrom reißt z. B. bei Deckenventilatoren nach unten schon weit über dem Boden ab.
- Kaufen Sie nicht irgendein Schnäppchen. Denn nichts ist unangenehmer als ein Ventilator, der unwuchtig läuft, laute Geräusche von sich gibt oder ins Schleudern gerät. Gute Ventilatoren haben ausgewuchtete Motoren und sehr sorgfältig geformte Flügel. Hören Sie sich vor dem Kauf das **Laufgeräusch** an. Ventilatoren mit fünf Flügeln laufen etwas ruhiger als Geräte mit drei Flügeln.
- Ventilatoren, die mit der Zeit lauter werden, weil das Lüfterrad im Gerät

reibt, müssen von einem Fachmann überprüft werden. Solche Warnsignale dürfen auf keinen Fall ignoriert werden, es kann zu Überhitzungen kommen.
- Ventilatoren mit vielen Kunststoffteilen können im Langzeitbetrieb unangenehm riechen.

VERSCHIEDENE VENTILATOREN

- **Tisch-Ventilatoren** mit einem Korbdurchmesser von 25–45 cm sind Kleingeräte mit einer Leistung von 35–70 W. Sie wälzen bis zu 1700 m³/h um.
- Bei **Standventilatoren** gibt es Teleskopständer mit Ventilatoren-Kopf (bis zu über 5000 m³/h) und Turm-Ventilatoren mit Radialgebläse, die besonders für Büros ideal sind, da der Luftstrom genau ausgerichtet und vom Schreibtisch ferngehalten werden kann. So werden

keine Papiere weggeblasen, allerdings ist der Luftumsatz geringer.
- **Deckenventilatoren** haben drei bis fünf Flügel aus Holz, Metall oder Kunststoff. Sie wirbeln mit 50 bis 220 Umdrehungen pro Minute die warme Luft hinab zum Boden. Ihre Leistung liegt bei über 10 000 m³ Luft/h. Für den Privathaushalt sind Ventilatoren mit einem Rückwärtslauf für den Winterbetrieb empfehlenswert. Im Sommer wird der Luftstrom direkt nach unten geleitet. Hierdurch ist die Luftgeschwindigkeit im Aufenthaltsbereich höher und das Gerät sorgt so für Kühlung. Im Winter wird der Luftstrom zur Decke geleitet und die warme Luft strömt über die Wände zurück zum Boden. Im Aufenthaltsbereich ist die Luftgeschwindigkeit sehr gering und kaum spürbar.

HINWEIS

So funktioniert ein Ventilator: Ventilatoren versetzen die Luft durch Rotation in Bewegung. Die gebräuchlichsten Ventilatoren sind so genannte Axialventilatoren. Die umgebende Luft wird durch einen freien Propeller bewegt, vergleichbar mit einem Flugzeugpropeller. Sie besitzen außer einem Gitter als Schutz vor Verletzungen kein Gehäuse. Turmventilatoren sind von einem Gehäuse umgeben und bewegen die Luft radial wie in einer Zentrifuge senkrecht nach außen.

Ressourcenschonung durch Recycling

Natürlich sind die Müllvermeidung und die Wiederverwendung von Produkten das wichtigste Ziel einer nachhaltig denkenden Gesellschaft. Aber es gibt Grenzen, und dann sind die heute zur Verfügung stehenden hoch technisierten Recyclingverfahren eine gute Methode zur Ressourcenschonung.

Hausmüll: gut sortiert – besser recycelt

Müll ist ein Wertstoff, viel zu schade zum Wegwerfen! Lange Zeit war nur der relativ einheitliche industrielle Produktionsmüll für die stoffliche Aufarbeitung interessant. Heute zählt selbst der Konsum- oder Haushaltsmüll nicht mehr zum wertlosen Abfall, sondern er ist eine interessante Energie- und Rohstoffquelle. Je knapper die Ressourcen, desto intensiver wird unser Müll aufgearbeitet. Aber Mülltrennung und Sortierung ist auch ein wunderbarer Beitrag zum Klimaschutz, denn es wird viel weniger Müll deponiert. Dadurch werden erhebliche Mengen klimaschädlicher Gase wie Methan eingespart.

GLASRECYCLING

In den Haushalten wird viel Glas gesammelt. Da stehen leere Wein-, Sekt- und Saftflaschen, dazu kommen Konservengläser, Gläser von Arzneimitteln und noch das eine oder andere zerbrochene Trinkglas oder Flachglas. Aber Vorsicht vor dem schnellen Wurf in den Altglascontainer! Glas ist nicht gleich Glas und das Glasrecycling funktioniert umso besser, je weniger Fehlwürfe wir uns leisten.

Beim Recycling werden aus alten Materialien neue Produkte hergestellt. Nachteilig ist, dass sich die Qualität der neu herzustellenden Produkte verschlechtern kann, weil das recycelte Ausgangsmaterial eine schlechtere Qualität hat. Ganz anders beim Glas, hier gibt es kein „Downcycling". Das eingesammelte Behälterglas wird in Aufbereitungsanlagen von allen Störstoffen (Metalle, Kunststoffe, Keramik, Porzellan, Steingut) befreit, nach Farben sortiert und dann zerkleinert als ofenfertiger Scherben zur Glashütte gebracht. Dort entsteht wieder vollwertiges Behälterglas – egal, wie oft es den Recyclingprozess durchlaufen hat!

HINWEIS

Glassammelcontainer sind selten schön, zudem häufig laut und schmutzig! Aber bei Glas ist das für uns unbequemere Bringsystem viel günstiger als ein Abholsystem. Denn Glas bricht bei jedem Verladen in immer kleinere Stücke und irgendwann hat man nur noch einen Haufen kleiner Scherben. Die Aufarbeitung ist dann sehr mühsam, das Glas kann nicht mehr ohne Weiteres von Keramik und anderen Störstoffen abgetrennt werden.

WAS DARF IN DEN GLASCONTAINER?

In den Glascontainer gehören grundsätzlich alle Einwegverpackungen aus einfachem Natron-Kalk-Glas. In der Fachsprache heißt dies Behälter- oder Hohlglas. Dazu zählen nicht nur Getränkeflaschen, sondern auch alle Konserven- und Kleinbehältergläser. Die meisten Sammelstellen haben eine **Farbtrennung** in Weiß, Braun und Grün. Gerade nach Farben getrenntes Glas ist ein **wertvoller Rohstoff**. Deshalb wird das nach Farben sortierte Glas auch nicht, wie oft vermutet, als Mischmasch abtransportiert, sondern in so genannten Drei-Kammer-Fahrzeugen. Nur 4 % des Altglases werden als Mischglas eingesammelt. Alle Glasbehälter können Sie ungespült, aber gut geleert, in den Container geben.

- Während der Deckel bei Mehrwegflaschen zum Schutz des Halses und der Flasche drauf bleiben soll, können Sie den Deckel bei Einwegpackungen entfernen. Allerdings können die Aufbereitungsanlagen heute durchaus Metall- und Kunststoffdeckel entfernen. Zudem bringt der Altmetallerlös etwas Geld in die Kasse des Glassortierers.
- Werfen Sie die Glasbehälter nicht schwungvoll hinein, denn kleine Scherben sind schlechter für die Aufarbeitung.
- **Weißglas** ist das begehrteste Altglas, aber es ist auch am empfindlichsten. Weißglas verträgt maximal 3 % Fehlfarben. Bereits schon eine grüne Flasche auf 100 weiße Flaschen macht das Altglas für Weißglas unbrauchbar.
- **Braunglas** verkraftet schon bis zu 8 % Fehlfarben.
- Einzig die Grünfärbung ist in der Lage, andere Farben gut zu übertünchen. **Grünglas** verträgt bis zu 15 % Fehlfarben, deshalb kommen alle blauen, roten oder andersfarbigen Behälter zum Grünglas.

WAS DARF NICHT IN DEN GLASCONTAINER?

Alle einfachen Trinkgläser oder Glasteller aus Natron-Kalk-Glas können im Container entsorgt werden. Dagegen gehören alle Trinkgläser und Glasteile aus schwerem Glas, aus **Kristall, Lüsterglas oder Bleikristall** in den Restmüll. Diese Gläser haben eine veränderte chemische Zusammensetzung und einen höheren Schmelzpunkt als das Behälterglas. Kristallglas stört also im Behälterglas! Für diese schweren Gläser existiert noch kein gesondertes Recyclingsystem, da jede Glashütte eine eigene Zusammensetzung der Glasschmelze bevorzugt.

- **Hitzefeste Gläser** (Laborgläser, Jenaerglas, Pyrexglas …) enthalten Boroxide. Diese Gläser sind reinweiß und lassen sich bei der Aufarbeitung nicht abtrennen. Da aber der Schmelzpunkt höher ist als bei den anderen Scherben, kommt es zu Einschlüssen. Die aus so einer Schmelze hergestellten Verpackungsgläser haben Einschlüsse und müssen aussortiert werden, da sie Spannung haben und leichter brechen. Deshalb müssen sterilisierbare Konservengläser oder Sektflaschen absolut einschlussfrei sein.
- Brillengläser und andere optische Gläser sind hoch veredelt und gehören in den Restmüll. Für intakte **Brillen** gibt es extra Sammelaktionen.

- Weißes **Opalglas** (z. B. Cremetiegel) enthält relativ viel Calciumfluorid. Es darf in geringen Mengen in Glascontainer, da das Altglas erst ab 2 % Opalglasanteil unbrauchbar wird.
- **Neonröhren und Sparlampen** müssen in den Sondermüll und Glühbirnen in den Restmüll.
- Der Glasanteil eines Spiegels besteht aus Natron-Kalk-Glas, aber die Metallverspiegelung ist ein Störfaktor. Deshalb gehören große Spiegel auf den Wertstoffhof, kleine **Spiegel** können in den Restmüll.
- **Fensterglas** ist dem Behälterglas chemisch sehr ähnlich, aber je moderner das Fenster, desto mehr Schichten wurden zur Wärmedämmung oder zum UV-Schutz aufgedampft. Es darf nicht in den Glascontainer, sondern es wird am besten über einen Wertstoffhof der Flachglasverwertung zugeführt. Für Altglas aus dem Flachglasbereich gibt es in Deutschland extra ein flächendeckendes Sammel-, Aufbereitungs- und Verwertungsnetz.

HINWEIS

Autoglas-, Verbundglas gehört auch in die Flachglasverwertung. Es kann wieder zu Flachglas, aber auch zu Behälterglas, Dämmwolle, Schmirgelpapier oder Glasbausteinen verarbeitet werden.

- Auch **Elektronikschrott** enthält Glas, das aber auf keinen Fall zum Behälterglas darf. Monitore aus Spezialglas und schwermetallhaltige Bildröhrengläser werden heute einer speziellen Aufarbeitung unterzogen und können teilweise wieder in Neugeräten verarbeitet werden. Deshalb im Wertstoffhof entsorgen! Extrem störend und deshalb unbedingt zu vermeiden sind **Glaskeramik, Keramik, Porzellan und Steingut.** Diese Ton- und Keramikerzeugnisse werden in der Glasschmelze nicht aufgeschmolzen und führen im Glas zu vielen Einschlüssen. Maximal 25 g Keramikteile können von 1 t Glas verkraftet werden.

WARUM LOHNT SICH GLASRECYCLING?

Altglas hat heute einen großen **wirtschaftlichen und ökologischen Nutzen** und deshalb ist Altglasrecycling gesetzlich vorgeschrieben. Zwar ist Deutschland im Moment noch Weltmeister im Glasrecycling und die Recyclingquote erscheint mit weit über 80 % ziemlich gut. Aber immer wieder kommt es bei den Glashütten zu Altglas-Engpässen, zumal dieses Material inzwischen weltweit begehrt ist. Die Verwendung von einer Tonne Altglas ersetzt etwa 700 kg Quarzsand, 190 kg Soda, 150 kg Kalkstein, 80 kg Dolomitstein und 50 kg Feldspat. Es wird weniger Landschaft für den Abbau von Soda, Sand und Dolomit verbraucht und der Energiebedarf bei der Glasherstellung wird gesenkt. Denn das Altglas schmilzt sehr leicht, während bei den Rohstoffen erst die chemischen Bindungen gelockert werden müssen.

Ein zusätzlicher Beitrag zum Klimaschutz ist, dass sich in der Schmelze aus Altglas kein CO_2 mehr bildet. Dagegen entwickelt sich aus Soda und Dolomit beim Schmelzen aus den Rohstoffen CO_2.

Textilrecycling

An über 50 000 aufgestellten Sammelcontainern für Textilien macht es mehrmals täglich „Klick". Der Schrank wird leerer, das Gewissen leichter ... Denn von den Sammlungen profitieren Secondhand-Liebhaber/innen mit kleinem Budget ebenso wie die Bedürftigen in Deutschland und die Notleidenden in der Dritten Welt. Kleiderspenden gelten als Wohltat und so landen in Deutschland jährlich rund 750 000 Tonnen in den Sammelbehältern. Auch wenn aus den Spenden eine weltweit gehandelte Ware wird und die Geschäfte einen zweifelhaften Ruf haben: Es lohnt sich immer – für viele Menschen und die Umwelt!

HINWEIS
Textilrecycling gehört zu den ältesten Verfahren, um Stoffkreisläufe zu schließen. Heute ist Textilrecycling dringend notwendig, denn in einem Jahr kauft jeder Bundesbürger durchschnittlich 20 kg neue Textilien.

ENTSORGUNGSMÖGLICHKEITEN FÜR TEXTILIEN

- Die Weitergabe noch tragbarer Alttextilien an Kleiderkammern karitativer Organisationen, an Secondhand-Läden oder Flohmärkte ist der beste und sinnvollste Weg. So wird Abfall vermieden, die Textilien werden weiterverwendet. Gerade Secondhand-Kinderkleidung hat einen großen Vorteil: alle potentiellen **Schadstoffe sind schon ausgewaschen!**

- Der zweitbeste Weg ist die Straßen- oder Containersammlung, da hier ein Großteil weiterverwendet oder zumindest dem Recycling zugeführt wird. Allerdings ist bei Textilien immer nur ein Downcycling möglich, das heißt, die Fasern und Materialien haben nach dem Recyclingprozess eine **verminderte Qualität.** Alle Sammlungen, egal ob gemeinnützig oder gewerblich, müssen nach dem neuen Kreislaufwirtschaftsgesetz von den Gemeinden genehmigt werden.

- Am schlechtesten ist die Restmülltonne, da hier wertvolles Material verschleudert wird. Gebrauchte Bekleidung und Heimtextilien sind ein wichtiger Wertstoff. Nur stark verschmutzte und schadhafte Textilien sollten im Restmüll enden!

STRASSENSAMMLUNGEN

Karitative Institutionen führen wegen fehlender Logistik immer seltener selbst organisierte Sammlungen durch. Dieser arbeitsintensive Zweig wird dann im besten Fall an Arbeitsloseninitiativen vergeben. Hier wird durch die Kleiderspende der größte karitative Effekt erzielt.

Häufig werden die Sammlungen von gemeinnützigen Institutionen gegen Provision an **gewerbliche Sammler/ Sortierer** ausgelagert. Wird bei diesen Sammlungen, die zwar ein Gewerbebetrieb durchführt, ein anerkanntes karitatives Logo verwendet, so ist das auch noch akzeptabel. Allerdings geht nur ein kleiner Teil des Erlöses an die karitative Organisation.

Diese Auslagerung hat aber negative Folgen: Immer wieder sammeln gewerbliche Sammler unter einem falschen karitativen Logo. Achten Sie bei Straßensammlungen auf Transparenz! Verlangen Sie Namen und vollständige Adresse, bei Zweifeln fragen Sie nach. Nur eine Handynummer auf einem Handzettel ist nicht ausreichend. Eine gewerbliche Sammlung muss nicht schlecht sein, denn auch hier wird Verwertung und Textilrecycling betrieben. Aber es ist oft nicht im Sinne der „Spender".

DEPOTCONTAINER

Diese stehen in den meisten Gemeinden gut verteilt auf öffentlichen Plätzen. Die legalen Container sind grundsätzlich mit der vollständigen Adresse und Telefonnummer der sammelnden Organisation beschriftet. Besonders empfehlenswert sind Container mit einem "FairWertung-Siegel". Es garantiert, dass die Altkleider wirklich den Bedürftigen zukommen oder aus ihrem Verkauf soziale Projekte finanziert werden. Auf den Recyclinghöfen stehen häufig Container von kommunalen Sammlern – der Erlös landet meist in der Gemeindekasse.

HINWEISE
In die Sammelsäcke gehören gebrauchte, saubere, trockene Kleidungsstücke, Bettwäsche, Bettzeug, Tischdecken, Handtücher, Handtaschen und Schuhe (paarweise gebündelt).

Packen Sie alles unbedingt dicht in Plastiksäcke! Denn leider werden auch Hausmüll und sonstige unerwünschte Sachen in die Container eingeworfen. Eine Verwertung verschmutzter, beschädigter oder nasser Textilien ist aber nicht möglich! Nicht gesammelt werden Stoff- und Wollreste sowie Teppiche.

SORTIERUNG UND VERMARKTUNG

Bei rein **karitativen Sammlungen** geht gut erhaltene und noch tragbare Kleidung zuerst in die Kleiderkammern von Wohlfahrtsverbänden. Hier sortieren ehrenamtliche Helfer die Kleidung für bedürftige Menschen aus. Der Rest wird an die gewerblichen Sortierer verkauft. Textilien aus **gewerblichen und kommunalen Sammlungen** werden an Sortierbetriebe verkauft. Allerdings werden aus Kostengründen die Sortierungen immer mehr in Osteuropa vorgenommen, da dort die Löhne geringer sind. In Osteuropa kann man zudem den Hausmüll, der sich immer mehr zwischen den Kleidersäcken findet, auch besser und preiswerter loswerden. Die hochwertigste Ware, das sind aber nur ca. 2 %, wird an Secondhandläden in Deutschland und Westeuropa verkauft. Weitere 50 % sind mit Einschränkungen noch tragbar. Sie werden desinfiziert, nach Farbe, Qualität, Material und Größe sortiert und zu großen Ballen gepresst. Diese Gebrauchtkleider werden als Secondhandkleidung nach Osteuropa, nach Afrika und Asien verkauft. Die Verkaufserlöse müssen die Kosten tragen, denn der gesamte Verwertungsprozess kostet Geld. Im Gegensatz zu anderen Entsorgungsbereichen ist es bei Alttextilien im Moment nicht möglich, die Verwertungskosten auf die Haushalte umzulegen.

ALTKLEIDERSAMMLUNG – (K)EIN PROBLEM FÜR DIE DRITTE WELT?

- In ganz Deutschland gibt es trotz wirtschaftlicher Krise nicht genug Bedürftige, um unseren Altkleiderberg abzutragen.
- Für Bedürftige in Dritte-Welt-Ländern ist der Import von Gebrauchtkleidung sehr wichtig. Lange Zeit waren wir der Meinung, dass diese Praxis negative Auswirkungen auf den textilen Arbeitsmarkt vor Ort hat und Arbeitsplätze im örtlichen Schneiderhandwerk und bei den Zulieferern kostet. Aber die Bevölkerung bevorzugt moderne, westliche, bezahlbare Kleidung und keine teuren traditionelle Teile.
- Gebrauchte Importkleidung schafft viele Arbeitsplätze vor Ort. Es wird gewaschen, gebügelt, repariert, abgeändert, transportiert, zwischengehandelt… Man schätzt, dass pro 500 kg Alttextilien ein Arbeitsplatz entsteht.
- Viele Länder erheben inzwischen für importierte Altkleider erhebliche Importzölle und verbessern so ihre **Staatsfinanzen.**
- Immer mehr Dritte-Welt-Länder exportieren heute moderne Neuware zu einem sehr viel höheren Preis, als er im Herstellungsland erzielbar wäre, nach Europa und in die USA. Die einheimische Bevölkerung kann sich diese neue Ware gar nicht leisten und dem Staat bringt es Devisen.
- Wir sollten auch berücksichtigen, dass zur Produktion von 1 kg Baumwollfasern mindestens mit 7 000 l Wasser bewässert werden muss. Deshalb hat Textilrecycling und Secondhandware gerade in Gebieten mit Wasserarmut eine wichtige Bedeutung. Das wenige Wasser sollte eher für die Produktion von Lebensmitteln eingesetzt werden.

Textilien, die nicht mehr als Secondhand-Kleidung verkauft werden können, gehen in Reißereien. Die so gewonnenen Fasern werden zu wichtigen Industrierohstoffen für Putzlappen, Dämmstoffe, Papiere und Pappen verarbeitet. Dabei lassen sich aber kaum Erlöse erzielen. Die übrigen, sogenannten textilfremden Störstoffe müssen als Abfall gebührenpflichtig entsorgt werden.

Papierrecycling

Trotz Computer und Internet – jeder Deutsche verbraucht pro Jahr über 250 kg Papier. Papier wird aber aus Holz gemacht, und so wandert noch immer jeder fünfte weltweit gefällte Baum in eine Zellstoffmühle. Das könnte durchaus weniger sein, denn es gibt heute hochwertige Papiere aus Recyclingzellstoff. Dieses Papier ist schon lange nicht mehr grau, rau, teurer und staub- oder schadstoffbelastet! Wir müssen nur danach fragen ...

FRISCHFASERPAPIER

Für 1 kg Frischfaserpapier werden 2,3 kg Holz gebraucht. Mit bis zu 100 l Wasser und rund 5 kWh Energie wird zunächst der Zellstoff aus dem Holz isoliert. Das wird oft in Ländern mit geringeren Umweltauflagen durchgeführt, da in Deutschland einige Verfahren aus Umweltgründen nicht erlaubt sind. Dieser Grundstoff wird dann mit Sauerstoff, Ozon oder Wasserstoff gebleicht. Chlor wird nicht mehr verwendet, die Kennzeichnung „chlorfrei" ist heute also allgemeiner Standard. Bei der Herstellung des Frischfaserpapiers wird kein Altpapier untergemischt.

UMWELTSCHUTZPAPIER UND RECYCLINGPAPIER

Sowohl Umweltschutzpapier als auch Recyclingpapier bestehen zu **100 % aus Altpapier.** Aus 1,2 kg Altpapier kann durchschnittlich 1 kg neuwertiges Papier gewonnen werden, denn das Ausgangsprodukt, der Zellstoff, liegt ja bereits im

Altpapier vor. Das Altpapier wird eingeweicht, die zu kurzen Fasern werden ausgewaschen und aus dem zurückbleibenden Faserbrei werden wieder Papiere hergestellt.

Lange Zellstofffasern aus Nadelhölzern können durchschnittlich sechs Mal neu aufgearbeitet werden! Von Verwertung zu Verwertung werden die Papierfasern zwar kürzer, aber der Anteil von Frischfaserpapier im eingesammelten Altpapier ist nach wie vor groß. Deshalb haben die Recyclingpapiere durchschnittlich erst zwei Aufarbeitungen hinter sich. Falls die Qualität der Altpapierfasern nicht ausreicht, wird mitunter auch neuer Zellstoff verwendet, aber das ist dann auf den Papieren deklariert. Während Glas beliebig oft recycelt werden kann, würde das Papierrecycling ganz allmählich zusammenbrechen, wenn nicht frische Fasern die unbrauchbaren Fasern ersetzen würden. **Die mit Abstand beste Umweltbilanz hat das Umweltschutzpapier.** Es wird aus „unteren Sorten", also aus Altpapier aus Haushaltssammlungen, hergestellt. Das Papier wird nicht entfärbt oder gebleicht! Deshalb ist es je nach Ausgangsstoff grau, der Weißgrad liegt bei 60 %. **Recyclingpapiere** haben einen höheren Weißgrad. Das hellste reinweiße Recyclingpapier ist von Frischfaserpapier nicht mehr zu unterscheiden. Um weißes Recyclingpapier herzustellen, werden helle Altpapiere extra ausgelesen oder der Papierbrei wird einem verstärkten „De-Inking" unterzogen. Das ist aber keine Bleichung, sondern in den eingeweich-

ten Faserbrei wird Luft eingeleitet. Dabei werden die Farbstoffe an die Oberfläche gespült und abgetrennt. Etwas weniger umweltfreundlich ist das Bleichen von Recyclingpapieren. Deshalb bekommen gebleichte Recyclingpapiere mit sehr hohem Weißgrad (90 % und höher) meist keinen blauen Engel mehr.

WIE GUT IST RECYCLING-PAPIER?

Fast alle Papierartikel werden inzwischen in guten Qualitäten auch aus Recyclingpapier hergestellt.

Während im Bereich Verpackung und Zeitungspapier der Anteil recycelter Papiere sehr hoch ist (90–100 %), liegt der Anteil bei Büroartikeln und Schulheften unter 20 %. Und das, obwohl die größten Firmen und Behörden auf Recyclingpapiere umgestellt haben. Es sind gerade wir Kleinverbraucher, die noch falsche Vorurteile haben.

- Wenn Sie den Weißgrad eines Buches aus Frischfasern mit dem eines recycelten Kopierpapiers vergleichen, ist die Buchseite wegen der eingestellten „Lesefreundlichkeit" dunkler als das Recycling-Kopierpapier!
- Auch hinsichtlich weiterer Qualitäten wie Reißfestigkeit, Alterungsbeständigkeit, Lauffähigkeit, Druckbild und Staubentwicklung sind die Recyclingpapiere heute topp!
- Allerdings: Papiertaschentücher aus Altpapier bilden beim versehentlichen Mitwaschen mehr Fusseln als die Marktführer aus Frischfasern.
- Bei vielen Untersuchungen zeigte sich, dass die früher immer wieder festgestellten Schadstoffprobleme heute behoben sind. Die getesteten Sorten erhielten ein „Sehr gut"! Wer ganz sicher gehen will, wählt Recyclingpapiere mit dem blauen Engel. Denn hier wird der Schadstoffgehalt routinemäßig kontrolliert.

VORTEILE VON RECYCLINGPAPIEREN

Jedes Blatt entlastet die Umwelt, da

- weniger Bäume gefällt werden.
- bei der Herstellung nur 15 % Wasser und ein Drittel der Energiemenge gegenüber Frischfaserpapieren verbraucht werden.
- die Schmutzfracht der Abwässer viel geringer ist.
- die Abfallmengen und die CO_2-Emission (durch den Wegfall der Papierverbrennung) reduziert werden.

- Leider sind Recyclingpapiere nur in begrenzter Auswahl im Einzelhandel erhältlich. Es fehlt einfach an Nachfrage. Und deshalb sind die Produkte oft etwas teurer. Dabei könnten sie 10–15 % preiswerter verkauft werden, wenn die Umsatzzahlen stimmen würden.

MEIN SPEZIELLER TIPP

Wer gut sammelt, sollte auch genauso sorgfältig Produkte aus Altpapier im Büro und Alltag einsetzen! Allerdings, und diese Einschränkung muss ich machen, nachdem es einige alarmierende Untersuchungsergebnisse gab: Für den direkten Kontakt mit Lebensmitteln sind Verpackungen aus Altpappe nicht geeignet. In Altpappen wird viel Zeitungspapier verarbeitet. Die Druckerfarben werden bei Pappen nicht entfernt, und so können Mineralöle in den Pappen enthalten sein. Diese Mineralöle können in fetthaltige Lebensmittel übergehen.

VOR DEM RECYCELN STEHT DAS SAMMELN

Theoretisch könnten rund 90 % aller umlaufenden Papiere wiederverwertet werden, aber die Wiederverwertungsquote liegt immer noch niedriger. Wir sollten also nicht nur noch mehr, sondern auch sorgfältiger sammeln. Dadurch könnte die Akzeptanz für Altfaserprodukte gesteigert werden. Denn die Qualität der Recyclingpapiere hängt immer auch von der Sammelqualität des Altpapiers ab.

WAS GEHÖRT ZUM ALTPAPIER?

- Zeitungen und Zeitschriften. Sortieren Sie diese Papiere möglichst frisch aus, denn wenn das Papier älter als sechs Monate ist, ist der De-Inking-Prozess erschwert.
- Kataloge, Prospekte
- Schulhefte
- Büro-Altpapier
- Bücher ohne festen Einband
- Kartonagen, Wellpappe und Schachteln. Sie werden in vielen Recyclinghöfen getrennt gesammelt und extra verwertet.

NICHT IN DIE ALTPAPIER-SAMMLUNG GEHÖREN

- Stark verschmutzte Papiere
- Nassfeste Papiere wie Papierservietten, Kosmetiktücher, Küchenkrepp, Papiertaschentücher oder Butterbrotpapier. Sie lösen sich zu langsam auf. Grundsätzlich darf es nicht länger als fünf bis zehn Minuten dauern, bis das Altpapier als Faserbrei vorliegt.
- Oberflächenbeschichtete Papiere wie Backpapier, Kartons von Tiefkühlkost, Getränkekartons, Suppentüten, Pappgeschirr oder Trägerpapiere von Aufklebern.
- Problematisch sind auch alle Gummierungen, denn sie bilden Leimklumpen.
- Thermopapiere und Durchschreibpapiere, da sie schädliche Chemikalien enthalten.
- Fotopapiere, Lackpapiere
- Aktenordner
- Windeln, Staubsaugerbeutel
- Tapeten (auch neue Rollen)

Biomüll

Die Begeisterung für die Biotonne hält sich beim Verbraucher in Grenzen, ist sie doch jeden Sommer ein Paradies für Maden und die Quelle höchst unangenehmer Gerüche. Dabei ist das Verwerten von Biomüll neben dem Recycling von Glas und Papier in Zeiten der Energiewende und des Klimawandels von größtem ökologischem Nutzen. Aus einer Tonne Biomüll lassen sich in einer modernen Vergäranlage 100 m³ Biogas mit immerhin über 60 % Methan und rund 30 m³ hochwertige Komposterde gewinnen.

WAS DARF IN DIE BIOTONNE?

Da der Kompost aus der Biomüllanlage wieder auf Felder und Gärten verteilt wird, ist es wichtig, dass wir Biomüll in einer guten, schadstoffarmen Zusammensetzung liefern.

- Halten Sie sich an die Anweisungen Ihres Entsorgers. Die Vorschriften sind von Gemeinde zu Gemeinde je nach Aufarbeitung unterschiedlich.
- Die wenigsten Probleme macht die Tonne, wenn Sie nur Obst- und Gemüseabfälle, pflanzliche Speisereste, Kaffeesatz, Teebeutel, Schnittblumen und Topfpflanzen, Eierschalen und Papierservietten oder Küchenkrepp einfüllen.
- Sie können (und in vielen Gemeinden „müssen" Sie) auch tierische Essensreste dazu geben. Bei der Eigenkompostierung im Garten ist dies nicht möglich, da die Temperaturen zur Vernichtung der Krankheitserreger nicht erreicht und Ratten angelockt werden. In den meisten öffentlichen Kompostieranlagen ist aber eine Hygienisierungsstufe eingebaut.

WAS MUSS DRAUSSEN BLEIBEN?

- Hochglanzpapier, Zellophantüten, die modernen Staubsaugerbeutel aus Mikrovliesen, Straßenkehricht, Asche (außer reiner Holzasche), Babywindeln und Zigarettenstummel
- Flüssigkeiten wie Suppen oder Soßen
- Katzenstreu (vor allem, wenn sie Bentonit enthält)
- Alle Plastikteile sind ein großer Störfaktor und müssen per Hand ausgelesen werden.

GUT GEPFLEGTE BIOTONNE

Natürlich kann bei einer beginnenden biologischen Zersetzung kein Wohlgeruch erzeugt werden, aber durch sorgfältigen Umgang und Befüllung lassen sich die Gänge zur Biotonne angenehmer gestalten.

- Küchenabfälle in der Biotonne sind nasser und kompakter als mit Gartenabfällen gemischter Biomüll auf dem Kompost. Deshalb kommt es im Sommer zu anaeroben Fäulnisprozessen, begleitet von Gestank und Maden.
- Säubern Sie die Tonne regelmäßig von außen und von innen. Die Reinigungsfrequenz hängt von der Disziplin bei der Beschickung und den Reinigungsmöglichkeiten ab. Gerade im Sommer sollte **alle zwei Wochen gereinigt** werden. Füllen Sie dazu die Tonne zunächst etwa 1/3 mit Wasser und lehnen Sie den Behälter schräg aufwärts an eine Treppe oder eine Mauer. Verändern Sie die Lage der Tonne, damit alle Wände gleichmäßig benetzt und der Schmutz aufgeweicht wird. Sehr schmutziges Einweichwasser kippen Sie nicht in den Garten, sondern am besten direkt in die Kanalisation. Verzichten Sie auf Reinigungs- und Desinfektionsmittel, da sie die Mikroorganismen bei der Vergärung und Kompostierung stören.
- Falls eine gründliche Reinigung zu aufwendig ist, können Sie eine kleine **Zwischenreinigung** durchführen und zumindest die Restflüssigkeit nach der Leerung der Tonne mit wenig Wasser ausspülen. Vor der Neubefüllung immer gut trocknen lassen!

- Reiben Sie den Deckel und den oberen Rand zur einfachen Desinfektion immer wieder mit verdünnter Essigessenz oder Spiritus ab. Nehmen Sie keinen Gärungsessig, denn Fliegen werden nicht nur von faulenden Pflanzenteilen, sondern auch von vergorenen Flüssigkeiten angezogen.
- **Stellen Sie die Tonne an einen kühlen, schattigen Platz.** Bereits bei 10 °C mehr verdoppelt sich die Zersetzungsgeschwindigkeit. In der Biotonne soll sich aber auch aus ökologischen Gründen möglichst noch nichts zersetzen, sondern erst in der Verwertungsanlage.
- Halten Sie bereits das Vorsortiergefäß in der Küche immer dicht verschlossen, damit die Fliegen keine Eier ablegen können. Lassen Sie die Küchenabfälle nicht lange offen liegen.
- Legen Sie den Boden der Biotonne zum Aufsaugen der Flüssigkeit mit einer Schicht zerknülltem Zeitungspapier aus, auch Eierkartons oder Kartonschnippel eignen sich dazu. Die Tonne kann dann auch leichter und vollständiger entleert werden.
- Ihre Tonne bleibt länger sauber und trockener, wenn Sie Ihre **Küchenabfälle in Zeitungspapier** einwickeln. Papier lässt sich einfach zu Kompost mitverarbeiten. Lassen Sie trotzdem sehr nasse Abfälle im Sieb abtropfen. Sobald die Abfälle zu stark verklumpen, kommt es zu starken Fäulnisreaktionen. Deshalb möglichst nasse und eher trockene Abfälle gemischt in die Tonne bringen. Legen Sie ab und zu zerknülltes Zeitungspapier schichtweise zwischen die Bioabfälle, dieses saugt Flüssigkeiten und Gerüche auf. Den Inhalt können Sie auch mit wenig (!) stark zerkleinertem Baum-, Strauch- oder Heckenschnitt auflockern. Viele Gemeinden wollen aber keine Gartenabfälle im Biomüll!
- Trocknen Sie **Rasenschnitt** zunächst im Freien und füllen Sie ihn erst unmittelbar vor Abholung der Tonne ein. Denn er entwickelt rasch übelste Gerüche.
- Bequem und sauber sind spezielle nassfeste Biotonnen-Papierbeutel oder folienartige Biomülltüten. Diese bestehen überwiegend aus Mais- oder Kartoffelstärke. Verwenden Sie diese Biobeutel aber nur, wenn es die Gemeinde für die jeweilige Biomüllaufarbeitung erlaubt! In den Verkleinerungsanlagen bei Biogasanlagen können diese Biofolien stören, während sie bei Verwertung des Biomülls in reinen Kompostieranlagen zugelassen sind. Es kommt also auf die Weiterverarbeitung der Bioabfälle an. Diese Bio-Folienbeutel sind nicht zu verwechseln mit den sogenannten abbaubaren Plastiktüten, die aus Polyethen plus Zusatzstoffen bestehen und viel zu lange zum Abbau brauchen.
- Zur Geruchsverbesserung hat sich das Einstreuen von etwas **Kalkmehl** bewährt. Dieses kann vor allem die Stinksäuren gut binden. Verwenden Sie aber sogenannten gelöschten Kalk (Calciumhydroxid), da ungelöschter Kalk (Calciumoxid) beim Feuchtwerden große Hitze entwickeln kann.
- Zur Verminderung der **Maden,** zum Trockenhalten der Tonne und zur Geruchsverbesserung kann besonders das schichtweise Einstreuen von drei bis vier Esslöffeln Gesteinsmehl empfohlen werden. Es trocknet die Maden aus. Maden sind übrigens nur eklig, sie gefährden die Gesundheit aber nicht. Nach einigen Tagen verkriechen sie sich im Biomüll und verpuppen sich.

ÖKOLOGISCHE VORTEILE

- Neben dem Gewinn von Biogas ist die Vermeidung von Treibhausgasen ein wichtiger positiver Aspekt der Biomüllverwertung. Denn bei der normalen Kompostierung ohne Vergärung bildet sich durch anaerobe Vorgänge immer auch Methan. Dieses Gas gelangt frei in die Atmosphäre und hat ein 25 Mal höheres Treibhauspotential als CO_2.
- In der Forschung laufen bereits viele Versuche, den anfallenden Kompost noch weiter thermisch zu verwerten.
- Verminderung des Restmüllaufkommens.

Zuschauer fragen – Frau Frank antwortet

WAS IST VON FRISCHHALTEDOSEN MIT NANO-SILBERBESCHICHTUNG ZU HALTEN?

FRAU G. S. AUS RIEDERICH

Ich habe für viel Geld Frischhaltedosen mit einer Nano-Silber-beschichtung gekauft, da sie die Haltbarkeit der Lebensmittel stark verlängern sollen. Die Dosen sollen 100 % antibakteriell sein. Nun habe ich aber Bedenken, ob dabei Silber auch auf die Lebensmittel übergeht.

FRAU FRANK WEISS …

Die Versprechungen für diese Dosen sind natürlich viel zu groß. Silberionen können durchaus Bakterien töten und das Wachstum verzögern. Aber Lebensmittel sind immer stark keimbelastet und dagegen kommen die Silberteilchen in der Dosenwand nicht an. Silber in üblicher Teilchengröße wird für den Menschen (nicht für die Umwelt!) bisher als unbedenklich, von manchen Forschern auch nur als akzeptabel angesehen. Ganz anders verhält es sich mit Nanosilber. Hier fehlen ebenso wie bei anderen Nanoteilchen noch gesicherte Untersuchungs-ergebnisse. Im Februar 2012 fand eine Tagung zu Nanosilber statt und das Bundesinstitut für Risikoforschung (BfR) ver-öffentlichte anschließend folgende Stellungnahme: „Solange wir mögliche gesundheitliche Risiken nicht sicher ausschlie-ßen können, empfehlen wir Herstellern, auf Nanosilber in verbrauchernahen Produkten zu verzichten". Das gelte insbe-sondere dann, wenn haushaltsübliche Hygiene ausreicht, um Keime zu töten. Eine offizielle Zulassung für Nanosilber-Pro-dukte ist derzeit nur bei medizinischen Anwendungen vorgese-hen, die einen therapeutischen Nutzen versprechen. Deshalb rate ich Ihnen von der Verwendung der Dosen ab, auch wenn das beworbene Nanosilber sich häufig nur als ganz normale Silberionen entpuppte.

WIE DESINFIZIERE ICH SOCKEN?

FRAU U. B. AUS MELLRICHSTADT

Mein Mann ist im Beruf „Anzugsträger" und kann wegen eines starken Fußpilzes keine hellen Baumwollsocken tragen. Die schwarzen Baumwollsocken werden bei einer vom Arzt emp-fohlenen 60 °C-Wäsche mit Bleichmittelzusatz sofort gräulich und unansehnlich. Wie kann ich die Socken ausreichend desin-fizieren?

Frau Frank rät…

Sammeln Sie die Socken getrennt von den Strümpfen der anderen Haushaltsmitglieder und waschen Sie sie separat bei 40 °C, besser wären 60 °C, mit einem alkalischen Colorwasch-mittel. Anschließend empfehle ich Ihnen eine Hygienespülung für die Wäsche mit desinfizierenden quartären Ammonium-verbindungen, die gegen Pilze wirksam sind. Die haushalts-üblichen Spülungen sind um 2,5 %, deshalb empfehle ich die Spülung nicht in der Waschmaschine durchzuführen. Lösen Sie lieber in einem Eimer 50 ml in 4 l Wasser und lassen Sie die Socken darin 30 Minuten liegen.
In Apotheken erhalten Sie spezielle Wäschespülungen in höherer Konzentration, die gegen die Pilzsporen wirksamer sein sollen.

KÖNNEN WIR UNSEREN ALUMINIUM-ENTSAFTER NOCH VERWENDEN?

HERR W. M. AUS ESSLINGEN

Wir machen schon seit vielen Jahren für unsere Enkel in einem sehr alten Dampfsaftentsafter aus glänzendem Alumi-nium gemischte Obstsäfte (von Erdbeeren bis zu den späten Quitten) aus unserem eigenen ungespritzten Gartenobst. Die Kinder lieben den Saft verdünnt mit Wasser und im Sommer kann ein Kind schon mal 300 ml reinen Saft täglich trinken. Nun haben wir Zweifel, ob wir das Gerät noch weiter verwen-den können, da Sie in einer Sendung vor zu viel Aluminium gerade für Kinder warnten.

Frau Frank weiß Rat…

Da gerade Kinder auf höhere Aluminiumgehalte empfindlich reagieren, würde ich Ihnen von einer weiteren Verwendung für die Herstellung von sauren Säften abraten. Besorgen Sie sich einen Topf aus Edelstahl oder entsaften Sie kleine Beerenmengen im Schnellkochtopf. Geben Sie auf den Topfboden ¼ l Wasser, setzen Sie den ungelochten Einsatz als Saftbehälter darauf. Die Beeren kommen darüber in den gelochten Einsatz. Die Garzeit beträgt auf Stufe 2 je nach Obstsorte nur 10–15 Minuten. Den Topf unter fließendem Wasser rasch drucklos machen und vor dem Öffnen kurz schütteln, damit alles Obst nach unten fällt. Wenn der Saft im geschlossenen Behälter noch über 75 °C hat, kann er sofort in saubere Flaschen abgefüllt werden. Ihren Alu-Topf können Sie aber weiterhin z. B. als großen Suppentopf verwenden.

SIND DESINFEKTIONSTÜCHER SINNVOLL?

FRAU V. W. AUS NEUSTADT (A)

Unsere Tochter ist an Noroviren erkrankt und der Hausarzt empfahl uns dringend, vor allem für die Hände Desinfektionsmittel zu verwenden. Reichen einfache Händedesinfektionstücher aus?

Frau Frank empfiehlt…

Noroviren sind leider schwer zu bekämpfende unbehüllte Viren, deshalb empfehle ich Ihnen ein ebenfalls überall erhältliches Desinfektionsmittel zum Sprühen mit den Inhaltsstoffen 1-Propanol und Ethanol. Waschen Sie zunächst die Hände mit Wasser und Seife, dann gründlich abspülen und abtrocknen. Nun werden die trockenen(!) Hände gut eingesprüht und nach zwei Minuten Einwirkzeit ist eine gute Desinfektionswirkung erreicht.

Da das Virus am häufigsten durch direkten Kontakt mit Erbrochenem oder Stuhl übertragen wird, empfehle ich Ihnen zur Beseitigung und bei der Reinigung der verunreinigten Stellen Einmalhandschuhe zu tragen und mit Küchenkrepp, Einwegtüchern oder Babyreinigungstüchern zu arbeiten. Anschließend können Sie auch diese Stellen mit dem gleichen Desinfektionsmittel besprühen. Für die Leib- und Bettwäsche sowie für Handtücher reicht eine 60 °C-Wäsche (noch besser wäre die in einigen Waschmaschinen hinterlegte Waschtemperatur von 75 °C im Hygienewaschgang) mit einem bleichmittelhaltigen Vollwaschmittel aus.

SOLLEN WIR DEN DECKEL DER BIOMÜLLTONNEN SCHLIESSEN?

FAMILIE H. AUS KARLSRUHE

In unserer Wohngemeinschaft gibt es jeden Sommer regelmäßig Diskussionen darüber, ob bei den Biomülltonnen die Deckel nicht besser geöffnet bleiben, damit der Abfall etwas abtrocknet und der üble Gestank verfliegt.

Frau Frank rät…

Es ist wirklich besser, den Deckel geschlossen und den Biomüll durch richtiges Beschicken trocken zu halten. Nasse oder feuchte Bioabfälle (z. B. Kaffeefilter, Rasenschnitt) vorher antrocknen lassen, Zeitungspapier und Eierkarton dazwischen schichten und ab und zu etwas Gesteinsmehl einstreuen. Denn aus einer geöffneten Tonne entweichen ständig üble Gerüche und neben Fliegen werden auch anderes Ungeziefer und Nager angelockt. Machen Sie doch mal den Vorschlag, die Biotonnen mit speziellen Biotonnendeckeln auszustatten. Es gibt verschiedene Angebote: Ganz dicht schließende Deckel mit Aktivkohlefilter oder Deckel mit Biofiltern, in denen aktive Enzyme und Mikroorganismen die Fäulnisgase zu geruchlosen Verbindungen abbauen. Jede Tonne kann selbst damit ausgestattet werden.

Draußen geht der Haushalt weiter:

Gepflegter Außenbereich

In diesem Kapitel geht der Blick raus aus der Wohnung, raus aus dem Haus, vor die Haustüre! Hier finden Sie Tipps zur Sauberkeit rund um das Haus. Denn für mich ist vor allem der Eingangsbereich wie eine Visitenkarte … und leider wird das oft viel zu wenig beachtet.

Ein Gerät wird hier gern und nicht ganz überraschend besonders oft von Männern eingesetzt: Das ist der Hochdruckreiniger. Auch ich muss gestehen, ich beschäftigte mich mit diesen scharfen Wasserstrahlen erst, seitdem ein männlicher Redakteur für mich zuständig war. Aber ich kann Ihnen versichern, auch Frauen können mit diesem Gerät wunderbar reinigen. Und es macht richtig Spaß, denn der Schmutz weicht schnell und mühelos!

Terrasse und Balkon werden im Sommerhalbjahr zum beliebten Aufenthaltsort der ganzen Familie. Deshalb finden Sie in diesem Kapitel auch Tipps zur Reinigung von Markisen und Gartenpolstern, zur Entfernung von lästigen Flecken auf den Steinplatten nach der letzten Grillparty. Und für den Winter gibt es Tipps, damit Sie mit sicherem Tritt auf richtig gestreuten Wegen unterwegs sind.

Der Eingangsbereich

Schauen Sie doch mal vor Ihre Haustüre! Liegt da auch irgendeine beliebige Fußmatte, die Sie nur wegen des netten Spruches oder ansprechenden Bildes dort platzierten? Dabei halten richtig ausgewählte Fußmatten das Haus viel sauberer, denn über 80 % des üblichen Schmutzes auf dem Boden werden über die Schuhe ins Haus getragen. Die Anschaffung einer abgestimmten funktionellen Eingangsmatte oder eines mehrstufigen Schmutzfangsystems lohnt sich immer, denn Sie müssen weniger reinigen! Und Schmutz auf dem Boden trübt nicht nur die Optik, sondern feuchter Schmutz erhöht die Rutschgefahr und scharfkantiger Schmutz erhöht den Abrieb auf den Oberflächen.

Fußmatten

Fußmatten sind **wirkungsvolle Schmutz-Schleusen,** wenn

- die Fußmatten **groben und feinen Schmutz und Feuchtigkeit** schnell aufnehmen und binden können.
- der aufgefangene Schmutz von der Matte nicht an die folgenden Benutzer abgegeben wird. Deshalb sollte die Matte, wenn sie täglich von vielen Personen benutzt wird, etwas größer sein.
- die Fußmatten rutschsicher, trittsicher, flach und stolpersicher sind, zum Stil des Hauses passen, Wind und Wetter über viele Jahre standhalten und leicht zu reinigen sind.
- die Fußmatten mit ihren unterschiedlichen Eigenschaften auf den Eingangsbereich abgestimmt werden. Eine einzige Fußmatte kann nur selten alle Funktionen gleichzeitig erfüllen, obwohl immer mehr multifunktionelle Matten angeboten werden.

MEIN SPEZIELLER TIPP

Falls Sie nur eine einzige Matte haben, streifen Sie für ein optimales Ergebnis jeden Schuh sechs Mal ab. In professionellen Sauberlaufzonen werden immer mindestens sechs Schritte eingeplant, bevor die Besucher empfindliche Bodenbeläge betreten.

Sechs Schritte entfernen bei glatten Sohlen 90 % des Schmutzes, bei profilierten Sohlen sind es immerhin noch 81 %.

AUSSENBEREICH

Vor Betreten des Innenraumes muss grober Schmutz wie Erde, Steinchen oder Blätter entfernt werden.

Gut geeignet sind hierfür **Gitterroste oder Gummiprofilmatten.** Diese sollten möglichst in eine Bodenwanne eingelassen sein, in der der Schmutz gesammelt wird. Metallstäbe können nur haftenden, erdigen oder sandigen Schmutz abstreifen, sie können die Schuhe nicht trocknen. Da Metallroste auch Absatzkiller sind, empfehle ich gerippte Gummileisten, da sie an ihnen zusätzlich wie mit einem Scheibenwischer noch etwas Nässe abstreifen können.

- Noch besser sind für den privaten Haustürbereich **Metall- oder Gummiprofilmatten** mit eingearbeiteten Bürstenstreifen aus groben Synthetikfasern wie Polyamid oder Polypropylen geeignet. Diese Matten entfernen den Grobschmutz, der zwischen die Mattenöffnungen fällt, und so nicht mehr an die nachfolgenden Schuhe abgegeben wird. Gleichzeitig werden die Schuhe durch die Bürstenstreifen etwas abgewischt und abgetrocknet. Diese haltba-

ren Matten können gut abgesaugt und ab und zu ausgebürstet oder abgespritzt werden.

- Sehr beliebt sind **Kokosmatten** draußen vor der Haustür. Aber diese Matten sind gerade für diese Aufgabe wenig geeignet. Die scheinbar harten Fasern können den Grobschmutz nur schlecht entfernen, da sie unter dem Druck feuchter Schuhe sehr biegsam sind und einen zu starken Kontakt mit der Sohle haben. Der Grobschmutz fällt auch nicht ins Innere der Matte, sondern bleibt oben an den gebogenen Fasern haften und wird bereits nach kurzer Zeit wieder an die nachfolgenden Schuhe abgegeben. Der Schmutz aus der Matte lässt sich zudem nicht gut entfernen. Beim Absaugen werden viele Flusen abgegeben und nach dem

stecken, kann die Matten vorher ausspülen oder abspritzen. Wenn Sie unmittelbar nach der Mattenwäsche in der Maschine eine 60°C-Wäsche durchführen, ist ihr Gerät wieder hygienisch sauber. Fußmatten werden auch mit antibakterieller Ausstattung (Triclosan) angeboten. Dies ist jedoch meiner Meinung nach ein typisches Beispiel für übertriebene Reinlichkeit. Eine Fußmatte muss/kann nicht „rein" sein, denn die Schuhe sind es auch nicht.

MEIN SPEZIELLER TIPP

Die Matten werden beim Waschen in der Maschine besonders sauber, wenn Sie in die Maschine noch zwei bis drei alte Frottiertücher stecken. Gleichzeitig werden durch Vermeiden von Unwuchten Maschine und Matte geschont. Neue Matten geben oft viele Flusen ab, kontrollieren Sie deshalb das Flusensieb!

Abspritzen mit Wasser trocknet die Matte sehr langsam und kann schimmeln.

- Wer für den Grobschmutz Kokosmatten bevorzugt, der sollte auf Kokosmatten mit Drahtgitter oder mit zusätzlichem Gummirelief zurückgreifen. Durch diese Sonderausstattung können sie ihre Aufgaben ganz ordentlich erfüllen. Da Kokos nicht sehr witterungsfest ist, sollten Sie Kokosmatten nur in überdachten Bereichen, wie in gut geschützten Hauseingängen, verwenden.

INNENBEREICH

Im Innenraum werden durch spezielle Schmutzfangmatten Feinstaub und eventuell noch etwas Feuchtigkeit gebunden. Dies lohnt sich besonders bei empfindlichen Böden wie Hochflor-Teppichen, bei Parkett oder glänzenden Natursteinböden. Unerlässlich sind sie auch bei Übergängen von geölten oder eingewachsten Böden auf Teppiche.

Die typischen staubbindenden und saugstarken Schmutzfangmatten oder Schmutzfangläufer gibt es heute auch in großer Vielfalt für die Privathaushalte, in öffentlichen Gebäuden sind sie bereits unentbehrlich geworden.

Die Auswahl an Materialien ist groß:

- Bei Baumwollmatten liegt der Schwerpunkt beim Aufsaugen von Feuchtigkeit.

- Bei Mikrofasern aus Polyamid ist die mechanische Reinigung besser! Stäube, ja sogar Öle und Fette, werden sehr gut gebunden.
- **Ideal sind Matten aus Mischgeweben!**

Die beste Reinigungswirkung haben Matten mit unterschiedlichen Oberflächen, z. B. mit feinem und grobem Flor oder mit Flor und Schlingen im Wechsel. Beachten Sie beim Kauf solcher Matten auch die Rückseite! Ankernoppen verhindern, dass sie sich auf Teppichboden verschieben, auf Holz- und anderen Hartböden sorgt eine Antirutsch-Rückseite für den richtigen Halt. Stimmen Sie die Rückseite aber immer auf Ihren Boden ab, denn weichmacherhaltige **Rückseiten** (PVC!) können auf versiegeltem Parkett den Lack beschädigen.

Der Schmutz bleibt bei diesen Matten an der Oberfläche gebunden. Da er aber durch gründliches Staubsaugen nur zu etwa 30–40 % wieder entfernt werden kann, müssen die Matten gewaschen werden. Für öffentliche Gebäude haben sich Mietdienste durchgesetzt, für den privaten Haushalt sind alle Versuche für diese Dienstleistung bisher gescheitert. Deshalb setzt man hier auf das Waschen in der Waschmaschine, obwohl es auch hygienische Vorbehalte gibt. Wer Bedenken hat, die schmutzigen Teile in die übliche Haushaltswaschmaschine zu

Winterdienst, damit die Wege sicher sind

Für sicheren Tritt bei Schnee und Glatteis hilft nur streuen! Straßenmeistereien arbeiten mit Salz, für unsere private Gehwegstreuung müssen wir in den meisten Gemeinden auf anderes Streugut zurückgreifen. Jeder Hausbesitzer ist verpflichtet, die öffentlichen Gehwege zu räumen. Der Vermieter kann die Räum- und Streupflicht auf die Mieter übertragen. Das muss aber im Mietvertrag oder in der Hausordnung stehen, wenn diese Bestandteil des Mietvertrags ist.

Richtig Schnee räumen und streuen

- Erst räumen, dann streuen! Gerade abstumpfende Streumittel sind auf einer Schneedecke schnell wirkungslos.
- Streuen Sie so viel wie nötig, so wenig wie möglich.
- Salz ist in einigen Gemeinden für Gehwege ganz verboten. In vielen Orten darf es nur bei Eisregen oder Glatteis an Treppen und abschüssigen Wegen verwendet werden.
- Wenn der Schnee weg ist, müssen die Streumittel wieder von den Gehwegen weggeräumt werden. Denn in den meisten Gemeinden gibt es eine „Einkehrpflicht".

Vor- und Nachteile der Streumaterialien

Die Auswahl an Streumitteln wird immer größer, doch fehlen auf den Packungen oft die genauen Deklarationen der Inhaltsstoffe und es werden in den örtlichen Geschäften bei weitem nicht nur die erlaubten Streumittel angeboten.

KOCHSALZHALTIGE AUFTAUSALZE

Das einfache Streusalz besteht zu über 90 % aus Kochsalz plus natürliche Begleitstoffe wie Tone oder andere Salze. Voraussetzung für die Wirkung dieses Streumittels ist, dass sich auf dem Eis noch ein unsichtbarer Wasserfilm befindet, in dem sich etwas Salz lösen kann.

Diese Salzlösung hat einen viel tieferen Gefrierpunkt als reines Wasser, und deshalb schmilzt das noch vorhandene Eis in der Salzlösung. Gleichzeitig wird das erneute Gefrieren des Schmelzwassers verhindert.

Aber **Salz,** besonders das darin enthaltene Chlorid, hat **negative Eigenschaften:**

- Es verdrängt wichtige Nährstoffe von der Aufnahme in die Pflanzen, es kommt zu Wasserentzug im Wurzelbereich und Wurzelschädigungen.
- Es führt bei Tieren zu Entzündungen an den Pfoten.
- Es gelangt mit dem Sickerwasser ins Grundwasser und erhöht die Salzfracht im Trinkwasser.
- Es begünstigt Korrosionen an Steinen und Beton. In die porösen Oberflächen sickert die Salzlösung ein. Wenn die Fläche wieder abtrocknet, kristallisieren aus der Salzlösung große Salzkristalle aus. Diese Salzkristalle erzeugen in den Poren einen großen Druck, die Oberfläche zerbröselt.

WARUM SALZ FÜR DIE STRASSE UND NICHT FÜR DIE GEHWEGE?

- Nur Salz kann auf viel befahrenen Straßen die Verkehrssicherheit erhöhen. Splitt wird rasch beiseite geschleudert, deshalb können damit nur wenig befahrene Straßen sicher abgestreut werden.
- Die großen Bedenken gegen die Salzstreuung im Winterdienst stammen noch aus einer Zeit, als mit einfachsten Mitteln Salz in großen Mengen auf

glatte und schneebedeckte Fahrbahnen aufgebracht wurde. Dank moderner Streufahrzeuge und Feuchtsalzen kann viel effektiver gesalzen werden. Das Feuchtsalz besteht aus Natrium-Calcium- oder Magnesiumchloriden. Es haftet besser auf der Straße, dadurch wird weniger Salz benötigt – die negativen Auswirkungen werden verringert.

- Es müssen viel weniger Streufahrten gemacht werden als bei abstumpfenden Mitteln.
- Salzstreuung ist preiswerter als die anderen Alternativen.
- Beim Salzen der Gehwege haben viel mehr Pflanzen intensiven Salzkontakt als beim Salzen der Straßen. Denn viele Gehwegsentwässerungen landen direkt in Grünflächen oder in Gärten.
- Splitt auf der Straße kann die Kanalisation verstopfen.
- Splitt muss nach dem Winter von der Straße aufgenommen und für eine

Wiederverwendung aufwendig gereinigt oder auf Deponieflächen entsorgt werden. Die abstumpfenden Mittel werden auf der Straße mit Reifenabrieb und Straßenschmutz verunreinigt.

- Splitt wirkt sich negativ auf Fahrzeuge aus: Die Laufleistung von Winterreifen ist durch die scharfkantigen Granulate reduziert und es gibt reichlich Lackschäden durch den Aufprall des Streuguts auf die Karosserie.

ALTERNATIVE AUFTAUSALZE ODER „BIO-STREUSALZE"

Immer wieder wird für diese Salze vollmundig mit Umweltverträglichkeit geworben. Aber häufig sind es stickstoffhaltige Verbindungen (Ammoniumsalze, Harnstoff), die als Düngemittel wirken. Dies ist gerade im Winter extrem schädlich und im Wasser kommt es zu einer Nährstoffanreicherung.

Als **umweltneutral** werden Kaliumcarbonat und Calcium-Magnesium-Acetat als Auftauhilfe beurteilt. Nach bisherigen Untersuchungen unschädlich für Tiere, Pflanzen und Gehwege! Der Einsatz solcher Produkte kann bei extremer Glätte Ihren Winterdienst durchaus erleichtern. Diese Arbeitserleichterung kostet aber relativ viel Geld!

ABSTUMPFENDE MITTEL

Gute Streumittel für den Gehweg haben eine Korngröße von 1–5 mm, sie sind kantig, staubarm und jederzeit streufähig. Außerdem schädigen sie keine Pflanzen und Tiere und versickern nicht im Grundwasser. Aber nicht alle abstumpfenden Mittel sind als gut einzustufen. Es gibt auch Granulate aus Schlacken, die wegen des Schwermetallgehaltes Boden und Grundwasser belasten.

Allerdings ist die anhaltende **Wirksamkeit** abstumpfender Streumittel nicht so groß wie bei Tausalzen. Sie versinken eher im Schnee und müssen daher häufiger aufgetragen werden, Abflüsse können verstopfen und nach dem Schmelzen des Schnees ist die Rutschgefahr erhöht, deshalb müssen viele wieder aufgekehrt werden. Sie können allerdings mehrmals verwendet werden. Beim Verschleppen ins Haus kann es durch grobe Partikel zu Materialschäden auf Parkett, poliertem Stein, Teppichen usw. kommen. Umweltschonend sind Streumittel mit dem **Umweltzeichen „Blauer Engel, weil salzfrei"**. Diese Produkte enthalten keine belastenden Schwermetalle. Mit diesem Siegel sind Kalksplitt, Lavagranulat und gebrochener Blähton erhältlich. Hartsplitte bekommen dieses Zeichen nicht, da sie schwer sind und viel Transportenergie verbrauchen.

- **Umsonst:** Holzasche. Die Wirkung ist nur auf gut gekehrten Flächen ordentlich. Asche kann leicht verweht werden, es kommt zu erhöhter Staubbelastung. Bei Regen bildet sich ein Geschmier und dieses haftet an den Schuhen.
- **Preiswert:** Grober Mauersand. Er hat auf Schnee nur mäßige Wirkung, doch kann der Sand anschließend in die Gartenbeete gekehrt werden.
- **Komfortabel und leicht:** Blähton-Granulat oder gebrochene Blähtonkugeln (Vorsicht, greifen Sie nicht zu runden Blähtonkugeln! Aufgrund ihrer runden Form kommen Sie auf ihnen auch ohne Schnee ins Rutschen) sind ein ideales Streumittel. Vor allem, wenn Sie im Haus empfindliche Bodenbeläge haben. Ton wird granuliert und beim Brennen blähen sich die Teilchen auf. Deshalb ist dieses Material viel leichter als Sand oder Splitt. 50 l wiegen ca. 25 kg, reichen aber für 2 000 m². Ein weiterer Vorteil: Tauen die behandelten Flächen in der Mittagssonne an, so schwimmt das Granulat auf und bleibt beim erneuten Gefrieren wirksam.

Reste können in Beeten entsorgt werden. Leider ist dieses Material aber recht teuer.

- **Gut abstumpfend:** Lavagranulat ist neben Kalksplitt und Basaltsplitt am besten geeignet, da diese Streumittel quarzfrei sind und keine zu scharfen Kanten haben. Reste können in Beeten entsorgt werden.
- **Schwergewichte und wenig materialschonend:** Pflastersplitt und Betonrecyclingsplitt kann ich nur bedingt empfehlen, da sie sehr schwer, scharfkantig und wenig materialschonend sind. Sie bleiben in den Schuhsohlen stecken, und es wird relativ viel Streumaterial zum Streuen verbraucht.

2 IN 1-AUFTAUGRANULATE

Viele Produkte enthalten neben abstumpfenden Mitteln noch Salzanteile. Deshalb bleiben sie in vielen Gemeinden verboten. Die besseren Produkte arbeiten mit kaliumcarbonatummanteltem Blähton oder Lavagranulat. Das bringt Auftauwirkung und Rutschhemmung in einem Arbeitsgang.

Hochdruckreiniger

Hochdruckreiniger sind das Lieblingsputzgerät der Männer. Denn dieses Gerät schafft Sauberkeit fast von selbst: Wasserstrahl drauf und der Schmutz geht weg! Man(n) braucht keinen feuchten Lappen, keinen Putzeimer und kein Hantieren mit dem „nassen Textil". Doch auch diese Wunderwaffe hat Nachteile und kann bei falschem Gebrauch viele Materialien schädigen.

FUNKTIONSPRINZIP EINES HOCHDRUCKREINIGERS

Ein Hochdruckreiniger wird über einen Gartenschlauch an das Leitungswasser angeschlossen und durch eine Hochdruckpumpe im Gerät wird mit wenig Wasser ein kräftiger Wasserstrahl erzeugt, der durch den Druck eine extrem **hohe mechanische Reinigungskraft** hat und auch festsitzenden Schmutz entfernen kann.

EINSATZMÖGLICHKEITEN

- Ein Flächenstrahl reinigt stark **vermooste Gartenwege** aus hartem Stein oder veralgte Pools. Noch effektiver ist eine sogenannte Dreckfräse. Durch den rotierenden Spritzstrahl wird hartnäckiger und dickschichtiger Schmutz entfernt.

- Mit Waschbürsten oder rotierenden Waschbürsten (der Druckstrahl lässt die Waschbürste kreisen) können Sie **Gartenmöbel, Markisen oder das Auto** abwaschen. Reinigen Sie Ihr Auto aber nur auf Plätzen, wo es nach den entsprechenden Gemeindeverordnungen zulässig ist.
- Für **Steinmauern, Hausfassaden oder Dachrinnen** können Sie eine Variodüse einsetzen. Bei dieser Düse kann der Spritzwinkel stufenlos von 0° bis 80° verändert werden.
- **Große Terrassen** aus Stein, Beton oder Holz werden, ohne die Fenster oder die Hauswand zu verspritzen, mit sogenannten Terrassenreinigern sauber. Der Wasserstrahl treibt einen Propeller mit zwei Düsen im Reinigungsgehäuse an.
- Spezielle **Rohrreinigungsdüsen** bekämpfen verstopfte Abflussrohre.

MEIN SPEZIELLER TIPP

Starten Sie bei jeder Arbeit immer in großer Entfernung zu den Oberflächen, bis Sie ein Gefühl für die Stärke des Wasserstrahls haben. Sie können materialschonender arbeiten, wenn Sie den Schmutz vorher mit der feinsten Düsenstellung einige Minuten einweichen, erst dann gehen Sie mit Druck über die Flächen.

DER REINIGUNGSERFOLG HÄNGT VON VIELEN FAKTOREN AB

- Vom Pumpendruck: Ein Maximaldruck von 100–120 bar reicht für den Haushaltsbereich aus, doch sollte der Druck an der Austrittdüse einfach zu regulieren sein.
- Von der Wasserdurchflussmenge: Hier schwanken die Werte für den normalen Haushaltsbereich zwischen 300–500 l/h.
- Von der **Reinigungsleistung**: Das ist die beste Methode, um die Effektivität der Hochdruckreiniger miteinander zu vergleichen. Sie wird durch Multiplizieren des höchsten Reinigungsdrucks (in bar) mit der Wasserdurchflussmenge (in l/min) berechnet.
- Vom Aufpralldruck: Er sinkt mit zunehmendem Abstand zwischen Düse und Reinigungsfläche sehr rasch ab. So kann ein 100 bar-Strahl nahe an der Düse ein dickes Buch zerfetzen, aber bereits 25 cm entfernt kann die Hand in den Strahl gehalten werden.
- Von der Auswahl der Düse: Diese steuert die Strahlbreite und den Spritzwin-

kel. So hat eine Punktstrahldüse wegen der scharfen Bündelung einen ganz kleinen Spritzwinkel und damit punktuell eine sehr große Reinigungskraft. Die Flachstrahldüse mit gespreiztem Strahl und einem großen Spritzwinkel wird für die schnelle Reinigung von Flächen eingesetzt.

- Von der Einwirkdauer des Strahls: Durch einen starken Aufpralldruck kann sich das Material etwas erwärmen und die Reinigungsleistung kann gesteigert werden.
- Von der Zumischung von Reinigungsmitteln: Diese können über einen Schlauch oder einen Tank im Gerät dosiert werden.

VORTEILE VON HOCHDRUCK-REINIGUNG

- Einfaches, kraft- und zeitsparendes Reinigen meist ohne Reinigungsmittel.
- Vergleicht man den Wasserverbrauch eines Hochdruckreinigers mit dem Wasserverbrauch eines Wasserschlauchs, so werden durch das Gerät nur etwa 15 % der Wassermenge verbraucht.

Kauftipps für Geräte rund ums Haus

- Vor dem Kauf sollten Sie wissen, wofür und wie oft Sie dieses Gerät einsetzen möchten. Für den Privathaushalt völlig ausreichend sind Kaltwassergeräte mit Elektromotor (230 V). Wer nur Auto oder Fahrrad, eine kleine Terrasse und Gartenmöbel reinigen will, kommt mit einem preiswerten, tragbaren Gerät aus. Wer größere Flächen (Gartenwege, Einfahrten, Mauerwerk, Pools usw.) sauber halten will, wählt besser ein komfortableres und meist auch leistungsfähigeres Rollgerät.
- Hochdruckreiniger sind anspruchsvoll und werden stark belastet, deshalb sollte man für eine langfristige Nutzung etwas mehr Geld investieren.
- Sobald die Düse geschlossen wird, muss zur Sicherheit und zur Schonung des Gerätes eine Pumpenabschaltung erfolgen.
- Schläuche mit Antidrilleinrichtung sind ideal, da sich Schläuche unter Druck wie von selbst verdrillen.

HIER IST VORSICHT GEBOTEN

- Von Sandsteinen, aber auch von anderen weicheren Steinen wie Travertin, kann ein Hochdruckreiniger Teilchen ablösen, die Fläche aufrauen und damit sehr schmutzempfindlich machen. Auch von der Reinigung von Tonziegeldächern raten Fachleute ab.
- Steinzeug und Feinsteinzeug kann mit Hochdruck gereinigt werden, doch kann es bei zu viel Druck rasch zu Fugenschäden kommen.

- Bei in Sand gelegten Terrassenplatten wird über die Fugen sehr viel Sand herausgespült.
- Vorsicht bei der Reinigung von Autoreifen! Ein scharfer, auf einen Punkt gerichteter Wasserstrahl führt in nur fünf Sekunden zu erheblichen Beschädigungen der Reifen. Durch den Aufprall des Wasserstrahls steigt die Temperatur im Reifen an, das Gummi bildet Blasen und es kann bei hoher Belastung (Autobahnfahrt) zu geplatzten Reifen kommen. Halten Sie mindestens 20 cm Abstand ein und arbeiten Sie mit einem breiten Strahl, den Sie ständig hin und her bewegen.

SICHERHEITSHINWEISE

Achten Sie unbedingt auf die Sicherheit beim Umgang mit Hochdruckreinigern.
- Das Gerät darf nie auf Mensch und Tier gerichtet werden!
- Lassen Sie kein Kind an einen Hochdruckreiniger.
- Lassen Sie sich Zeit, um mit der Technik vertraut zu werden.
- Arbeiten Sie nur mit zugelassenen Schläuchen.
- Schützen Sie Pflanzen und elektrische Geräte vor dem Spritzwasser.

Gepflegte Balkone und Terrassen

Terrassen und Balkone liegen im Trend! Aus den einstigen Abstellflächen und Wäschetrockenplätzen ist ein beliebtes „Naherholungsgebiet" direkt am Haus geworden.

Belegt mit edlen Steinen und ausgestattet mit komfortablen Möbeln und einem Sonnenschutz sind sie gern genutzte Ruheinseln.

Fleckentfernung von Natursteinen oder Keramikplatten

Die Platten auf Balkonen, Terrassen und Wegen sind ständig der Witterung ausgesetzt. Auch unsere sommerlichen Außen-Aktivitäten wie grillen, gießen oder düngen hinterlassen Flecken.

ROSTFLECKEN

Sobald eisenhaltige Gegenstände, wie zum Beispiel Gartenmöbel oder Leuchten, ohne ausreichenden Korrosionsschutz längere Zeit feucht auf die Flächen einwirken, entwickeln sich hellbraune, später dunkelbraune Flecken. Weitere Ursachen sind Flugrost, entstanden durch Bauarbeiten wie Schleifen von Metallen, eisenhaltige Düngemittel oder Wasser/Regenwasser aus eisenhaltigen Wasserleitungen. Aber auch bei fehlerhaftem Verlegen können aus dem Untergrund Eisensalze an die Oberfläche wandern. Rostflecken bestehen aus wasserunlöslichen, rötlichbraunen Eisenoxiden. Diese können durch Säuren aufgelöst werden.

- Bei glasierten Fliesen bleiben die Rostpartikel mitunter nur oben auf der Glasur haften. Hier kann es ausreichend sein, die Pigmente mit einer Scheuermilch, einem Putzstein oder einem Schmutzradierer zu entfernen.
- Bei porösen Steinen diffundiert der Rost in die Steine. Je dunkler die Flecken, desto tiefer ist der Rost eingewandert und desto länger dauert die Entfernung.
- **Säurefeste Steine** wie Feinsteinzeug, Schiefer, Sandstein, Granit oder Gneis

können Sie zunächst mit Zitronensäure (5 %) bearbeiten. Nur wenn sich kein Erfolg einstellt, empfehle ich **Oxalsäure** (Kleesalz). Oxalsäure kann meist in der Apotheke unter Angabe des Verwendungszweckes bestellt werden. Die Säure kommt zwar in manchem Obst und Gemüse natürlich vor, aber sie ist in größeren Mengen giftig. Schützen Sie die Hände beim Arbeiten mit der Säure durch Handschuhe.

- Falls Sie einen Rostfleckenentferner für Textilien im Haus haben, können Sie auch dieses ebenfalls oxalsäurehaltige Fleckenmittel einsetzen.
- **Phosphorsäure** ist in einigen Sanitärreinigern, in sauren Steingrundreinigern oder in sogenannten Rostumwandlern enthalten. Schauen Sie ins Datenblatt. Wenn Phosphorsäure enthalten ist, können Sie da-

mit Rostflecken wunderbar entfernen.

- Verzichten Sie unter keinen Umständen auf eine Probe mit der entsprechenden Säure oder dem entsprechenden Reinigungsmittel. Denn auch angeblich säurefeste Natursteine können geringe säureempfindliche Anteile enthalten. Sobald Sie die Bildung kleiner Gasblasen erkennen, ist der Stein für eine Säurebehandlung ungeeignet. Bedenken Sie auch: Säuren können die Farbe der Steine verändern.
- **Säureempfindliche Steine** wie Marmor, Terrazzo und andere Kalksteine, aber auch Beton- und Zementflächen brauchen einen säurefreien Spezial-Rostentferner. Falls Sie guten Kontakt zu Ihrem Friseurgeschäft haben, bitten Sie um eine kleine Menge Dauerwellenflüssigkeit (Inhaltsstoff Thioglykolsäure). Hier sind die gleichen Inhaltsstoffe wie in den Spezialmitteln enthalten.

SO REINIGEN SIE MIT SÄUREN

Zuerst wird der lose aufliegende Rost abgebürstet, dann entfernen Sie die Flecken mit einem Föhn kräftig. Tropfen Sie nun die Säure auf den Fleck und decken Sie die Stelle mit einem Glas ab. Kontrollieren Sie immer wieder. Sobald der Fleck verschwunden ist, spülen Sie mit klarem Wasser gründlich nach. Das Nachspülen ist wichtig! Versuchen Sie nicht, die Säure mit einer verdünnten Sodalösung rasch zu neutralisieren, denn es entstehen Salze. Diese Salzkristalle erzeugen beim Abtrocknen in den Poren einen großen Druck, die Oberfläche des Steinmaterials zeigt eine Art Verwitterung.

VERFÄRBUNGEN DURCH VERMODERNDE BLÄTTER ODER BLÜTEN

Herabfallendes Laub färbt braun und dieser Schmutz kann in den Naturstein diffundieren. Diese Flecken verblassen aber allmählich durch Sonne und Regenwasser, gleichzeitig verteilen sie sich mit jedem Regen mehr im Stein.

Für diese Fleckenart gibt es auch spezielle Fleckenentferner für Steine, doch enthalten diese Mittel oft Hypochlorite. Die Flecken verschwinden innerhalb weniger Stunden, aber wenn Sie nicht die ganze Fläche gleichmäßig behandeln, kann es zu partiellen Aufhellungen kommen. Statt Hypochlorit empfehle ich Ihnen, einfach etwas sauerstoffabspaltendes Fleckensalz in heißem Wasser aufzulösen und auf den Fleck aufzutragen. Abdecken und einwirken lassen. Aber auch hier kann es auf den behandelten Stellen zu Aufhellungen kommen.

WACHS- UND ÖLFLECKEN

Bei Feinsteinzeug verteilt sich der Fleck nicht, sondern bleibt mehr in den Poren an der Oberfläche sitzen. Hier sollten Sie möglichst bald mit einem alkalischen Allzweckreiniger und einer Bürste das Fett entfernen.

Bei saugfähigen Natursteinen dauert es je nach Stein und Witterungsverhältnissen sehr lange (1–2 Jahre), bis der Fleck sich gleichmäßig im Stein verteilt und nicht mehr sichtbar ist.

Zur raschen Fleckentfernung gibt es im Fachhandel oder Baumarkt **geleeartige lösemittelhaltige Pasten mit Adsorptionsstoffen.** Diese werden 1–2 mm dick aufgetragen und ca. 12 h getrocknet. Falls die Masse zu rasch trocknet, können Sie mit Folie abdecken. Danach wird der Adsorptionsstoff abgekehrt. Die Wirkung ist wirklich überraschend gut!

Pflege von Polsterauflagen für Gartenmöbel

Die Sitz- und Liegepolster der Gartenmöbel werden stark strapaziert. Sonne und Regen, dazu Schweiß, lassen vor allem Baumwollstoffe verblassen und brüchig werden. Bezugsstoffe aus Polyacryl, Polyester oder Mikrofaser sind je nach Gewicht des Stoffes robuster und UV-stabiler.

DIE RICHTIGE PFLEGE

- Bei empfindlichen Stoffen und Farben können Sie selbst einen Fleckschutz aufsprühen.
- Setzen Sie Ihre Polster nicht unnötig der Sonne aus.
- **Polsterauflagen** sind nicht wetterfest und **gehören bei Nichtgebrauch immer ins Haus!**
- Polster abends reinholen, da sie in der Nacht durch die höhere Luftfeuchtigkeit feucht werden.
- Legen Sie immer ein Handtuch auf die Polster, wenn Sie sich mit Badekleidung auf die Polster setzen.
- Verschüttetes sofort auftupfen und mit klarem Wasser nachwaschen, bei hartnäckigen Flecken hilft Polsterschaum.

POLSTER GRÜNDLICH REINIGEN

- Abziehbare Bezüge aus Synthetikfasern sind gut waschbar. Baumwollbezüge können eingehen und das Polster verliert dann seine Form. Machen Sie zunächst eine Probewäsche mit einem kleinen Bezug. Eine chemische Reinigung ist vor allem bei schweren Baumwollstoffen empfehlenswert.
- Ganze Polster können wegen des Schaumstoffkerns nicht chemisch gereinigt werden!
- Vollwaschbare, kleine Sitzpolster oder Rückenlehnen können Sie in der Waschmaschine im Schonprogramm waschen. Hat Ihr Bezug nur wenige Stepppunkte, empfehle ich, den Bezugsstoff mit einigen Heftstichen am Polster zusätzlich zu fixieren, damit sich die Füllung beim Waschen nicht verdreht. Zur schnelleren Benetzung mit Wasser können Sie die Teile trocken kurz anschleudern. Wie beim Kissenwaschen verdrängen Sie so die Luft aus den Polstern. Nach dem Waschen immer nur bei 600 U/min kurz schleudern.
- **Vollwaschbare, große dicke Polster brauchen Handwäsche.** Warten Sie auf einen warmen, trockenen und windigen Tag, denn das Waschen ist zwar mühsam und zeitaufwendig, aber das Trocknen ist das eigentliche Problem. Wenn das Polster zu langsam trocknet, können sich durch Mikroorganismen unangenehme Gerüche breit machen oder es bilden sich Stockflecken.
- Sie können Polster in der **Badewanne** waschen. Bearbeiten Sie die Flecken vor dem Waschen mit einem Schwamm und etwas Feinwaschmittelschaum, Gallseife oder bleichmittelhaltiger Vorwaschpaste, je nach Farbe des Bezugs. Füllen Sie die Badewanne mit 40 °C warmem Wasser und geben Sie ein flüssiges Voll- oder Colorwaschmittel dazu. Weichen Sie die Polster vorsichtig 10 Minuten lang ein. Dann drücken Sie sie nur sanft durch. Anschließend nochmals weichen und durcharbeiten. Das Spülen verbraucht viel Wasser, deshalb die Polster hochkant stellen und gut abtropfen lassen. Dann mit der Brause abspülen, wieder abtropfen lassen und wieder abbrausen. Erst beim letzten Spülgang legen Sie die Polster nochmals in eine volle Badewanne. Noch besser geht es, wenn Sie die Polster im Freien über eine Stange aufhängen und von oben mit der Gießbrause abbrausen. Das erste Spülwasser über die Kanalisation entsorgen!
- Die Polster zum Auspressen nicht rollen, das Wasser wird durch kräftiges, flaches Pressen aus den Polstern gedrückt. Eventuell können Sie ein sauberes Brett als Drückhilfe verwenden.
- Die Polster so schnell wie möglich an einem luftigen Ort, aber nie in der prallen Sonne, trocknen. Direkte Sonneneinstrahlung würde das Polster aufheizen und im schlecht abtrocknenden Schaumstoffkern kann sich Schimmel entwickeln. Bringen Sie deshalb sehr dicke Polster besser in die Wäscherei. Auch dort wird eine Handwäsche gemacht, aber die Polster können in großen Zentrifugen oder Pressen entwässert und in Gebläseschränken getrocknet werden.
- Nachts wird das noch nasse Polster immer ins Haus geholt.

Markise, Sonnenschirm & Co. gut gepflegt

Markisen, Sonnenschirme und Sonnensegel sind als sommerliche Schattenspender und Schutz vor UV-Strahlen voll im Trend. Wie lange die Bespannungen sauber und schön aussehen, hängt natürlich von der Qualität und Imprägnierung

des Stoffes, der Luftverschmutzung, der Witterung und dem täglichen Umgang mit dem Sonnenschutz ab. Nach einigen Jahren zeigen auch diese typischen Schönwettergegenstände Gebrauchsspuren. Natürlich können Sie die Teile neu bespannen lassen, aber auch eine Eigenreinigung bringt gute Ergebnisse.

PFLEGE UND REINIGUNG VON MARKISEN

- Markisenanlagen mit Kassette möglichst einmal im Jahr öffnen, da sich dort viel Schmutz ansammelt.
- Markisen wegen der hohen Luftfeuchtigkeit abends immer einfahren.
- Losen Schmutz auf der Ober- und Unterseite regelmäßig abbürsten oder absaugen. Bei kleinen Flecken hat sich ein Schmutzradierer bewährt. Aggressiven Vogelkot immer rasch entfernen!
- Markisen sind Sonnenschutzprodukte, aber ein überraschender Regen schadet nicht. Trotzdem ist es besser, die Markise dann nass einzufahren, damit die Bespannung nicht weiter durch Regen und Sturm verschmutzt wird. Dadurch wird auch weniger bereits aufliegender Schmutz von der Markise in die Nähte gespült, aus denen er nur sehr schwer zu entfernen ist. Nach dem Regen sofort ausfahren und trocknen lassen.
- Wer die Markise auch mal als Regenschutz z. B. für eine Gartenparty benutzen will, sollte deshalb die Markise vorher absaugen.

- Nach der Trockenreinigung kann jede Markise bei ausreichender Neigung mit dem Gartenschlauch (Brause) abgespült werden. Noch effektiver und wassersparender ist ein Hochdruckreiniger. Arbeiten Sie sehr sorgfältig, beginnen Sie nie direkt auf der Markise, achten Sie auf einen sehr breiten Spritzstrahl und auf ausreichend Abstand zum Tuch.
- Markisentuch mit einfachen Imprägnierungen möglichst wenig mit Reinigungsmittel bearbeiten, da viele Imprägnierungen nachlassen und eine Nachimprägnierung aufwendig ist. Teflonbeschichtungen sind unempfindlich.
- Für eine gründliche Handreinigung wird die zuvor abgesaugte Markise angefeuchtet. Der Reinigungseffekt wird viel besser, wenn Sie die Markise auch von unten anfeuchten. Dann mit einer verdünnten Reinigungslösung gleichmäßig auf beiden Seiten einsprühen. Als Reinigungsmittel wird meist eine 3–5 prozentige Feinwaschmittellösung empfohlen, aber wesentlich besser und die Imprägnierung schonender sind **tensidfreie Reinigungsmittel** (Internet oder Profibedarf). Diese Produkte für Mikrofaserpolster oder Teppiche schaden auch weniger, wenn sie beim Abspülen im Erdreich versickern. Das Reinigungsmittel eine Stunde lang einwirken lassen; die Markise darf aber nicht ganz trocken werden. Anschließend bürsten Sie den Stoff beidseitig mit einem nassen Schrubber ab. Bequemer ist es mit einer Waschbürste am Gartenschlauch oder am Hochdruckreiniger. Danach den Schmutz gründlich mit viel Wasser abspülen.
- Bei Markisen, die von oben nicht gereinigt werden können, lohnt eine einseitige Säuberungsaktion von unten möglichst an einem Regentag. Die Nässe von oben begünstigt das Reinigungsergebnis. Aber zuvor die Markise Stück für Stück beim Einrollen trocken abbürsten und Vogelkot sowie tote Insekten entfernen. Das ist eine mühsame und langwierige Angelegenheit!
- Bei starken Verschmutzungen und Grünalgenbefall oder Moosansatz muss zuvor mit einem **Algenentferner** gearbeitet werden. Ohne diese Vorarbeit bekommen Sie kein gutes Ergebnis. Achten Sie bei der Wahl des Produktes darauf, dass es für Textilien geeignet und möglichst chlorfrei ist, nur mäßig sauer oder alkalisch reagiert und auch noch einen Langzeiteffekt aufweisen kann. Bewährt haben sich quartäre Ammoniumverbindungen. Bei der Anwendung unbedingt die Konzentrationen und Zeiten einhalten, damit eine wirklich tiefgründige Beseitigung erfolgt.
- Nach einer gründlichen Reinigung wird je nach aufgebrachter Imprägnierung neu imprägniert. Geeignet sind neben Markisen- auch Zeltimprägnierungen.
- Die Gestelle von Markisen und Sonnenschirmen sind aus eloxiertem oder pulverbeschichtetem Aluminium. Hier nur ganz sanft mit Wasser und neutralen Reinigungsmitteln arbeiten. Die Schutzschicht darf nicht durch scheuernde Mittel aufgeraut werden. Die modernen Gestelle dürfen nicht geschmiert werden.

PFLEGE UND REINIGUNG VON SONNENSCHIRMEN

- Ein feuchter Baumwollsonnenschirm muss im geöffneten Zustand immer ganz abtrocknen, da der Stoff einlaufen kann.
- Beim Einbinden darauf achten, dass das Tuch nie zwischen die Speichen geklemmt wird. Die Tuchfalten spiralförmig festbinden.
- Verschmutzte Schirme können wie Markisen gereinigt werden.
- Bei vielen Schirmen ist der Bezug abnehmbar. Dazu die Kugel des Schirms abschrauben, die Klettbänder an den Speichen öffnen und die Endstücke entfernen.
- Reine **Baumwollbezüge** sollten Sie in die chemische Reinigung geben, damit sie ihre Form behalten. Dort können Sie sie auch gleich nachimprägnieren lassen.
- **Synthetikbezüge** von kleineren Schirmen können in der Waschmaschine im Schonprogramm mit Feinwaschmittel gewaschen werden. Flecken sollten Sie vorher entfernen. Schleudern Sie den Stoff möglichst nicht und montieren Sie ihn noch feucht. Eine Teflonbeschichtung ist waschbeständig und kann durch Bügeln von links wieder aufgefrischt werden.

HINWEIS
Wenn eine Eigenreinigung zu gefährlich oder zu aufwendig ist – es gibt in jeder Stadt Markisenreinigungsbetriebe, die auch Aufträge von Privathaushalten annehmen.

Flackernde Lichter im Garten

Der Trend kommt hauptsächlich aus Skandinavien, aber auch bei uns sorgen an lauen Sommerabenden immer mehr Wachs- und Ölfackeln, Outdoor-Kerzen oder Windlichter für eine stimmungsvolle Illumination auf Terrassen und Gartenwegen oder bereiten Ihren Gästen am Eingang einen leuchtenden Empfang. Diese Outdoor-Produkte sind mit einem speziellen dicken Fackeldocht ausgerüstet und brennen trotz Wind und Wetter.

Gartenfackeln aus Wachs

Sie bestehen aus einem dünnen, wachsgetränkten Netz, das um einen Stab gewickelt wird. Dazu werden oft preiswerte, aber stark rußende Abfallwachse verwendet.

Fackeln dürfen Sie nur im Freien, nicht unter Vordächern oder Markisen, abbrennen. Die Abgase der großen rußenden Flamme müssen gut abziehen können.

SICHERHEITSHINWEISE

- Halten Sie großen Abstand zu Tieren, Pflanzen, Bäumen, hellen Wänden und leicht entzündbaren Materialien!
- Unbedingt gerade und kippsicher an einem windgeschützten und schattigen Platz aufstellen. Trotzdem können Fackeln tropfen oder auslaufen. Deshalb stecken Sie sie am besten in einen sandgefüllten Metalleimer. So bleiben Terrassenboden oder Mauersteine sauber.
- Zum Löschen sollten Sie die Flammen ersticken, nicht auspusten. Es droht Verletzungsgefahr, denn das heiße Wachs kann spritzen.

Öllampen

In diesen scheinbar sicheren Lampen verbrennen Lampenöle an Glasfaserdochten. Das beste Brennverhalten zeigen in diesen Lampen dünnflüssige Lampenöle aus Paraffin, da sie gut im Docht aufsteigen. **Aber diese Öle sind ein großes Sicherheitsrisiko für Kinder!** Beim Verschlucken können sie in die Lunge „kriechen". Es reicht bereits das Aufsaugen von 1 ml Öl! Das Öl unterwandert den Kehlkopfdeckel und löst eine chemische Lungenentzündung aus. Kaufen und betreiben Sie deshalb bei Kindern im Haushalt nur noch kindersichere Öllampen, die der EU-Norm EN 14059 entsprechen. Die Norm achtet auf die Bruchsicherheit des Ölbehälters, auf einen fest verschraubten Ölbehälter und auf einen Dochtschutz, um das Saugen der Kinder am Docht auszuschließen.

SICHERHEITSHINWEISE

- Füllen Sie den Behälter nur bis maximal 2 cm unter den Rand. Verschüttetes sofort abwischen und die Ölbehälter regelmäßig auf ihre Dichtheit überprüfen.
- Zum Löschen und bei Nichtgebrauch den Sicherheitsverschluss über die Dochtspitze geben. Ein Ausblasen ist kaum möglich.
- Bei Routinekontrollen wurden Öllampen mit asbesthaltigen Dichtungsringen gefunden. Diese gefährlichen Fasern könnten bei entleertem Behälter entweichen. Fragen Sie beim Kauf nach garantierter Asbestfreiheit.
- Bewahren Sie die Lampenöle für Kinder unerreichbar auf.
- Hat ein Kind trotz aller Vorsichtsmaßnahmen paraffinhaltige Lampenöle getrunken, so gilt: Kein Erbrechen auslösen, das Öl kann dadurch ver-

stärkt in die Lungen eindringen! Sofort mit einem Giftnotruf in Verbindung setzen!
- Noch attraktiver für Kinder waren farbige oder **duftende, paraffinhaltige Lampenöle,** weshalb sie verboten wurden. Altbestände bitte sofort in Sammelstellen abgeben! Heute dürfen gefärbte oder aromatisierte Lampenöle nur noch als Sicherheitsöle aus Palm-, Raps- und Kokosöl oder aus besonders zähflüssigen Mineralölen verkauft werden. Bei ihnen besteht keine Gefährdung der Lunge.

HINWEIS
*Flüssige Grillanzünder haben
das gleiche Sicherheitsrisiko
wie Lampenöle, da sie ebenfalls aus flüssigen Paraffin-
ölen bestehen. Feste Grillanzünder in Würfelform sind
weniger gefährlich, weil dort
die flüssigen Bestandteile an
Sägemehl gebunden sind.*

Outdoor-Kerzen

Spezielle Kerzen für den Außenbereich
sind große, schwere Kerzen aus Spezial-
wachsen mit dickem Docht, damit die
größere Flamme dem Wind besser wider-
steht. Diese Kerzen dürfen Sie aus Sicherheitsgründen nie im Innenbereich verwenden!

Outdoor-Kerzen rußen zwar weniger als
Fackeln, aber sie geben häufig doch mehr
Ruß und Schadstoffe ab als Innenraum-
Kerzen. Nur wenige Hersteller verwenden
Wachse mit dem RAL Gütezeichen. We-
gen der Rußentwicklung sollten Sie auf
mindestens 1,5 m Wandabstand achten.
Diese Kerzen werden durch Eintauchen
des Dochtes in das flüssige Paraffin ge-
löscht. Einfacher ist das Ersticken der
Flamme mit einer leeren Konservendose.
Nicht ausblasen, Spritzgefahr!

Feuertöpfe und Flammschalen

Sie sind in Mode gekommen, da hier oft
Recyclingwachse eingesetzt werden; Sie
können Kerzenreste hineingeben und
aufbrauchen. In den Behältern entwickelt
sich wegen der extrem dicken Dochte
rasch eine große, rußende Flamme.
Bei Wind kann das Ganze unkontrollier-
bar werden. Achten Sie daher unbedingt
auf sehr große Abstände zu entflamm-
baren Gegenständen wie Markisen oder
gestapeltes Holz und auf feuerfeste Un-
terlagen! Zur Sicherheit nicht auf schmalen Balkonen verwenden.

MEIN SPEZIELLER TIPP
*Viele Feuertöpfe gibt es auch zur Befeuerung mit Holz oder
Holzkohle. Zunächst spenden sie flackerndes Licht und nach
Erlöschen der Flamme gibt die Feuerschale noch anhaltend et-
was Wärme ab.*

Windlichter

- Wählen Sie breite und hitzefeste Gefäße. Die Kerzen brennen besser, wenn
  der Boden des Windlichts eine Luftzu-
  fuhr ermöglicht oder das Gefäß nach
  oben weit geöffnet ist. Denn auch die
  beste Kerze rußt bei Sauerstoffmangel.
- Die Kerzenflamme sollte ca. 6 cm Abstand zur Glaswand haben.
- Stellen Sie in ein Windlicht keine Outdoor-Kerzen. Die Flamme ist zu heiß
  und zu groß für die meisten Gefäße.
- Die Kerze muss im Windlicht einen
  sicheren Stand haben.
- Auch im Windlicht brennt eine offene
  Flamme, deshalb nicht unbeaufsichtigt
  brennen lassen.

Der Grill – die Küche im Freien

Der Holzkohlegrill ist Favorit bei den Freiluftkochstellen. Doch ist die richtige Temperatursteuerung für ein gesundes Grillgut beim Holzkohlengrill schwierig. Deshalb erobern immer mehr Gasgrills die Gärten und Balkone.

Grillen und Gesundheit

Grillen ist durchaus eine gesunde, fettarme Zubereitungsmethode. Aber nur bei richtigem Grillen, langsam und mit kontrollierter Temperatur. Bei zu sorglosem Umgang mit der Hitze können sich Verbindungen mit krebserregender Wirkung bilden.

- Polyzyklische Aromatische Kohlenwasserstoffe (PAK) bilden sich beim **starken Grillen von fetthaltigen Lebensmitteln.** Vor allem, wenn Fett auf die Glut tropft und blaue Dämpfe aufsteigen. Eine Aluschale unter dem Grillgut kann dies vermindern.
- Heterozyklische aromatische Amine (HAA) entstehen aus eiweißreichen Produkten wie Fleisch und Fisch, Nitrosamine aus gepökelten Lebensmitteln.
- Liegen Kartoffel- und Getreideprodukte auf dem Grill, entstehen aus Zucker- und Eiweißbausteinen Acrylamide.

Aber es gibt auch gute Nachrichten: Typische Grillkräuter (Thymian, Salbei, Majoran ...) und Salat-Beilagen enthalten viele sekundäre Pflanzenstoffe, die der schädlichen Wirkung von Benzpyrenen & Co. entgegenwirken.

Verschiedene Grillarten

Die einen wollen loderndes Feuer, die anderen bevorzugen kräftige Gasflammen oder Elektrogrills. Die Wahl des Grills ist Geschmackssache.

HOLZKOHLEGRILL

- Bevorzugen Sie Grills mit Haube. Denn damit können Sie direkt grillen. Das Grillgut liegt direkt über der Glut und gart durch Wärmestrahlung bei 180–300 °C. Sie können ebenso indirekt Grillen. Das Grillgut liegt neben der Glut im geschlossenen Grill und wird zusätzlich durch Konvektion (Warmluft) bei niedrigeren Temperaturen gegart.
- Holzkohlengrills sind preiswerter als Gasgrills, aber es braucht mehr Zeit, Geduld und Können.
- Der Betrieb ist wetter- und windabhängig. Bei starkem Wind kann es durch Funkenflug zu einem Sicherheitsrisiko kommen.
- Gegrillt wird mit Holzkohle oder Holzbriketts.

GASGRILL

- Der Grill ist rasch betriebsbereit und einfach zu reinigen.
- Die Temperatur kann gut und schnell reguliert werden.
- Es entsteht wenig Qualm. Deshalb optimal für Balkons oder streitbare Nachbarn.
- Gasgrills werden am besten mit Flüssigpropan betrieben.
- Gasgrills sind in der Anschaffung etwas teurer, im Verbrauch gegenüber Holzkohle dagegen günstiger.
- Wegen der Gasflaschen braucht ein Gasgrill etwas mehr Platz und darf meist nur im Freien betrieben werden.
- Der Umgang mit Gasflaschen ist einfach zu lernen, sollte aber verantwortungsbewusst durchgeführt werden.
- Verwenden Sie für Ihren Bedarf keine zu großen Gasflaschen, damit Sie nicht jahrelang die gleiche Flasche verwenden. Denn bei jeder Neufüllung wird routinemäßig die Sicherheit der Flasche überprüft.
- Flasche immer mit Schutzkappe transportieren und im Auto gegen das Rollen absichern.
- Flüssiggasflaschen im Freien (oder Gartenhaus, Geräteschuppen) lagern, aus Sicherheitsgründen nie im Keller. Die Gase sind schwerer als Luft und bei Gasaustritt könnte es zu einer Ansammlung von leichtentzündlichem Gas am Kellerboden kommen.
- Gasflaschen sind mit einem Sicherheitsventil ausgestattet. Dieses öffnet sich bei Überdruck, (z. B. bei Feuer) und verhindert, dass die Flasche explodiert. Um die Funktion des Ventils zu gewährleisten, ist es notwendig, die Flaschen stehend zu lagern.
- Schützen Sie die Flaschen gegen das Umfallen und vor starker Sonnenbestrahlung. Halten Sie mit der Flasche (und dem Schlauch!) genügend Abstand zur heißen Grillzone.
- In den Gasflaschen herrscht immer ein Überdruck von rund 10 bar, der durch einen Druckminderer heruntergeregelt werden muss.
- Nach dem Grillen können Sie während der Saison die Gasflasche montiert lassen, aber immer das Gasventil schließen!

- Überprüfen Sie immer mal wieder die Verbindungen mit einer Spülmittellösung auf mögliche Lecks. An den undichten Stellen entstehen Schaumblasen.

Grillreinigung

Treffen Sie bereits während und unmittelbar nach dem Grillen die Vorbereitung für das nächste Grillvergnügen und lassen Sie den Grill nicht lange verschmutzt stehen. Das Fett im Innern der Abdeckhaube noch warm mit einem Küchenkrepp abreiben. Herausnehmbare Fettauffangschale regelmäßig **nach dem Grillen einweichen und auswaschen** oder Einwegabtropfschalen verwenden. Lassen Sie die Schalen nicht schmutzig im Freien stehen, da Ungeziefer angezogen wird.

KOHLEGRILL

Entfernen Sie die kalte Asche immer aus dem Gerät. Holzasche zieht Feuchtigkeit an, sie verklumpt und kann die dringend notwendige Luftzuführung verstopfen. Zudem kann je nach Material die Rostbildung beschleunigt werden. Die schwach alkalische Holzasche kann in den Kompost oder direkt auf Beete verteilt werden, aber nicht bei Pflanzen, die sauren Boden bevorzugen.

GASGRILL MIT LAVASTEINEN

Der Brenner erhitzt die porösen Lavasteine und diese Schicht unter dem Rost nimmt die Bratsäfte auf. Die Steine sind nicht gut zu reinigen, aber bei verschmutzten Steinen entsteht immer viel unangenehmer Qualm. Sie können die Steine mit „Vollgas" bei geschlossener Haube (5–10 Minuten) ausbrennen oder in einem Eimer in sehr heißem Wasser und etwas Soda oder Spülmittel einige Stunden einweichen. Manche Keramiksteine können auch in die Spülmaschine.

GASGRILL OHNE LAVASTEINE

Es gibt verschiedene Systeme, um das Grillgut vor Fettbrand zu schützen. So gibt es Aromaschienen, Flammenverteiler oder Metalltrichter, die abtropfende Säfte vom Brenner fernhalten und das Aufflammen verhindern. Der Fleischsaft wird aufgefangen und wieder verdampft, es bildet sich ein gutes Grillaroma. Die Reinigung ist einfach, da viele Rückstände veraschen und die Teile zum gründlichen Spülen abgenommen werden können.

GRILLROST

Größte Aufmerksamkeit braucht der Grillrost, da er direkten Kontakt zum Lebensmittel hat. Verkrustete Roste können bittere Röststoffe an das Grillgut abgeben.

- Grillroste verschmutzen weniger, wenn Sie den **Rost vor dem Auflegen richtig heiß werden lassen** und den Rost nicht oder nur ganz leicht einölen! Nur gusseiserne Roste brauchen etwas mehr Öl. Ölen Sie immer das Grillgut, aber nicht erst direkt auf dem Rost. Marinaden vor dem Auflegen abtupfen.
- Nach dem Auflegen die Krustenbildung abwarten und das Grillgut nur einmal wenden.
- In Grills mit Abdeckhaube ist das **Abbrennen der Speisereste** sehr einfach. Nach dem Grillen wird die geschlossene Grillkammer voll erhitzt, bis kein Rauch mehr aufsteigt. Die verkohlten Speisereste lassen sich vom warmen Rost danach leicht abbürsten und feucht abwischen. Auch ein Kohlegrill mit Haube kann mit nachgelegter Kohle bei geschlossenem Deckel nochmals aufgeheizt werden.
- Grillroste aus Edelstahl oder emailliertem Guss können mit einer Messingbürste trocken bearbeitet werden. Verwenden Sie spezielle Grillbürsten, einfache Handwerkerbürsten haben

mitunter zu harte Borsten. Ersatzweise reicht Abreiben mit zerknüllter Alufolie. Nach dem Abkühlen können Sie auch mit einem feuchten Topfschwamm oder Edelstahlwolle über die Grillfläche schrubben, dann klar spülen.

- Ein stark verkrusteter Rost kann auch **über Nacht ins Gras gelegt werden.** Durch die Feuchtigkeit in der Nacht lässt sich am Morgen Verkrustetes leichter abbürsten. Oder packen Sie den Rost in nasses Zeitungspapier. Zerlegbare Roste aus Edelstahl, verchromtem oder emailliertem Metall können auch maschinell gespült werden.
- Viele Grillliebhaber bevorzugen einfache rohe Roste aus Gusseisen, obwohl die Pflege aufwendiger ist. Diese Roste sind haltbarer, geben schönere Grillmarkierungen, speichern die Hitze besser und deshalb kann die Grilltemperatur abgesenkt werden. Hier wird während der Grillsaison nach dem Grillen nicht abgebrannt, sondern die erhitzten, verharzten Fette bleiben bis zum nächsten Grillen als Schutzschicht auf dem Rost. Erst vor dem nächsten Grillen wird ausgebrannt, die verkohlten Reste abgebürstet und dann geölt. Für Gusseisen können Sie auch Grillbürsten aus Stahl nehmen. Falls Sie lieber sofort nach dem Grillen reinigen wollen, wird der Grillrost nach dem Abbrennen, Abschrubben oder Spülen mit einem raffinierten Öl oder Plattenfett eingerieben.

Genuss im Freien

Schon manches Picknick endete mit Bauchschmerzen oder Durchfällen. Aber bei richtiger Speisen-auswahl, bei richtigem Transport und guter Kühlung lassen sich diese Nachwirkungen vermeiden. Wenn Sie sorgfältig planen, wird das Essen im Grünen zum Genuss.

Rund um die Lebensmittel

Egal, wo Sie Ihr Essen genießen, die Speisen sollen hygienisch einwandfrei sein. Die Hygiene beginnt bereits bei der Auswahl der Lebensmittel. Nur einwandfreie Rohware darf verarbeitet werden! Denn durch die eingeschränkte Kühlung und sommerliche Temperaturen können sich Keime rasant vermehren.

SPEISENAUSWAHL

Bevorzugen Sie:
- gut durchgegarte tierische Lebensmittel (Fleisch, Fisch, Ei)
- gepökelte und geräucherte Wurstwaren (Salami statt Lyoner ...)
- Lebensmittel mit hohem Säuregrad, denn Säuren vermindern das Wachstum der Mikroorganismen. Gesäuerte Milchprodukte statt Milch oder Sahne!
- Lebensmittel, die beim Transport nicht so schnell zerfallen und unansehnlich werden. Rohe Gemüsewürfel und Cocktailtomaten sind besser geeignet als empfindliche Blattsalate. Auch die

Bindemittel in Sülzen oder Flammeris verlieren beim Transport an Gelierkraft.

ZUBEREITUNG

- Die allgemeinen Regeln der sogenannten Guten Hygienepraxis sind durchgängig einzuhalten! Vermeiden Sie die Übertragung von Keimen, zwischendurch immer konsequent abdecken und kühlen.
- Besonders wichtig ist ein **schnelles Herunterkühlen** der erhitzten Speisen, die anschließend kalt verzehrt werden. Egal, ob Frikadelle oder Hühnerbein!
- Nudel- oder Reissalate sind beliebte Picknick-Gerichte und bei guter Säuerung durchaus geeignet, doch müssen die Nudeln und der Reis nach dem Kochen sofort rasch durchgekühlt werden. Auch gekochte Kartoffeln für Kartoffelsalate rasch abkühlen! Wegen des besseren Geschmacks können die lauwarmen Kartoffeln zwischendrin leicht sauer mariniert werden, dann weiter abkühlen und unbedingt kühl halten.

VERPACKEN

- Alle Speisen werden vor dem Transport stabil verpackt. Die Verpackung soll die Struktur der Speisen erhalten und Oxidationen, wie die enzymatische Bräunung bei Obst und Gemüse, vermeiden.
- **Absolut luftdicht werden gegarte Speisen verpackt.** Schön sind dabei die wieder in Mode gekommenen „Weckgläser", in denen die Speisen auch serviert werden können. Zudem gibt

Glas beim Lagern keine Stoffe an das Lebensmittel ab.
- Belegte Brötchen bleiben einzeln in Butterbrotpapier eingerollt knusprig und frisch.
- Speisen wie rohe Salate schmecken besser, wenn sie erst vor Ort gemischt werden. Auch sollten Sie Kräuter noch unzerkleinert transportieren, da die ätherischen Öle rasch oxidieren und dann muffig werden.

KÜHLEN

Natürlich sind thermoelektrische Transportboxen zum Kühlen oder zum Warmhalten schön und perfekt, aber es geht auch preiswerter.
- Die Speisen werden gut vorgekühlt in Kühltaschen mit Kühl-Akkus verpackt. Falls der Platz in den Kühltaschen nicht ausreicht, können Sie auch Styroporschnitzel in Kartons oder Kisten packen und die Speisen darin auf Kühl-Akkus transportieren.
- Flaschen bleiben mit Flaschenkühl-Akkus sehr lange kühl. Unempfindliche Getränke können maximal eine Stunde im Gefrierschrank „angefroren" werden.

WARMHALTEN

An kalten Tagen wird gerne eine warme Suppe serviert. Die ganz frisch gekochte Suppe wird sehr heiß in einen Isolierbehälter gegeben oder der dicht schließende Topf wird in Tücher und Isolierfolie gewickelt und in eine extra Kühltasche gepackt. Sie können auch ein geeignetes Gelkissen in 60 °C heißem Wasser erwärmen und dazu legen. Nehmen Sie ein Thermometer mit und überprüfen Sie immer wieder die Temperatur. Sobald die Temperatur unter 65 °C sinkt, wird es Zeit, „die Suppe auszulöffeln"!

HINWEIS
Denken Sie auch an die Umwelthygiene: Müllbeutel einpacken!

Ruck, zuck eisgekühlt

Es ist heiß, die Sonne brennt und Sie oder Ihre Gäste gelüstet nach einem kühlen Getränk. Doch Ihr übervoller Kühlschrank ist mit dem erfrischenden Nachschub überfordert…

DIREKTE GETRÄNKEKÜHLUNG DURCH EISWÜRFEL

- Hier können Sie wählen zwischen Eiswürfeln aus gefrorenem Wasser oder sogenannten Freeze-me-Kunststoffwürfeln, die die Getränke nicht verwässern. Echte schmelzende Eiswürfel kühlen aber viel schneller, da zum Schmelzen des Eises viel Energie verbraucht wird.
- Viele Geschäfte/Tankstellen bieten Eiswürfel oder zerkleinertes (crushed) Eis im Plastiksack oder in einer Thermobox an. Das zerkleinerte Eis kühlt wegen der größeren Oberfläche und wegen der raschen Schmelze viel schneller.

SCHNELLE KÜHLUNG VON GETRÄNKEFLASCHEN

- Im Kühlschrank, ja selbst in der Kühltruhe dauert es sehr lange, da die Luft ein schlechter Kälteleiter ist.
- Eine Flasche zwischen Eiswürfel gestellt wird langsamer gekühlt als in Eiswasser.
- Leitungswasser ist im Hochsommer oft nicht mehr richtig kalt. Sie können die Temperatur mit Kühl-Akkus absenken. Besser als gekühlte Akkus wirken aber auch hier Eiswürfel im Wasser.
- Noch schneller können Sie Ihre Flaschen mit einer **Kältemischung aus 1 l Wasser, 1 kg Eiswürfel und ca. 500 g Kochsalz** kühlen. Während die Temperatur in einem Wasser-Eisgemisch nicht unter 0 °C fallen kann, werden in dieser Kältemischung viel tiefere Temperaturen erreicht. Der Gefrierpunkt des Wassers sinkt durch die Kochsalzbeigabe ab, die Eiswürfel schmelzen schnell und so können in einer einfachen Wasser-Eis-Kochsalzmischung je nach Mischungsverhältnis leicht Wassertemperaturen von unter −10 °C gemessen werden.
- Aber auch unterwegs ohne Strom und ohne mitgeschlepptes Eis ist eine Kühlung möglich: Wickeln Sie die Getränkeflasche in ein nasses Tuch und stellen Sie die Flasche in den Wind. Je mehr Wind, desto besser, denn die Verdunstungskälte kühlt hier das Getränk ab.
- Einfache Flaschenkühler gibt es preiswert als isolierende doppelwandige Gefäße. Sie können nicht kühlen, sondern die Flaschen nur vor dem Erwärmen schützen.
- Mit einer im Gefrierschrank gekühlten Flaschen-Kühlmanschette können Sie eine 1 Liter-Glasflasche innerhalb von acht Minuten von 21 °C auf 14 °C runterkühlen.
- Trockeneis wird immer wieder als „Geheimtipp" empfohlen. Doch ist die Herstellung sehr energieaufwendig und es sollte wegen den potentiellen Gefahren im privaten Bereich nicht eingesetzt werden.

Tipps für die Autoreinigung

Wo lohnt sich ein Spezialprodukt, wann reicht ein herkömmlicher Haushaltsreiniger? Die Frage ist nicht immer einfach zu beantworten. Selbst beim direkten Vergleichstest mit und ohne Glasversiegelung auf je einer halben Windschutzscheibe konnte ich keine eindeutige Antwort für oder gegen so ein Produkt finden …

Autoscheiben richtig reinigen

Auf den schrägen Außenscheiben setzt sich im Fahrtwind viel Schmutz ab. Zudem werden in der Waschstraße je nach Waschprogramm Waschkonservierungsmittel mit wasserabweisenden (hydrophoben) Substanzen aufgetragen. So bilden sich auf den Außenscheiben schnell milchige Schmierfilme, die die Sicht stark behindern.

- Leicht verschmutzte Autoglasscheiben lassen sich mit Wasser und Handspülmittel oder **alkoholhaltigem Haushaltsglasreiniger** reinigen. Verwenden Sie zum Nachtrocknen ein spezielles Glastuch. Das Tuch darf zuvor nicht für den Lack verwendet werden, da Rückstände von Konservierungsmitteln neue Sichtbehinderungen verursachen.
- Vermeiden Sie es aber, mit diesen Haushaltsreinigern gleichzeitig auch über die Polycarbonatabdeckungen von Scheinwerfern oder Rücklichtern zu wischen. Denn manche Tenside führen bei diesen Kunststoffen zu sogenannten Spannungsrisskorrosionen. Nehmen Sie dafür nur Wasser oder setzen Sie dem Wasser etwas Scheibenreiniger für die Waschanlage zu. Diese Produkte sind heute fast alle für Polycarbonat geeignet.
- Säubern Sie stark verschmutzte Scheiben mit speziellen lösemittelgetränkten Scheibenreinigungstüchern oder verwenden Sie unverdünntes **Reinigungsmittel für die Scheibenwaschanlage.** Alternativ klappt es auch mit einem Silikonentferner oder Aceton, aber diese Lösemittel dürfen nicht auf

die Wischer und Dichtungen gebracht werden. Wenn auch das keinen klaren Durchblick bringt, dann greifen Sie zu einem speziellen Intensiv-Autoglasreiniger mit milden Schleifpartikeln.

MEIN SPEZIELLER TIPP

Reinigen Sie mit Reinigungsmittel für die Scheibenwaschanlage ab und zu auch Ihre schmierenden Wischerblätter. Schon ist die Sicht wieder klar!

- Für die Scheibenwaschanlage sollten Sie zwischen Sommer- und Winterprodukt oder zwischen Sommer- und Wintermischung unterscheiden. Im Sommer steht die Entfernung von Insekten mit viel Wasser im Vordergrund. Im Winter ist der Frostschutz mit höheren Alkoholkonzentrationen wichtig. Frostschutzmittel behindern aber im Sommer die Entfernung des Insektenschmutzes.
- Schon seit Jahren werden für Autoscheiben Spezialprodukte für eine **Easy-Clean-Versiegelung** angeboten. Die Versiegelungen, die alle wasserabstoßend konstruiert sind, sollen den Regen schneller abperlen lassen und dabei gleichzeitig aufliegende Schmutzpartikel mit wegspülen. Bereits ab 50 km Stundengeschwindigkeit soll ein Zurückschalten des Scheibenwischers möglich sein. Grundsätzlich ist solch eine Versiegelung für die schrägen Autoscheiben besser geeignet als für senkrechte Fensterscheiben, da durch den stärkeren Kontakt mit

dem Regenwasser und dem Fahrtwind eine ordentliche Reinigungswirkung erreicht wird. Aber es werden viel zu große Versprechungen gemacht, gute Versiegelungen sind teuer und eine ordentliche Vorreinigung und der Auftrag sind sehr arbeitsintensiv. Zudem hält ein Auftrag wegen der Scheibenwischer nur drei bis sechs Monate.

INSEKTENSCHMUTZ

Auf den zuvor angefeuchteten Scheiben kann der Schmutz mit einem Insektenschwamm, einem Schmutzradierer oder einer alten Synthetik-Strumpfhose, die Sie über einen Schwamm ziehen, entfernt werden. Verwenden Sie keinen grünen Topfschwamm, damit kann sogar Glas verkratzt werden!

MEIN SPEZIELLER TIPP

Für die Entfernung von Lack gibt es spezielle Insektenentferner. Stattdessen können Sie auch einfach ein feuchtes Handtuch für eine Stunde auflegen und die Rückstände danach mit viel Wasser abwaschen. Mit diesem Trick können Sie auch die Polycarbonatteile reinigen.

Der Innenraum

Außen hui und innen pfui? Doch nicht bei Ihrem Auto! Aber egal, welches Pflegemittel Sie verwenden, denken Sie an eine ausreichende Belüftung, denn in dem engen Innenraum werden die Gerüche rasch lästig.

KUNSTSTOFFE IM INNENRAUM

Die Kunststoffe im Auto-Innenraum, wie das Armaturenbrett und Türverkleidungen, werden durch starke Temperaturschwankungen und durch UV-Strahlung spröde, brüchig und ausgebleicht, da Weichmacher und die speziellen Kunststoffzusatzprodukte allmählich entweichen und die Farbstoffe gebleicht werden. Hier lohnt es sich, **einmal jährlich ein spezielles Kunststoffpflegemittel** (Cockpitpflege) zu verwenden. Dieses reinigt, schützt vor UV-Strahlung, frischt verblasste Farben auf und wirkt antistatisch. Dadurch wird auch die Neuverschmutzung verzögert. Es gibt matte und glänzende Kunststoffpflege, doch sollten Sie im Cockpitbereich die matte Pflege bevorzugen, da glänzende Produkte blenden können.

Bei einem neuwertigen Auto können Sie auf diese Produkte verzichten. Arbeiten Sie einfach mit Wasser und einem feinen Mikrofasertuch bei glatter Oberfläche und grobem Tuch für strukturierte Flächen. Für die Feinarbeiten (Lüftungsschlitze etc.) setzen Sie Wattestäbchen und ausgediente Zahnbürsten ein.

Tacho- und andere Anzeigeinstrumente-Abdeckungen sind aus Kunststoff und werden am besten nur mit Wasser gereinigt. Verschrammte Teile können mit einer Politur für Acrylglas (z. B. Visierpolituren) auspoliert werden.

MEIN SPEZIELLER TIPP

Gummidichtungen bleiben geschmeidig und halten länger, wenn Sie sie ab und zu mit einem Gummipflegemittel behandeln. Vor dem Winter sollten Sie die Dichtungen von Türen, Kofferraum und Fenstern mit einem feuchten Tuch reinigen und sparsam mit Silikonspray (ersatzweise Glycerin) bearbeiten.

STOFFPOLSTER REINIGEN

Die Stoffpolster im Auto sind imprägniert und deshalb anfangs wenig fleckempfindlich. Aber durch den Gebrauch nutzt sich die Imprägnierung ab. Schauen Sie vor einer Feuchtreinigung in die Betriebsanleitung des Autos wegen der im Sitz eingebauten elektronischen Teile. Achten Sie immer darauf, dass die Polster nach einer Feuchtreinigung sehr gut abtrocknen können.

- Stoffpolster bleiben lange schön, wenn sie ab und zu abgesaugt und danach mit einem feuchten Tuch abgerieben werden.
- Entfernen Sie wasserlösliche Flecken sofort mit destilliertem Wasser und einem Mikrofasertuch. Sollte dies nicht helfen, verwenden Sie einen Teppichschaum. Sie können sowohl Haushaltsprodukte als auch Autopolsterreiniger verwenden. Bevorzugen Sie unbedingt Produkte, die nach dem Trocknen abgesaugt werden können. In großer Hitze und in dem kleinen Innenraum soll die Belastung mit Chemikalien so gering wie möglich sein.
- Nach längerem Gebrauch lohnt auch eine **Trockenschaumreinigung** aller Polster. Reinigen Sie die Polster im Auto nicht mit einem Teppichpulver.
- Noch besser für die gründliche Reinigung ist eine Sprühextraktion mit einem Waschsauger (Leihgerät). Auch hier können haushaltsübliche Sprühextraktionsreiniger eingesetzt werden, doch sind tensidfreie Produkte zu bevorzugen. Bei Verwendung von Tensidreinigern unbedingt mit klarem Wasser nacharbeiten, damit die Belastung verringert wird. Die professionellen Polsterreiniger empfehlen danach den Auftrag einer Imprägnierung für Textilien.

KUNSTLEDER

Hier reicht das Abreiben mit einem feuchten Tuch aus. Für brüchiges und ausgebleichtes Kunstleder gibt es sogenannte Kunstlederprotektoren, aber auch eine Cockpitpflege kann aufgebracht werden.

LEDER

Lederpolster im Auto brauchen mehr Pflege als die Polster in der Wohnung, da sie durch Hitze, Kälte, Feuchtigkeit und UV-Strahlung stärker beansprucht werden.

- Die Polster ab und zu mit einem weichen Tuch (kein Mikrofasertuch), das Sie mit destilliertem Wasser anfeuchten, abreiben.
- Zur gründlichen Reinigung (ein bis zwei Mal jährlich, Fahrersitz eventuell alle drei Monate) verwenden Sie einen milden Lederreiniger oder ein Woll- oder Seidenwaschmittel.
- Die Polster brauchen anschließend eine gute Lederpflege mit besonders viel UV-Schutz.
- Falls Sie Jeansabfärbungen auf dem Leder beobachten – das Leder sofort mit einer speziellen Lederversiegelung schützen. Später ist die Entfernung extrem aufwendig.

Zuschauer fragen –
Frau Frank antwortet

WIR SUCHEN EIN GÜNSTIGES STREUMITTEL

HERR UND FRAU S. W. AUS MÜNCHEN

Gute Streumittel werden immer teurer und bei unserem langen Gehweg haben wir jeden Winter ganz erhebliche Kosten. Was können Sie mir außer Asche noch als preiswertes Streumittel empfehlen?

Frau Frank rät...

Wenn Sie nach dem Wegfegen des Schnees einfachen Putz-sand (meist eine Körnung 0–3 mm) oder Mauersand (0–4 mm) aufstreuen, haben Sie ein die Glätte gut abstumpfendes, preis-wertes Streumittel, das auch anschließend leicht weggekehrt werden kann. Je größer das Gebinde, desto preiswerter. Spiel-sand ist meist zu feinkörnig und viel teurer.

WELCHE BESEN EIGNEN SICH FÜR DRAUSSEN?

HERR E. F. AUS ERLANGEN

Im Baumarkt habe ich einen Schneebesen mit relativ wenigen Kunststoffborsten gesehen. Was ist der Vorteil von solch einem Gerät? Welche Besen können Sie für den Außenbereich emp-fehlen?

Frau Franks Tipp...

Ein ausgesprochener Schneebesen hat ein schmales Borsten-feld mit langen Kunststoffborsten, damit nicht so viel Schnee zwischen den Borsten hängenbleibt. Zum Entfernen von Eis ist meist noch eine Metallkante im Besen integriert.

Für groben, nassen Schmutz im Außenbereich eignen sich als Naturfaser am besten die Bahia-Faser (Faserbündel von Pal-men aus Bahia) oder ein preiswerter Schiebebesen mit derben Kunststoffborsten. Sind viele Treppen, Ecken und Kanten zu reinigen, lohnt sich ein Krallenbesen. Die gebogenen, dicken Kunststoffborsten greifen auch in Vertiefungen, Fugen, Ritzen und Rillen.

WIE PFLEGE ICH BANKIRAIHOLZ?

HERR T. R. AUS EMDEN

Wir haben eine neue Terrasse aus Bankiraiholz. Kann ich das Holz mit einem Hochdruckreiniger reinigen? Kann ich das Holz etwas einpflegen, ohne dass die Terrasse zu rutschig wird?

Frau Frank rät...

Holzterrassen werden regelmäßig mit einem kräftigen Besen abgekehrt, um Laub und feuchten Schmutz zu entfernen. So wird der Pilzbefall vermindert.

Im Frühjahr können Sie mit einem Terrassenreiniger am Hoch-druckreiniger das Holz sehr gut reinigen. Wenn Sie kein sol-ches Zusatzgerät haben, können Sie ganz vorsichtig mit einer Variodüse und breitem Spritzwinkel arbeiten oder Sie greifen zu Schrubber und Holz- oder Schmierseife. Terrassenreiniger bekämpfen auch Grünbeläge wie Algen oder Moos. Anschlie-ßend können Sie, wenn eine graue Patina nicht erwünscht ist, mit einem Terrassenöl einpflegen.

WIE POLIERE ICH MESSINGBESCHLÄGE?

FRAU H. K. AUS OBERHAUSEN

Wie kann ich bei meinen Teakholzmöbeln, die ich mühsam gereinigt und neu eingeölt habe, nun auch die Messingbe-schläge auf Hochglanz bringen?

Frau Franks Tipp...

Für die kleinen, schwer zugänglichen Flächen empfehle ich Ihnen eine getränkte Polierwatte, da diese im Gegensatz zu den anderen Polituren mit Poliertonen keine weißen Politur-reste auf dem Holz hinterlässt. Sie erhalten diese Produkte in Baumärkten oder im Musikinstrumentenhandel.

KOCHSALZLÖSUNG GEGEN UNKRAUT?

FRAU R. B. AUS BIELEFELD

Salzstreuung im Winter ist ja in vielen Gemeinden verboten. Trotzdem lese ich immer wieder, dass das Unkraut zwischen den Gehwegplatten mit einer konzentrierten Kochsalzlösung schnell und einfach entfernt werden kann. Schadet Kochsalz im Sommer weniger als im kalten Winter?

Frau Frank weiß...

Sie haben das richtig erkannt. Egal, ob die Salzlösung im Winter oder Sommer ausgebracht wird, es kommt zu negativen Auswirkungen auf die Tier- und Pflanzenwelt, auf das Grundwasser und die Platten. Wenn die Fugen nicht durch Mörtel usw. verschlossen werden können, hilft nur Auskratzen mit einer Fugenbürste nach einem Regenguss oder bei Trockenheit Abflammen mit einem Unkrautbrenner.

WAS SOLL INS SCHMELZFEUER?

FRAU E. H. AUS NEUSS

Ich habe ein Schmelzfeuer für den Balkon geschenkt bekommen, um meine vielen Kerzenreste zu verwerten. Ist es besser für den Abbrand, wenn ich die Reste vorher schmelze und dann das flüssige Wachs ohne Dochte in das Gefäß gieße?

Frau Frank meint...

So schön und praktisch die Schmelzfeuer auch sind, aber schlechte Kerzen brennen auch im Schmelzfeuer schlecht. Es sind weniger die Dochte, die stören, denn die können Sie immer mal wieder mit einer Pinzette herausholen. Viel wichtiger ist, dass Sie nicht zu viele farbige Kerzen dazugeben, denn die Farbpigmente verstopfen den Glasfaserdocht und die Flamme fängt auch rasch an zu rußen. Mischen Sie auf 1/3 farbige Kerzen 2/3 weißes Wachs oder entfernen Sie die dicke Farb- und Dekorschicht von nicht durchgefärbten Kerzen zuvor mit einem Küchenmesser oder einem Sparschäler.
Wenn Sie nicht genügend weiße Kerzenreste haben, empfehlen die meisten Hersteller, zusätzlich etwas Lampenöl für das Schmelzfeuer zu verwenden.

HILFE, MEIN AUTO MÜFFELT!

HERR S. C. AUS HALBERSTADT

Leider hat mein kleiner Enkel sich auf meinem Autositz erbrochen. Die Flecken konnten wir mit viel Wasser und anschließend mit einem Teppichreiniger ganz gut entfernen, aber der Geruch ist unerträglich! Wie können wir nun weiter vorgehen, denn eine professionelle Reinigung ist teuer?

Frau Frank rät...

Durch Ihre Vorbehandlung mit viel Wasser haben Sie das Erbrochene wahrscheinlich großzügig im Sitz verteilt. Bei Teppichen und Polstern wird das Erbrochene sofort mit viel Küchenkrepp aufgenommen. Falls vorhanden, können Sie auch sofort Katzenstreu darüber geben. Sie verhindern so das Eindringen des Flecks und des Geruchs. Trotzdem sofort abkehren. Danach sehr oft, aber immer nur mit wenig Wasser „spülen". Am besten geht der Spülvorgang mit einem Allessauger: Wenig Wasser auf den Fleck aufsprühen und dann sofort wieder aufsaugen.
Ich vermute, Sie kommen nun ohne spezielle Geruchskiller nicht weiter. Es gibt in Apotheken, im Tierzubehörhandel und im Internet spezielle Mittel gegen Urin- und Tiergerüche mit Enzymen und Mikroorganismen, die die Bestandteile mikrobiell abbauen und den Geruch allmählich verschwinden lassen. Diese Mittel wirken auch bei Erbrochenem ganz gut.

Im ganzen Haus:

Reinigen und Pflegen

In diesem Kapitel möchte ich Ihnen Tipps für eine einfache, aber materialschonende Pflege einzelner Bereiche in Ihrer Wohnung geben. Gerade beim Blick auf die Bodenbeläge fällt mir immer wieder auf, wie viel schöne, aber unterschiedliche Materialien heute auf dem Markt sind und auch in ihrer ganzen Vielfalt bunt gemischt in den Haushalten liegen. Je mehr unterschiedliche Materialien Sie zu reinigen und zu pflegen haben, desto größer wird Ihr Aufwand werden. Versuchen Sie, bei einer Neugestaltung die Zahl unterschiedlicher Materialien gering zu halten!

Und ich habe ganz bewusst das diskrete Örtchen, die Toilette, mit aufgenommen. Als ich mich mit dem Thema „Saubere Toilette" beschäftigte, bekam ich so große Resonanz, wie sonst nur nach einer Fleckensprechstunde.

Zu einem gepflegten Haushalt gehört aber auch die Vorbeugung von Schädlingsbefall und die Schädlingsbekämpfung. Der Kampf gegen Schädlinge ist vermutlich bereits so alt wie die Menschheit selbst. Wir können noch so sehr aufpassen, diese kleinen unerwünschten Hausgäste finden viele Schlupflöcher und Eingangspforten. Da sie Krankheiten übertragen, Nahrungsmittel verunreinigen oder Bausubstanz zerstören können, sollten Sie immer aufmerksam sein. Nicht alle Tierchen können Sie selbst bekämpfen, manchmal ist eine professionelle Behandlung unerlässlich. Keine Bange, es parkt kein Auto eines „Kammerjägers" vor Ihrem Haus, sondern es sind diskret auftretende Fachleute mit durchaus umweltverträglichen Methoden im Gepäck.

Nicht vergessen möchte ich unsere Kleinsten, denn immer wieder erreichen mich Anfragen zur Spielzeugreinigung.

Streifenfrei wischen – eine hohe Kunst

Kennen Sie den provokativen Ausspruch: Putzen ist Schmutzverteilung, deshalb gibt es Putzstreifen? Das kann ich natürlich nicht so stehen lassen, denn Reinigung ist Schmutzentfernung! Aber schräg einfallendes Licht ist unerbittlich und schnell macht sich Frust breit: Die mühsam frisch gewischten Flächen wie Laminat, Parkett, Naturstein oder Kunststoff zeigen Streifen und Schlieren.

WIRKLICH STREIFENFREI?

Egal, nach welcher Methode Sie feucht wischen – richtig streifenfreies Putzen ist auf großen Flächen nicht einfach, trotz aller Werbeversprechungen für strahlende Sauberkeit und einen lang anhaltenden Glanz ohne Nachpolieren.

Die meisten Putzstreifen sind nichts anderes als Reste von getrocknetem Putzwasser. Das Putzwasser enthält den emulgierten oder gelösten Schmutz und die noch nicht verbrauchten Reinigungsmittel. Putzstreifen sind also vor allem Schmutzstreifen! Beim perfekten Reinigen bildet die Reinigungslösung einen langsam trocknenden, hauchdünnen und zusammenhängenden Film. Die Streifen entstehen immer dann, wenn es zu einem „Filmriss" kommt und das Putzwasser ungleichmäßig antrocknet.

Ihr Spickzettel für den Haushalt

Ich möchte Ihnen unbedingt einen Spickzettel für den Haushalt empfehlen. Dieses ganz persönliche Nachschlagewerk für Ihren Haushalt ist in vielen Situationen sehr hilfreich. Der Spickzettel sollte enthalten:

- Die Bedienungsanleitungen aller im Gebrauch befindlichen Haushaltsgeräte. Heften Sie auch die Rechnung und den Kundendienst dazu, dann wissen Sie gleich, ob Sie noch Gewährleistungsansprüche haben. Übrigens: Das Internet ist heute eine wunderbare Fundgrube für verlorengegangene Anleitungen.
- Die aktuelle Wasserhärte Ihres Trinkwassers. Sie steht auf der jährlichen Wasserrechnung, wird aber auch regelmäßig in den Gemeindeblättern veröffentlicht. Die Wasserhärte ist dringend notwendig für das korrekte Betreiben aller wasserführenden Geräte.
- Details über die verschiedenen Fußbodenbeläge. Hinterlegen Sie die Art des Belages und die entsprechenden Pflegeanleitungen. Jeder Architekt, jeder Handwerker oder Vermieter ist verpflichtet, diese Hinweise an die Bewohner zu übergeben.
- Details über besonders beschichtete Flächen. Da die Materialien und Beschichtungen sehr unterschiedlich sein können, sind die Behandlungshinweise sehr wichtig. Die einen Flächen können mit Reinigungsmitteln oder Mikrofasern gereinigt werden, die anderen verlieren durch diese Behandlung ihre typischen Eigenschaften.
- Angaben über Teppiche und Teppichboden. Für die richtige Teppichbodenpflege ist neben der Art des Untergrunds und der Verlegeart vor allem die Zusammensetzung des Flors ausschlaggebend.
- Die korrekte Materialzusammensetzung und die Pflegeanleitungen für Ihre Polster.
- Ergänzen Sie das Nachschlagewerk bei Neuanschaffungen. Ich selbst bin dazu übergegangen, mir noch vor dem Kauf eines Einrichtungsgegenstandes eine Pflegeanleitung aushändigen zu lassen. Bei vagen Angaben wie „haushaltsübliche Reinigungsmittel" reagiere ich ärgerlich und verlange detailliertere Angaben.

Feuchtes oder nebelfeuchtes Wischen

Beim Feucht- oder Nebelfeuchtwischen werden die Wischtücher oder Mopps kräftig ausgepresst und gleichmäßig über die Flächen gewischt. Der Wasserfilm auf den Wischflächen ist innerhalb von zwei bis drei Minuten getrocknet. Diese Arbeitsweise ist im Grunde nur Staub bindend, da ausschließlich lose aufliegender Feinschmutz entfernt wird. Aber diese Methode ist schonend und ideal für viele lackierte Möbel sowie nicht nassfeste Bodenbeläge wie Laminat oder Parkett. Bevorzugen Sie für dieses schnelle Wischen **Putztextilien aus Mikrofasern.** Diese Fasern haben eine verstärkte mechanische Wirkung. Sie binden den Schmutz auch ohne Reinigungsmittel und der Schmutz bleibt im Mopp oder Lappen gut gebunden. Das Putzwasser bleibt so länger sauber! Für kratzempfindliche, geölte oder gewachste Flächen und hydrophobe Beschichtungen empfehle ich zur Schonung der Wischflächen aber Fensterleder, Viskose oder Baumwolle.

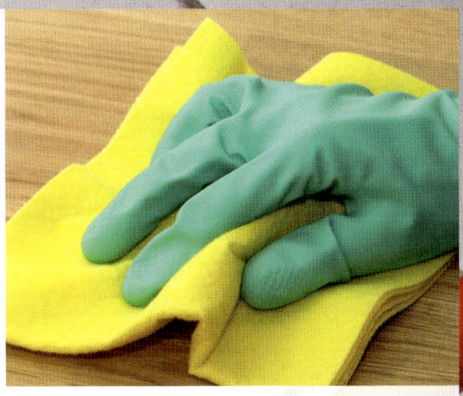

VORAUSSETZUNGEN FÜR AKZEPTABLE ERGEBNISSE BEIM FEUCHTWISCHEN

- glatte Oberflächen
- wenig Schmutz, kein Grobschmutz. Deshalb vor dem Wischen immer kehren, trocken moppen oder saugen.
- eine vorhergehende punktuelle Entfernung des haftenden Schmutzes mit einem Schmutzradierer, Pad-Schwamm oder kurzes Besprühen mit Wasser unmittelbar vor dem Wischen.
- abgekühlte Flächen! Fußbodenheizung abschalten und nicht direkt von der Sonne beschienene Flächen wischen.
- weiches Wasser! Hartes Wasser hinterlässt nach dem Trocknen Kalkstreifen oder, je nach Reinigungsmittel, schwer lösliche Calciumverbindungen. Achten Sie deshalb bei hartem Wasser auf härteunempfindliche Reinigungsmittel oder nehmen Sie enthärtetes Wasser (Wasser aus dem Kondenstrockner, Filterwasser …).
- kaltes bis lauwarmes Wasser! Damit der dünne Wasserfilm nicht zu schnell abtrocknet.
- wenig Reinigungs- und Pflegemittel! **Verzichten Sie so oft wie möglich auf Reinigungsmittel,** wischen Sie nur mit Wasser. Wird immer mit Reinigungsmittel gewischt, kann es allmählich zu typischen Vergrauungen kommen. Hauptursache sind die Reste von Reinigungsmitteln, die nach dem Wischen auf den Flächen bleiben und verstärkt Staub und Schmutz binden. Beim nachfolgenden Feuchtwischen wird dieser fester haftende Schmutz dann aber nicht oder nur teilweise entfernt.
- keine weichgespülten Tücher/Mopps! Denn viele Reinigungsmittel enthalten Lösemittel wie Alkohole und diese können die Weichspüler anlösen. Diese bilden zusammen mit den üblichen Reinigungsmitteln ganz rasch Schlieren.

- Anpassung der Wischtücher oder Mopps an die Oberfläche! Je glatter die Oberfläche des zu reinigenden Gegenstandes, desto glatter sollte das Putztuch sein. Ein grobes Baumwolltuch gibt auf glatten Flächen viel mehr Streifen als ein Tuch mit lederartiger Struktur.
- Wischen in Richtung der Verlegung, eines Musters oder der Holzmaserung.

Nasses Wischen und zweistufiges Nasswischen

Wenn Sie nass wischen, können Sie von wasserfesten Flächen mehr haftenden Schmutz entfernen. Mopp oder Wischtuch sind nass (aber nicht tropfend!), so kommt mehr Wasser auf die Flächen, der Schmutz wird besser vom Wasser umschlossen und aufgeweicht. Sie können einstufig oder zweistufig arbeiten.

EINSTUFIGES NASSWISCHEN

Die nassen Tücher oder Mopps werden nur einmal gleichmäßig und überlappend über die Flächen geführt. Der zurückbleibende Wasserfilm soll langsam abtrocknen.

ZWEIFSTUFIGES NASSWISCHEN

Wenn Sie mit Ihren Wischergebnissen unzufrieden sind, die Flächen stark verschmutzt, vergraut oder ständig voller Schlieren sind, dann können Sie die Ergebnisse durch zweistufiges Nasswischen verbessern. Dieses Verfahren ist im Privathaushalt nicht sehr verbreitet, da es mehr Arbeit macht. Aber ab und zu ist diese Methode empfehlenswert, zum Beispiel für schwierig zu reinigende Flächen wie Feinsteinzeug oder für eine besonders gründliche Reinigung.
In der ersten Stufe wischen Sie nass, in der zweiten Stufe wischen Sie feucht oder nebelfeucht nach. Deshalb kann diese Methode auch bei nässeempfindlichen

Böden ab und zu durchgeführt werden. Den besten Reinigungseffekt erreichen Sie, wenn Sie **zweistufig mit zwei Putzeimern arbeiten.** In einem Putzeimer ist die Reinigungslösung, im anderen nur sauberes Wasser. Zunächst wird die Fläche mit der Reinigungslösung gleichmäßig und ziemlich nass gewischt. Kurz warten, der Schmutz braucht etwas Zeit zum Aufweichen, aber er darf auf keinen Fall antrocknen, damit sich der gelöste Schmutz nicht in die Mikroporen der Wischflächen einlagert. In der Zwischenzeit wird der Mopp oder das Tuch in klarem Wasser ausgewaschen und gut ausgepresst. Damit wischen Sie dann die Fläche mit dem aufgeweichten Schmutz nach. Dieses Nachwischen mit Wasser und einem gut ausgepressten Mopp ist das große Plus des zweistufigen Wischens. Der haftende Schmutz lässt sich nach dem Aufweichen gut entfernen und es verbleiben weniger Reinigungsmittelreste, deshalb gibt es weniger Streifen und geringere Wiederverschmutzung.

- Anschließend wird der Mopp im Eimer mit Wasser ausgewaschen und ausgepresst, erst dann nehmen Sie wieder Reinigungslösung auf und wischen neue Areale.

HINWEIS
Egal mit welcher Wischtechnik Sie arbeiten – trockenes Nachwischen oder kurzes Polieren verbessert das Ergebnis. So lassen sich manche Putzstreifen nachträglich entfernen!

59

Pflege verschiedener Bodenbeläge

Neben Holzböden, Teppichen und Laminaten gibt es schon seit einigen Jahren einen vermehrten Trend zu Bodenbelägen aus Natursteinen. Aber nicht jeder kann sich so einen teuren Bodenbelag leisten, deshalb habe ich mich auch ganz bewusst mit PVC-Belägen beschäftigt, die immer noch reichlich angeboten und verlegt werden.

Natursteinböden

Da die Eigenschaften dieser Materialien sehr unterschiedlich sind, kann ich hier nur allgemeine Pflegetipps geben. Informieren Sie sich zunächst ganz genau, welcher Belag Ihnen zu Füßen liegt! Falls das nachträglich nicht möglich ist, lassen Sie sich von einem Fachbetrieb beraten.

- Die **Säurefestigkeit** Ihres Steins können Sie auch selbst austesten. Tragen Sie an unauffälliger Stelle einige Tropfen Essig auf und beobachten Sie genau. Je mehr Gasbläschen sich entwickeln, desto säureempfindlicher ist Ihr Stein.
- Alle Natursteine sind saugfähig, allerdings sind die Unterschiede sehr groß. Auch das sollten Sie mit Wassertropfen selbst austesten.
- Die meisten Natursteine werden durch Alkalien wie Soda, einfache Schmierseife oder Küchenfettschmutzlöser (ab pH 11) verändert. Sie werden dunkler und die Politur wird stumpf.
- Vorsicht beim mechanischen Entfernen von aufliegendem Schmutz! Die meisten Steine können kratzfrei mit Nylonpads, Schlämmkreide oder feinster, rostfreier Edelstahlwolle (00 oder 000) behandelt werden. Bei groben Schmirgelstoffen wie grünen oder schwarzen Pad-Schwämmen oder Scheuerpulver kann es je nach Härte des Steins zu Kratzern kommen.
- Sollte auf saugfähigen Steinen Flüssigkeit verschüttet werden, ist schnelles Eingreifen vonnöten. Sofort abtupfen und mit klarem Wasser mehrmals spülen. Anschließend halten Sie die Stelle für einige Zeit nass (nassen Schwamm auflegen), damit sich die bereits eingewanderte Flüssigkeit rasch im Stein verteilt.
- Sie können die Gebrauchseigenschaften saugfähiger Steine durch eine Imprägnierung (Silikone oder Fluorcarbonharze) verbessern.
- Das Imprägnieren kann nach einer gründlichen Reinigung auch nachträglich und wiederholt durchgeführt werden, doch kann es zu Farbvertiefungen kommen. Unbedingt zuvor an einer verdeckten Stelle ausprobieren!
- **Je glatter die Oberflächen sind, desto leichter lassen sich die Flächen wischen.** Ein polierter Stein wird also schneller wieder sauber als eine grob geschliffene Oberfläche. Allerdings sind diese Glanzflächen empfindlicher gegenüber mechanischer Beanspruchung. Deshalb lose aufliegenden Schmutz rasch entfernen und die Böden häufig moppen, das ist schonender als Kehren. Falls gekehrt wird, sollten Sie einen Besen mit sehr weichen Naturhaarborsten auswählen. Beim Staubsaugen nur mit der ausgefahrenen Bürste arbeiten und auf Unebenheiten an den Düsen achten. Legen Sie unbedingt eine gute Schmutzfangmatte in den Eingangsbereich.
- Das charakteristische Aussehen der Natursteine erhalten Sie am besten, wenn Sie nur mit Wasser oder, bei mehr Schmutz, mit einem tensidfreien Reinigungsmittel wischen. So wird am wenigsten Imprägnierung abgetragen. Da diese Reiniger schwierig zu beschaffen sind, können Sie auch mit wenig Neutralreiniger arbeiten.

Verzichten Sie auf Handspülmittel, die enthaltenen Tenside und rückfettenden Komponenten lagern sich in den Poren ab.

- Für Natursteinflächen werden reichlich filmbildende Pflegemittel mit Wachsen und wasserunlöslichen Polymeren angeboten. Der Erstauftrag erfolgt unverdünnt, dann wird die Steinpflege regelmäßig dem Wischwasser zugesetzt. Durch die Filmbildung wird das Material etwas farbintensiver, weniger kratzanfällig und säureempfindlich, aber auf nassem Boden geht das auf Kosten der Trittsicherheit. Nasse Hochglanzflächen verwandeln sich in Rutschbahnen! Und irgendwann muss der ganze Pflegefilm wieder mühsam mit starken Reinigungsmitteln entfernt werden! Deshalb kann ich diese Mittel nur empfehlen, wenn ein Boden sehr strapaziert und stumpf ist und unbedingt mehr Glanz erwünscht ist.
- Wer doch etwas Pflege für seine Natursteine will, kann eine Steinwischpflege ohne wasserunlösliche Polymere aus dem Fachhandel mehrmals jährlich dem Wischwasser zugeben. Leider sind spezielle Steinpflegemittel relativ teuer, da sie nur in geringen Mengen produziert werden. Empfehlen kann ich auch spezielle Steinseifen (Edelsteinseifen), die auf Natursteinen eine hauchdünne seidenmatte Pflegeschicht aufbauen, die durch eine einfache Reinigung wieder entfernt werden kann. Diese Produkte bilden also keine schwer entfernbaren Schichten!

PVC-Böden

Strapazierfähige und pflegeleichte Kunststoffböden aus PVC gibt es reichlich. In allen Farben und Mustern können die Böden rasch und preiswert Flur und Hausarbeitsraum, Küche, Bad oder WC verschönern.

VORTEILE VON PVC

- Verschleißfester, strapazierfähiger Bodenbelag. Je höher die Beanspruchungsklasse (21–43), desto höher belastbar
- Preiswert und kann selbst rasch verlegt werden
- Hygienisch, da geschlossene porenfreie Oberfläche
- Wasserundurchlässig bei verschweißten oder verklebten Fugen
- Vor allem die geschäumten Beläge dämpfen Trittschall hervorragend
- Pflegeleicht und gut streifenfrei zu wischen
- Säure- und alkalifest

DAS MATERIAL

Ausgangsprodukt ist PVC (= Polyvinylchlorid), ein harter und zäher Kunststoff, der erst durch reichlich Weichmacher zu einem plastischen Produkt wird.

PVC IN DER DISKUSSION

PVC hat wegen des Ausgangsmaterials und der vielen Zusatzstoffe ein negatives Image. Aber alle Bodenbeläge müssen vom Deutschen Institut für Bautechnik zugelassen werden und in diese Zulassung fließen neben Gebrauchstauglichkeit auch die Verträglichkeit für Mensch und Umwelt ein.

Die Beläge sind heute fast alle ohne giftige Schwermetalle, Organozinn-Verbindungen, lösemittelhaltige Druckfarben, Formaldehyd und Pentachlorphenol. **Auf Weichmacher kann bei PVC nicht verzichtet werden!** Allerdings kommen inzwischen nicht mehr die als cancerogen eingestuften Phthalate wie DEHP, DBP oder BBP zum Einsatz, sondern sogenannte Isophthalate. Diese werden von der EU als nicht gesundheitsgefährdend eingestuft und sind auch für Kleinkinderspielzeug erlaubt. Aber es gibt inzwischen bessere Alternativen. Es werden immer mehr Weichmacher auf Basis von Zitronensäureestern entwickelt und die werden auch für PVC eingesetzt.

REINIGUNG

Die Reinigung ist ganz einfach: **Saugen oder fegen – wischen – fertig!** Feucht- oder Nasswischen mit Wasser reicht fast immer aus, bei mehr Schmutz geben Sie ganz wenig Alkohol- oder Neutralreiniger ins Wasser. Starker Schmutz kann mit Grundreinigern bis pH-Wert 10 entfernt werden, doch muss dann der Boden gründlich klar gewaschen werden. Bei einem Polyurethanbeschichteten Boden reicht das aus. Lassen Sie sich nicht von den reichlich angebotenen Pflegemitteln verwirren, der Boden braucht diesen Aufwand im Privathaushalt nicht. Falls Ihr Belag nach Jahren intensiver Nutzung stumpf und stark verkratzt ist, können Sie nach einer Grundreinigung eine polyurethanhaltige Vollpflege aufbringen. Beim Auftrag wird mindestens zwei Mal gewischt, einmal längs und einmal quer.

Nur bei einem nicht oberflächenvergüteten Einfachstboden empfehle ich bei intensiver Nutzung gleich zu Beginn eine Polymerbeschichtung, die einen schützenden Pflegefilm aufbaut.

Wand und Wandschmuck

Wände – ob weiß oder farbig, ob mit oder ohne Tapete, ob mit oder ohne dekorativen Wandschmuck – sind in jedem Raum ein besonderer und einzigartiger Blickpunkt. Aber leider auch schmutzanfällig. Das fällt spätestens dann auf, wenn ein Bilderrahmen von der Wand genommen wird oder das mit Klebefilm befestigte Poster im Kinderzimmer weg muss.

Wände reinigen

Flecken auf gestrichenen Wänden und Tapeten lassen sich selbst bei größter Vorsicht kaum vermeiden. Es ist ganz schnell passiert: Hier verunstaltet eine kreative Kinderzeichnung die frisch gestrichene Wand, da haben Fliegen ihre Spuren auf der Tapete hinterlassen und um den Lichtschalter herum entdecken Sie viele dunkle Schatten. Deshalb lohnt es sich, in „lebhaften" Haushalten auf strapazier- und gut reinigungsfähige Wandanstriche und Wandverkleidungen zu achten. So sind auf Wandfarben und Tapetenrollen Symbole aufgedruckt von „wasserbeständig" bis hin zu „hochscheuerbeständig".

Fleck-weg-Tipps

- Entflecken Sie keine stark verschmutzte Wand. Bei jeder Fleckentfernung besteht die Gefahr, dass ein sogenannter Sauberkeitsfleck entsteht.
- Frische Flecken von Flüssigkeiten immer sofort trocken abtupfen. Sofort feucht, nicht nass nacharbeiten – ohne Reinigungsmittel. Denn wenn Wasser länger auf eine Wand einwirkt, werden aus dem Putz Mineralien herausgelöst, die ganz hartnäckige und auch durch die Tapete scheinende Flecken hinterlassen.
- Insektenkot lässt sich mit Wasser und einem leicht angefeuchteten Schwamm entfernen. Anfeuchten, kurz aufquellen lassen, dann abtupfen.
- Dunkle Griffstellen um Lichtschalter herum lassen sich mit einem feuchten Mikrofasertuch aufhellen.
- Für Flecken, die sich mechanisch abtragen lassen, wie Pigmentschmutz aus Farbstiften, Ruß oder Abriebe von Schuhen oder Taschen, sind **Schmutzradierer aus Melaminharz** wirkungsvolle Helfer. Feuchten Sie sie an und radieren Sie nur mit leichtem Druck. Vorsicht bei Raufasertapeten, je nach Dicke der Farbschichten kann durch das Radieren der Holzschliff freigelegt werden. Und bei Wandfarben kann der Schmutzradierer Farbpigmente mitnehmen. Es empfiehlt sich, den Einsatz an einer unauffälligen Stelle zu testen.
- Schmutzradierer empfehle ich nur für mindestens waschbeständige Tapeten. Empfindlichere Wandbekleidungen überstehen eher eine Behandlung mit Schlämmkreide (oder Wiener Kalk). Die Reste absaugen oder abbürsten.
- Flecken von organischen Farbstoffen wie **Filzstift oder Kugelschreiber** werden mit Spiritus und Wasser (1:1) abgetupft. Handeln Sie sofort, bevor die Farbe in die Wand diffundiert!
- Frische Fettflecken sofort mit einem Brei aus Stärkemehl oder weißem Ton und Wasser bestreichen. So wird viel Fett aufgesogen. Restflecken können Sie mit Neutralreiniger-Schaum bearbeiten.
- Alte bleichfähige, farbige Flecken wie Rotwein- oder Kaffeeflecken können mit 5 % Wasserstoffperoxid oder Oxi-Bleichmitteln für die Wäsche behandelt werden. Wählen Sie die neutralen Flüssigprodukte, die auch für Wolle und

Seide geeignet sind und achten Sie auf ein farbloses Produkt. Mehrmals wiederholen oder vorsichtig mit dem Föhn erwärmen.

MEIN SPEZIELLER TIPP

Was tun, wenn Ihre Lieblingstapete z.B. nur waschbeständig ist? Es gibt sie noch, die gute alte Elefantenhaut. Der transparente Tapetenschutz aus Acrylatdispersionen kann nachträglich aufgestrichen werden. Er macht die Wand scheuerbeständig, allerdings ist die behandelte Fläche nicht mehr atmungsaktiv.

FLECKEN ÜBERDECKEN

- Am schnellsten geht es mit farblich passender Tafelkreide.
- Etwas mehr Arbeit macht das Übertapezieren der Flecken. Schneiden Sie mit einem Cutter die Flecken heraus und kleben Sie ein gleich großes Tapetenstück in die Lücke. **Raufasertapeten sollten Sie aber nicht glatt abschneiden,** hier wären nach dieser Methode die Überlappungen deutlich zu erkennen. Sie werden deshalb besser gerissen, um die Ansatzstellen zu kaschieren. Den Bereich mit dem Fleck zunächst mit Wasser aufweichen und dann entlang eines Lineals herausreißen. Die vorgesehene Ausbesserungstapete mit Kleister einweichen, dann ebenfalls passgenau abreißen, einkleben und nach dem Trocknen dünn überstreichen.
- Einfacher ist die Anwendung einer Reparatur-Spachtelmasse für Raufaser, die Holzfasern enthält und die Struktur perfekt nachbildet.
- Starke Fettflecken, Wachsflecken oder Nikotin können nicht übertapeziert werden, da sie wieder durchschimmern. Deshalb vor dem Übertapezieren einen Sperrgrund oder ein sogenanntes Flecken-Isolierspray auftragen.

DIE GANZE WAND REINIGEN

- Empfindliche Wandbeläge wie Textiltapeten werden nur abgesaugt.
- Bevor Sie feucht arbeiten, versuchen Sie zunächst die Wand mit einem trockenen Mikrofasermopp abzureiben.
- Viele mit Dispersionslack- oder Latexfarben gestrichenen Wände haben eine gute Nassabriebfestigkeit. Sie sind gut abwaschbar, ebenso die mindestens hochwaschbeständigen Tapeten. Machen Sie immer eine Probe an einer diskreten Stelle.
- An stark verschmutzten Stellen wie über dem Kühlschrank können sich

Wolken oder Putzstreifen bilden. Reinigen Sie nur mit einem feuchten, nicht nassen Naturschwamm oder einem Mikrofasertuch und arbeiten Sie mit destilliertem Wasser. Verwenden Sie nur ganz sauberes Wasser und waschen Sie den Lappen häufig aus. Nacharbeiten mit einem trockenen Tuch lohnt sich!

- Wenn Sie ein Reinigungsmittel brauchen, empfehle ich tensidfreie Reiniger. Arbeiten Sie von unten nach oben, damit ablaufendes Schmutzwasser nicht den noch trockenen Untergrund verschmutzt. Arbeiten Sie überlappend, sowohl mit senkrechten, als auch mit waagrechten Bewegungen.
- Falls Sie nur die dunklen Stellen z. B. über einem Kühlschrank oder einer Heizung abwaschen wollen, müssen Sie auf ein gutes seitliches „Auslaufen" achten, um die Übergänge zwischen gereinigt und nicht gereinigt zu egalisieren.

Bilder reinigen

Ob gestickte Gobelins, Drucke, Aquarelle oder Ölgemälde: Wenn Bilder und Rahmen schön aussehen sollen, brauchen sie den richtigen Platz und die richtige Pflege. Neben schmutziger Luft, Feuchtigkeit

und Mikroorganismen ist Licht ihr größter Feind. Es ist vor allem das Sonnenlicht oder das Licht von Halogen- und Energiesparlampen mit hohen UV-oder Infrarot-Anteilen, das die Farben verblassen lässt. Wenn Sie Ihren Wandschmuck neu beleuchten wollen, machen Sie es wie die Museen: Die setzen heute voll auf ganz bestimmte LED-Lampen ohne hohen UV- und Infrarot-Anteil.

BILDERRAHMEN

- Nur Kunststoff- oder Metallrahmen und lackierte Rahmen können nebelfeucht abgestaubt werden. Verwenden Sie keine Reinigungsmittel!
- Unlackierte Rahmen und besonders alle Rahmen mit Goldauflage werden nur mit Wedeln, Pinseln oder mit einem ganz weichen Tuch (keine Mikrofaser) und wenig Druck entstaubt. Nie nebelfeucht abstauben, sonst entfernen Sie jedes Mal etwas von der hauchdünnen Goldbeschichtung und durch das geradlinige Wischen entstehen allmählich gleichmäßige Streifen. Das Aussehen beschädigter Goldrahmen können Sie durch eine sogenannte Goldfinger-Paste (Kunstfachhandel) wieder verbessern.

BILDERGLAS

- Die Glasscheiben im Rahmen werden nur mit Wasser (am besten destilliertem Wasser) und immer nur nebelfeucht gereinigt. Es darf absolut kein Wasser in das Innere gelangen, deshalb sollten die Bilder abgehängt und liegend gereinigt werden. Durch eindringendes Wasser würden sich auf dem Papier Wasserkränze bis hin zu Stockflecken entwickeln.
- **Niemals Glasreiniger verwenden!** Sie können den Rahmen, die Bilder, das Papier oder das Passepartout beschädigen.
- Die Glasscheiben sind sehr dünn, deshalb nur mit wenig Druck arbeiten.
- Plexiglasscheiben werden nur mit ganz weichen Tüchern gereinigt. Mikrofasertücher sind für das kratzempfindliche Material nicht geeignet.

ÖLGEMÄLDE

Der beste Tipp zur Pflege von alten Ölgemälden ist: **Machen Sie so wenig wie möglich!** Denn mit traditioneller Ölfarbe gemalte Gemälde haben Risse, da sich die Farbe beim langsamen Trocknen durch Oxidation ausdehnt. Mit Temperafarben oder Acrylharzfarben gemalte Gemälde haben eine geschlossene Oberfläche.

- Stauben Sie die Bilder nur mit einem weichen Wedel aus Straußenfedern oder Synthetikvlies ab oder bürsten Sie

ganz vorsichtig mit einer Ziegenhaarbürste über das Bild. Wenn Sie mit einem Tuch arbeiten, könnten sich die Fasern in der Farbe verhaken und sie abheben.
- Wertvolle Ölbilder sollten alle 10–15 Jahre von Fachleuten gereinigt werden. Im Raucherhaushalt sollten die Abstände verkürzt sein, denn Nikotin ist neben Kerzen- und Kaminruß die größte Schmutzbelastung für Gemälde.
- Es gibt viele überlieferte „Haushaltstipps" für die Reinigung von Ölgemälden, das reicht von Abreiben mit einer Zwiebel- oder Kartoffelhälfte bis hin zur Weißbrotkrume. Das Ergebnis kann durchaus sichtbar erfolgreich sein, aber an der rauen Oberfläche und in den Spannungsrissen bleiben die organischen Stoffe haften. Dort dienen sie den Mikroorganismen als Nährboden, zudem werden auch Fliegen angelockt.
- Im Fachhandel gibt es speziell für die Reinigung von Bildern einen weichen **Radierschwamm aus Ölkautschuk.** Darin wird der Schmutz vom Ölbild gebunden. Obwohl es Profi-Produkte sind, empfehle ich bei fehlender Erfahrung die Eigenreinigung nur für weniger wertvolle Gemälde. Nehmen Sie das Bild am besten aus dem Rahmen und reinigen Sie sowohl die Vorder- als auch die Rückseite und die schmalen Seiten der Leinwand. Durch Krümelbildung reinigt sich der Schwamm selbst und Sie können streifenfrei reinigen. Die Radierbrösel werden abgepinselt.
- Wenn das Bild stärker vergilbt, aber die Farbe noch in Ordnung ist, können Sie im Galeriebedarf oder Kunstfachhandel Spezialmittel erwerben. Diese Reiniger enthalten Lösemittel und Ammoniak und können Schmutz und Firnis ganz entfernen. Anschließend wird mit einer neuen Firnisschicht (heute sind das meist Kunstharze)

wieder vor Schmutz und Vergilben geschützt.
- Wenn das Bild noch eine komplett geschlossene Firnisschicht hat, kann probeweise auch mit einem weichen Naturschwamm und einer Reinigungslösung aus destilliertem Wasser und 10 % Spiritus sanft abgerieben werden. Nicht zu nass arbeiten und sofort nachtrocknen. Bei dieser Methode darf aber an keiner Stelle die Leinwand freigelegt sein.

Spiegel pflegen

Egal, ob wir uns morgens darin gefallen oder nicht, wir können auf Spiegel nicht verzichten! Gute Spiegel sind wegen des aufwendigen Herstellungsverfahrens teuer, deshalb lohnt es, diese empfindlichen Flächen sorgfältig zu pflegen.

REINIGEN VON SPIEGELN

Ein Spiegel besteht aus ganz glattem, hochwertigem Flachglas, auf das eine Silbersalzlösung aufgetragen wird. Diese wird durch eine chemische Reaktion zu Silber reduziert. Die Metallschicht ist nur 0,2–0,5 mm dick und kann sehr leicht beschädigt werden. Sie wird deshalb durch mehrere Lackschichten von hinten geschützt, von vorne schützt die Glasscheibe. Der Randbereich ist immer der empfindlichste Teil des Spiegels. Doch bleibt auch die gesamte Rückseite des Spiegels trotz Schutzlackierung anfällig.

- Spiegel sind durch die glatte Fläche sehr leicht zu reinigen, selbst Insektenschmutz oder Zahnpasta können durch vorsichtiges Abreiben entfernt werden.
- Verwenden Sie für Spiegel niemals eine Glashobelklinge. Selbst die feinsten Mikrokratzer werden durch die Spiegelfläche vergrößert.
- Gereinigt wird immer ohne Reinigungsmittel! So vermeiden Sie den Spiegel- oder Kantenfraß. Das sind die

typischen braunen Korrosionsflecken am Rand, entstanden durch Beschädigung der Silberschicht.

- Nur mit Wasser und einem nicht fusselnden Tuch abgerieben, bleiben Ihre Spiegel viel länger staubfrei. Bei sehr hartem Wasser wird das Ergebnis mit destilliertem Wasser besser. Anschließend wird mit einem trockenen Tuch nachgerieben, vor allem den Randbereich sollten Sie rasch und gründlich trocknen.

- Fensterleder oder ein glattes Mikrofasertuch sind für Spiegel gut geeignet, doch sollten Sie alle Tücher vorher in viel Wasser ausspülen, um alle Waschmittelreste zu entfernen.

- Noch besser, machen Sie es wie die Spiegelprofis und sprühen Sie auf die Spiegelfläche eine Lösung aus zwei Teilen destilliertem Wasser und einem Teil Spiritus und **reiben Sie den Spiegel sofort mit Küchenkrepp trocken.**

MEIN SPEZIELLER TIPP

Die Lösung aus Wasser und Spiritus ist in einer Sprühflasche monatelang haltbar und ist gleichzeitig mein Tipp für die schnelle Reinigung von Edelstahlflächen. Mit ihr können Sie auch lästige Rückstände von Haarspray gut entfernen. Falls es bei bestimmten Haarlacken nicht klappt, dann nehmen Sie reinen Spiritus!

- Bei großen, randlosen Wohnspiegeln oder Spiegelwänden empfehle ich Ihnen folgendes Verfahren: Bedampfen Sie Ihren Spiegel mit dem Dampfreiniger mit einigen Zentimetern Abstand, um bei großen Flächen Spannungen zu vermeiden. Auch im Kantenbereich nur sparsam bedampfen. Dann ziehen Sie mit einem sauberen Fensterabzieher die Fläche rasch von oben nach unten ab und reiben die Kanten sorgfältig trocken. Achten Sie dabei auf eine gute Durchlüftung des Raumes, damit die erhöhte Luftfeuchtigkeit rasch abzieht.

- Wenn Sie keinen Dampfreiniger haben, benetzen Sie die Fläche mit destilliertem Wasser und einem sauberen Schwamm, danach bearbeiten Sie die Fläche ebenfalls mit einem Fensterabzieher.

SCHÄDEN AN SPIEGELN VERMEIDEN

- Spiegel werden ungleichmäßig matt und blind durch Ausdünstungen aus Dispersionsfarben oder Tapeten. Warten Sie nach Renovierungen ein paar Tage, bis Sie die Spiegel montieren und achten Sie immer auf einen ausreichenden Wandabstand zur Hinterlüftung.

- Spiegel müssen spannungsfrei montiert werden.

- Verzichten Sie auf Klebebänder und Klebstoffe, die nicht auf die Schutzlackierung Ihres Spiegels abgestimmt sind.

- Bei Spiegelklammern darf der Spiegel nie direkt auf dem Metall sitzen. Verwenden Sie unbedingt die beigelegten Schutzfolien.

- **Temperaturen über 45 °C** schaden der Spiegelfläche. Richten Sie deshalb Scheinwerfer nicht direkt auf die Spiegelflächen und lassen Sie integrierte wärmeabgebende Spiegelleuchten nicht zu lange brennen.

Rund ums Fenster

Die Auswahl für dekorativen Sichtschutz vor den Fenstern war noch nie so groß wie heute. Die früher üblichen Stores oder Übervorhänge an Gardinenleisten werden heute ergänzt durch Schlaufenvorhänge, Schiebevorhänge, Raffrollos, Plissees oder Lamellenvorhänge.

Pflege von Lamellen

Lamellen am Fenster sind beliebt! Als Rollladen, Jalousie oder Lamellenvorhang schützen sie zuverlässig vor Hitze und Kälte, vor unerwünschten Einblicken, zu viel Lärm und zu viel Licht.

LAMELLENVORHÄNGE

Lamellenvorhänge sind 5–15 cm breite, senkrechte Streifen aus vinylbeschichteten Baumwoll- bzw. Synthetikstoffen oder aus Glasfasern. Da sie vertikal angeordnet sind, können Sie nicht durchhängen, verdrehen oder knicken und sie verschmutzen nicht so schnell wie die waagrechten Lamellen.
Natürlich können Sie die Lamellen mit speziellen Waschgeräten oder mit Ultraschall reinigen lassen. Es lohnt sich, diesen Vorgang durch regelmäßige Zwischenreinigung hinauszuzögern.

- Die Lamellen regelmäßig mit trockenen, sauberen Tüchern oder einer weichen Bürste abreiben oder mit niedriger Wattzahl absaugen.
- Insektenschmutz können Sie mit einem Schmutzradierer entfernen.
- Ab und zu können Sie die Streifen mit ganz sauberen, feuchten Tüchern abreiben.
- Es gibt inzwischen viele waschbare Lamellenvorhänge. **Obwohl das Waschen aufwendig ist,** sollten Sie es alle zwei Jahre in Angriff nehmen, da der Schmutz in der Sonne eingebrannt wird. Wenn Sie unsicher sind, ob waschbar oder nicht, waschen Sie zunächst nur eine Lamelle.
- Zur gründlichen Reinigung werden die Verbindungsketten und Beschwerungsplatten gelöst, in Wasser mit wenig Allzweckreiniger gereinigt und dann klar gespült.
- Die Streifen werden abgehängt und einzeln zu einer lockeren Schnecke aufgerollt, hochkant und oben beginnend, da hier die Verschmutzung nicht so groß ist. (Es gibt auch Empfehlungen, mehrere Streifen zu einer dichten Rolle zu rollen, doch gibt dies keine so guten Reinigungsergebnisse). Beim Rollen dürfen keine Knicke entstehen! Jede Rolle wird mit einem hellen Gummiband fixiert oder einzeln in ein Wäschenetz gesteckt. Die Rollen können in der Waschmaschine mit Feinwaschmittel oder bei weißen Streifen mit einem Waschmittel für weiße Gardinen im Seidenwaschprogramm bei 30 °C gewaschen werden.
- **Das Ergebnis wird aber besser durch Einweichen und Waschen in der Badewanne.** Arbeiten Sie sehr vorsichtig, denn die Kanten der Lamellen sind sehr hart und scharf. Nach dem Klarspülen lassen Sie die Rollen hochkant auf einem Handtuch abtropfen. Die Streifen werden noch feucht wieder aufgehängt und die Gewichte und Kettchen befestigt. Knitterfalten sollten Sie aber vorher kurz ausbügeln. Die Lamellen zum schnelleren Trocknen senkrecht zum Fenster stellen.

ROLLLÄDEN

Rollläden werden für die Reinigung heruntergelassen, aber nur soweit, dass der Lappen noch in die kleinen Zwischenräume zwischen die Stäbe kommt, denn hier sitzt besonders viel Schmutz. Die Rollläden werden von beiden Seiten kräftig mit Wasser und etwas Neutralreiniger oder Kunststoffreiniger abgerieben. Machen Sie dies aber nur, wenn Sie diese Arbeit sicher durchführen können. Verwenden Sie große Lappen und fangen Sie die Schmutzwassertropfen auf der Brüstung mit Tüchern auf, damit die Fassade nicht verschmutzt. Mit viel klarem Wasser nachwischen. Trocken reiben und noch kurz nachtrocknen lassen, bevor Sie den Laden wieder hochziehen.

Türrollläden im Parterre kann man rationell mit Waschbürsten am Gartenschlauch oder mit dem Hochdruckreiniger reinigen. Soll in oberen Etagen der Rollladen unbedingt von außen gereinigt werden, muss man den Rollladenkasten öffnen und Stück für Stück reinigen. Oder Sie lassen bei aufziehendem Gewitter die Rollläden herunter und hoffen auf die Reinigungskraft der Regentropfen. Vermeiden Sie das Abspritzen mit einem Wasserschlauch oder einem Hochdruckreiniger von unten, die Fassade wird verschmutzen. Oft genügt es auch, wenn Sie

von innen mit abgewinkeltem Arm nur die ersten vier bis fünf stärker verschmutzten Außenlamellen reinigen. **Rollladengurte trocken oder nebelfeucht** mit groben Mikrofasertüchern abreiben. Bei starker Verschmutzung werden die Gurte mit einem Radiergummi oder Schmutzradierer vorgereinigt, danach mit einer Allzweckreinigerlösung abgebürstet.

JALOUSIEN

Schließen Sie für die Zwischenreinigung regelmäßig die Lamellen zu einer geschlossenen Fläche, einmal rechts herum und dann links herum. Entfernen Sie zunächst den Staub trocken mit einer weichen Bürste oder dem Staubsauger, dann nur mit Wasser sanft feucht abreiben. **Etwa einmal im Jahr werden die einzelnen Lamellen gereinigt.** Für das Abstauben gibt es Jalousienbürsten aus Mikrofaserplüsch, die mit ihren „Fingern" fünf bis sieben Lamellen gleichzeitig reinigen. Zum feuchten Wischen gibt es Jalousienreiniger mit Schwammfläche. Rationeller können Sie arbeiten, wenn Sie die ganze Jalousie abhängen und in der Badewanne mit etwas Neutralreiniger einweichen. Bei starker Verschmutzung mit einem glatten Schwamm oder einer weichen Bürste bearbeiten, kräftig klar spülen und aufgehängt trocknen lassen.

Plissee-Vorhänge

Plissees oder Faltstores sind als Licht- und Sichtschutz an Fenstern oder in Wintergärten beliebt. Plissees bestehen aus festen Stoffen, die in kleine, gleichmäßige, waagrechte Falten gelegt sind. Die Stoffe sind meist aus Polyester mit Schmutz abweisender Antistatikbeschichtung. Die Falten werden dauerhaft in den Stoff eingepresst, doch hängt die Haltbarkeit auch vom Stoff ab. Glatte Synthetikstoffe halten die Form besser als Crashstoffe.

MEIN SPEZIELLER TIPP
Sie können die Haltbarkeit erhöhen, wenn Sie das Plissee in regelmäßigen Abständen für einige Stunden komplett schließen. Die meisten Hersteller empfehlen, Plissees einmal die Woche über Nacht ganz zu schließen, damit die Plissierung nicht nachlässt.

SO BLEIBEN PLISSEES SAUBER

- Vermeiden Sie bei hellen Plissees unbedingt eine immer gleiche Stellung. Der Stoff verschmutzt und vergilbt sonst sehr ungleichmäßig.
- Regelmäßig absaugen oder mit einer weichen Bürste abbürsten.
- Zwischendurch mit einem feuchten Lappen sanft abwischen.
- Insektenschmutz rasch mit einem feuchten Wattestäbchen abtupfen.
- Vermeiden Sie Kondenswasser auf den Fensterscheiben, denn dadurch kann es zu schwer entfernbaren Stockflecken kommen.
- Achten Sie beim Fensterputzen darauf, dass keine Reinigungsmittel auf die Stores tropfen. Auf den Plissees entstehen sonst helle Flecken.

REINIGUNG VON PLISSEES

Alle Plissees lassen sich chemisch reinigen, nur die Wärme und Licht reflektierenden alubedampften Stoffe brauchen eine Spezialreinigung. Allerdings gibt es bei diesen Stoffen für den Reinigungserfolg keine Garantie. Im Laufe der Zeit wird die Beschichtung durch den Gebrauch beschädigt, das wird aber erst nach dem Reinigen sichtbar. **Die meisten haushaltsüblichen Plissees können Sie selbst im Tauchbad waschen.** Schieben Sie das Plissee ganz zusammen und nehmen Sie das Paket geschlossen von den Trägern.

Gewaschen wird in der Dusch- oder Badewanne. Lassen Sie ca. 35 °C warmes Wasser einlaufen. Verwenden Sie für farbige Plissees ein flüssiges Gardinenwaschmittel, für weiße Stoffe wählen Sie ein bleichmittelhaltiges, pulverförmiges Gardinenwaschmittel. Dosieren Sie das Waschmittel immer für starke Verschmutzung.

Lassen Sie das Plissee geschlossen zunächst etwas einweichen, dann wird es immer wieder leicht(!) geöffnet und geschlossen. Sie können auch mit einer weichen Bürste sanft bürsten. Auf keinen Fall dürfen die Falten in der Waschmittellösung zu weit geöffnet werden und es darf zu keinem Knick in den Falten kommen. Der Knick kann einen sogenannten Weißbruch bewirken, der anschließend am Fenster störend wirkt. Lassen Sie die Teile mindestens 15 Minuten in der Lauge liegen.

Nehmen Sie das Plissee heraus und duschen Sie es zunächst geschlossen, dann im aufgezogenen Zustand von oben her von beiden Seiten ab. Am besten arbeiten Sie hier zu zweit: einer hält, der andere duscht ab. Arbeiten Sie nur mit einem sanften Strahl, denn im geöffneten, nassen Zustand ist das Plissee empfindlich. Nach dem gründlichen Klarspülen wird die Anlage vorsichtig geschlossen. Kontrollieren Sie den Sitz der Falten präzise und drücken Sie das Wasser heraus. Sie können alles für kurze Zeit in ein Frottiertuch einwickeln.

Hängen Sie das Plissee im geschlossenen Zustand wieder auf und lassen Sie es locker geschlossen trocknen. Die Trocknungszeit liegt bei etwa 12 Stunden, doch muss das Faltrollo während der Trocknung mehrmals geöffnet und geschlossen werden, damit der Stoff nicht verklebt oder sich Stockflecken bilden. Lassen Sie es aber jeweils nur für ca. 10 Minuten ganz geöffnet.

Metalle reinigen

Viele Haushaltsgegenstände sind aus ganz unterschiedlichen Metallen und Metalllegierungen hergestellt. Um lange Freude an einem Metallgegenstand zu haben, muss dieser gereinigt und oft auch vor Korrosionen geschützt werden.

Universal-Reinigungsmittel

Für viele Metalle wie Edelstahl, Kupfer, Messing, Bronze, Zinn, Nickel, Chrom, Silber und Gold haben sich folgende Reinigungsmittel bewährt:

- Schlämmkreide oder Wiener Kalk (feines Calciumcarbonat)
- Universal-Polierpaste mit Poliertonen, reinigenden Tensiden und Paraffinen oder Silikonen als kriechende Öle.
- Eine Polierpaste ist meist schonender als eine haushaltsübliche Scheuermilch oder ein Putzstein.
- Gut wirksam sind getränkte Polierwatten! Sie bestehen aus Watte plus petrochemischen Ölen und können sogar für blankes Aluminium (nicht für Eloxal!) eingesetzt werden.
- Vor jeder Anwendung wird der Grobschmutz immer abgewaschen, damit wirklich kratzfrei poliert werden kann.

HINWEIS
Die Reinigung von Edelstahl wird in Band 1 „Das ARD-Buffet Haushalts-ixi" behandelt.

Eisen

Eisen ist ein unedles Metall, weshalb es ungeschützt an feuchter Luft rostet.

ENTROSTEN

Bevor das Eisen geschützt wird, sollte es entrostet werden. Nur wenige Metallschutzlacke können direkt auf Rost gestrichen werden. Rost wird mechanisch abgebürstet oder abgeschliffen oder es wird mit sogenannten Rostumwandlern gearbeitet.

VOR LUFT UND FEUCHTIGKEIT SCHÜTZEN DURCH

- säurefreie Fette oder Öle (Nähmaschinenöl, Paraffinöle, Silikonöle ...)
- Kunststoffe
- Emaillierungen oder Lackierungen
- Metallüberzug mit einem unedleren Metall, wie z. B. Zink.

Silber

Silber reagiert mit dem Luftsauerstoff und Schwefelwasserstoffspuren in der Luft zu dunklem Silbersulfid. Silbergegenstände, die für einige Monate nicht gebraucht werden, können Sie deshalb durchaus luftdicht in Plastikfolie einschweißen. Trotzdem lohnt sich ein vorbeugender Anlaufschutz, denn bei jeder Reinigungsmethode gibt es geringe Silberverluste.

ANLAUFSCHUTZ FÜR SILBER

Die besten und teuersten Anlaufschutztücher enthalten sehr fein verteiltes Silber, welches alle schädlichen Gase bindet. Das Silberteil selbst bleibt lange Zeit gut geschützt. Preiswerter ist das Behandeln der Silberoberflächen mit Ölen, Wachsen oder Silikonen. Fast alle Silberputztücher oder Silberpflegemittel enthalten diesen zusätzlichen Anlaufschutz.

POLITUREN

Die beste Silberpflege ist der tägliche Gebrauch! **Je öfter Sie Ihr Silber verwenden, desto eher polieren sich die Beläge von selbst ab.**

- Preiswert und immer richtig ist Schlämmkreide. Sie wird einfach mit einem Tuch eingerieben. Allerdings haben Sie danach keinen Anlaufschutz.
- Für leichte Verfärbungen und zur schnellen Zwischenreinigung von großen und kleinen Silberteilen ist ein Silberputztuch empfehlenswert.
- Bei starken Verfärbungen kommen Sie mit pastösen oder flüssigen **Silberpoli-**

turen oder getränkten Polierwatten mit Anlaufschutz schneller ans Ziel.

SILBERTAUCHBÄDER

Schnell, aber die Umwelt belastend sind Silbertauchbäder.

Einfach, schonend und sicher ist das **elektrochemische Verfahren.** Legen Sie dafür eine Schüssel mit Alufolie aus, darauf geben Sie 60 °C heißes Wasser und zwei Esslöffel Kochsalz. Legen Sie die gespülten, fettfreien Silbergegenstände für maximal 10–20 Minuten in die Lösung. Die Silberteile müssen die Aluminiumfolie berühren. Geben Sie noch ein paar Knäuel aus Alufolie in die Lösung und wenden Sie die Teile mehrmals. Durch elektrolytische Vorgänge werden nur die schwarzen Silbersalze in Silber umgewandelt, während sich die Alufolie auflöst. Auch schwer zugängliche Stellen werden sauber. Diese Methode ist sehr schonend. Nach dem Abspülen kurz nachpolieren. Dieses Verfahren hat jedoch auch Nachteile: Die typischen Schwärzungen alter Teile werden ungleichmäßig entfernt und es fehlt ein Anlaufschutz.

Messing

Messing ist eine Legierung aus Kupfer und Zink. Wegen des Zinkgehaltes ist Messing nicht für den Kontakt mit (sauren) Lebensmitteln geeignet.

UNBEHANDELTES, POLIERTES MESSING

Roh poliertes Messing wird zur Vermeidung von Patina möglichst oft mit einem trockenen, weichen Baumwolltuch abgerieben oder poliert, damit sich keine Anlaufflecken bilden. Oxidierte Teile brauchen ein Metallputzmittel. Dieser Metallputz darf aber nicht stark sauer sein, deshalb sind nicht alle Edelstahlpflegen für Messing oder Kupfer geeignet. Schauen Sie aufs Etikett! Einige Metallputzmit-

tel enthalten schützende Öle, die nach der Anwendung kurzfristig als Schutzschicht auf dem Metall bleiben. Falls Ihr Metallputz dies nicht enthält, können Sie nach dem Reinigen eine hauchdünne Schicht säurefreie Vaseline auftragen.

LACKIERTES MESSING

Dieses ist durch farblose Lacke vor dem Anlaufen geschützt. Aber Messing zu lackieren ist nicht unproblematisch, denn an beschädigten Lackstellen läuft das Messing an und diese Flecken können sich auch unter dem Lack ausbreiten. Diese durch Lack abgedeckten Verfärbungen lassen sich mit Metallputzmitteln nicht entfernen! Deshalb lackierte Messingteile nur ganz sanft mit einem weichen Tuch und Wasser reinigen und danach gut abtrocknen. Die Lackschicht kann durch ein Lackpflegemittel (Autowachs) stabilisiert werden.

Zinn

Altes Zinn enthält meist Blei und wird an der Luft rasch dunkel. Modernes Zinn wird ohne Blei verarbeitet, dadurch bleibt die natürliche Zinnfarbe besser erhalten. Dieses Zinn darf auch für Lebensmittel verwendet werden.

Reines Zinn ist anlaufbeständig, trotzdem sollten die Teile nach Gebrauch sofort mit Handspülmittel gespült werden. Auch in Blumenvasen aus Zinn darf das Wasser nicht zu lange stehen bleiben. Wird Zinn längere Zeit unter 13,2 °C gelagert, kann Zinn zerstört werden (Zinnpest). Matt gewordene Teile können mit Tüchern, Schlämmkreide oder Metallpolituren bis hin zur getränkten Polierwatte bearbeitet werden. Eine traditionelle Methode ist die Politur mit Zinnkraut (Ackerschachtelhalm). Die Stängel enthalten Kieselsäurekristalle, aber diese Politur führt zu einem relativ starken Metallabrieb.

Kupfer

Es kann sehr gut mit sanften, neutralen bis leicht basischen Poliermitteln gereinigt werden. In der Spülmaschine läuft Kupfer stark an, deshalb Kupfertöpfe immer **mit der Hand spülen.**

Aluminium

Aluminium ist ein weiches, unedles Metall, das aber wegen einer Oxidschicht in Luft und Wasser korrosionsfest ist. Deshalb kann es im Außenbereich als Fenstersims oder für Fensterrahmen verwendet werden. Trotzdem ist Aluminium empfindlich und sollte mit Bedacht gereinigt werden. Nur lackierte oder pulverbeschichtete Teile sind stabiler.

REINIGUNGSHINWEISE

- Die pH-Werte der Reinigungsmittel sollten im Bereich 6–8 liegen. Nur mit sehr weichen Poliermitteln arbeiten, damit die Oxidschicht nicht beschädigt wird.
- Vermeiden Sie grobe Mikrofasertücher.
- Die Oxidschicht kann mit Autowachs gepflegt werden.
- Bei starken Verschmutzungen können ganz vorsichtig Polierwatte oder Autopolitur getestet werden. Bevor Sie aber z. B. die wertvolle Oberfläche einer Alu-Haustüre zerstören, greifen Sie zu Alu-Felgenreiniger oder Alu-Reiniger für eloxierte Aluminiumflächen.

Schädlingsbekämpfung im Haus

Schon immer gab es verschiedene Tierarten, die die Wärme und die Nahrungsvorräte in unseren Wohnungen schätzten. Heute bieten unsere modernen Wohnungen mit Zentralheizung zusätzliche Lebensräume für Tiere, die früher nur in warmen Regionen überleben konnten. Dazu kommen Urlaubsfernreisen, Lebensmittelimporte und mehr ökologisch erzeugte Produkte.

Wie kann ich vorbeugen?

- Saubere helle Wohnräume
- Wohnung regelmäßig lüften und auf eine Luftfeuchtigkeit unter 60 % achten.
- Beseitigung von verlassenen Vogelnestern direkt am Haus, wenn es aus Naturschutzgründen erlaubt ist.
- Kontrollieren Sie nach Fernreisen Ihr Gepäck und alle Mitbringsel!
- Abdichten von Ritzen und Fugen und Montage von Fliegengittern.
- Lassen Sie Lebensmittel und Tierfutter nicht offen herumstehen.
- Lagern Sie Ihre Trockenvorräte trocken und gut verschlossen.
- In Küche oder Vorratskammer kann ein altmodischer Fliegenfänger fliegende Insekten fernhalten.
- Intensive ätherische Öle können teilweise als Repellent wirken.

Wie kann ich bekämpfen?

Schädlingsbekämpfungsmittel können für Menschen und Umwelt problematisch sein, obwohl stark toxische oder langsam abbaubare Substanzen heute für Privatanwender verboten sind. Je öfter und je undifferenzierter chemische Schädlingsbekämpfungsmittel eingesetzt werden, desto rascher werden die Schädlinge resistent und neue Wirkstoffe müssen entwickelt werden.

- Der Schädling muss vor einer gezielten Bekämpfung identifiziert werden. Kleben Sie bei Verdacht doppelseitiges Klebeband an verschiedene Stellen in der Wohnung. Von wo kommt der Schädling? Nistplatz? Wanderstraße? Was sind die bevorzugten Lebensbedingungen des Schädlings?
- Versuchen Sie die Schädlinge zu bestimmen (im Internet gibt es hilfreiche Seiten). Oder fangen Sie die Tierchen durch Klebefolien ein und lassen Sie sie bestimmen.
- Arbeiten Sie zunächst mit physikalischen Mitteln wie Hitze, Kälte, Klebefallen oder Absaugen. Durch diese Methoden werden keine Resistenzen erzeugt.
- **Schädlingsbekämpfungsmittel** nur einsetzen, wenn durch starken Befall eine Gefährdung oder ein beträchtlicher Schaden zu erwarten ist.
- Bevorzugen Sie Kontakt- und Fraßgifte möglichst in Köderdosen! Verzichten Sie auf Atemgifte oder Stoffe, welche die Raumluft belasten (Aerosole, Sprays, Elektroverdampfer oder Strips mit verdampfenden Wirkstoffen).
- Wählen Sie kein Produkt, auf dem der Wirkstoff nicht genau deklariert ist. Bezeichnungen wie „ Bio-, Natur oder auf Naturbasis" sind nicht aussagekräftig.
- Insektensprays mit Neemöl und Teebaumöl können bei vielen kriechenden und fliegenden Insekten durchaus hilfreich und ausreichend sein.
- Ist der Befall stark, muss eine professionelle Schädlingsbekämpfungsfirma eingesetzt werden. Gute Unternehmen erklären Ihnen genau, wie bekämpft wird, was beachtet werden muss und machen eine Nachkontrolle.

Kleidermotten

Kleidermotten sind etwa 8 mm lang und haben gelblich glänzende Flügel. Die Weibchen legen bis zu viermal im Jahr Hunderte von Eiern ab. Daraus schlüpfen Larven oder Raupen, die die eigentlichen Schädlinge für Wolle und Pelze sind. Eine kühle und trockene Lagerung vermindert die Gefahr. Unter 5,5 °C können sich die Larven nicht weiter entwickeln. Baumwolle, Leinen und Synthetikfasern bleiben verschont, ebenso Mischgewebe mit max. 40 % Naturfaseranteilen.

VORBEUGUNG

- Hängen Sie nur saubere Kleidungsstücke in Ihren Schrank, denn Motten werden von Schweißgeruch und Nahrungsmittelflecken angezogen.
- Kontrollieren Sie mindestens zweimal im Jahr alle Kleidungsstücke auf Befall. Machen Sie oft alle Schranktüren weit auf, lassen Sie Licht und Luft hinein.
- Schützen Sie wertvolle Kleidungsstücke durch Baumwoll- oder Mikrofaserhüllen.
- Nur starker Lavendelduft oder Zedernöl in hoher Konzentration helfen, den Mottenanflug abzuwehren.

HINWEIS
Geruchlose Mottenpapiere sind mit Insektiziden getränkt. Ich empfehle, diese Papiere nur nach einem Befall zwischen die Winterkleidung zu hängen. Der Schrank sollte möglichst nicht in einem Schlafraum stehen.

WAS TUN BEI BEFALL?

- Den ganzen Schrank ausräumen, aussaugen, auswaschen und gut trocknen lassen.
- Da in schwer zugänglichen Ritzen und Fugen auch Eier abgelegt werden, müssen Sie wahrscheinlich zur chemischen Keule greifen. Es gibt gute Motten abtötende Sprays auch ohne langlebige synthetische Pyrethroide.
- Langwieriger, teurer und leider nicht immer erfolgreich ist die Bekämpfung mit **Schlupfwespen**.
- Die Kleidung vor dem Einräumen in den Schrank bei mindestens 40 °C, **am besten bei 60 °C waschen.** Nicht waschbare Kleidung chemisch reinigen oder bei über 60 °C im Backofen erhitzen oder in einer Plastiktüte für drei Tage in die Tiefkühltruhe legen. Bei diesen Temperaturen werden Eier, Raupen, Falter und Käfer abgetötet.
- Geben Sie nach dem Wiedereinräumen zur Vorbeugung starke Duftstoffe oder Mottenpapier in den Schrank!

- Falls in der Wohnung **Wollteppiche** liegen, müssen diese immer mit in die Bekämpfung einbezogen werden.
- Bei akutem Ungezieferbefall wird der lose Teppich sofort beidseitig abgesaugt, aufgerollt und, in Plastik verpackt, zwei Wochen eingefroren. Das ist aber nur bei kleinen Teppichen und großer Gefriertruhe möglich. Bewährt haben sich bei akutem Befall und zur Vorbeugung die gebrauchsfertigen Teppichsprays mit Wirkstoffkombinationen aus natürlichem Pyrethrum mit Ölen aus Zedernholz, Lavendel und Teebaumessenzen. Auch Präparate ohne Pyrethrum, nur mit Neem- und Teebaumöl, werden empfohlen.
- Für große, wertvolle Teppiche brauchen Sie professionelle Hilfe.
- Bei Teppichboden (die meisten Teppichböden aus Wolle haben einen Mottenschutz ab Werk) muss großflächig bekämpft werden. Eventuell hilft auch bereits eine Behandlung mit fossilem Plankton. Ist die ganze Wohnung mit Wollteppichboden ohne Mottenschutz ausgelegt, empfehle ich eine professionelle Bekämpfung.

Lebensmittelmotten

Lebensmittelmotten werden meist beim Einkauf als Larve mit eingeschleppt, nur wenige fliegen von außen zu. Die Larven durchbohren auf der Suche nach Nahrung Klarsichtfolien und dünne Kartons und quetschen sich auch durch Twist-Off-Verschlüsse. Erst wenn die Larven satt sind, kriechen sie in Ritzen und verpuppen sich. Aus den Puppen entstehen männliche und weibliche Falter. Mit Pheromonfallen können die Männchen eventuell vor der Fortpflanzung gefangen werden.
Aber: Nicht alle Männchen fliegen sofort auf die Falle!

VORBEUGUNG

Kontrolle beim Einkauf, richtige und dichte Lagerung in Gefäßen mit umlaufender Silikondichtung – Stülpdeckel oder Schraubdeckel sind nicht dicht genug. Eine Befallskontrolle durch Pheromonfallen ist möglich. Aber geben Sie die Fallen nur in geschlossene Schränke und Schubladen! Wenn sie offen in der Küche hängen, werden von außen viele Männchen angelockt und Sie haben Mottenalarm, obwohl in ihren Schränken kein Mottenbefall ist.

BEKÄMPFUNG

- Befallene Lebensmittel sofort wegwerfen, sie sind mit Kot verunreinigt und daher **ungenießbar!**
- Nicht sichtbar befallene Vorräte vorbeugend zum Abtöten von Eiern und Larven im Backofen auf 80 °C erhitzen oder eine Woche einfrieren. Geben Sie diese Lebensmittel danach mit der Verpackung für einige Wochen in einen dicken, dichten Plastikbeutel oder eine große, dichte Dose und beobachten Sie, ob wirklich nichts verschleppt wurde.
- Einlagebretter und Einbauten aus Vorratsschränken und Vorratsräumen entfernen, gründlich aussaugen und den Staubsaugerbeutel wechseln.
- **Schränke gründlich reinigen** und kräftig mit Heißluft föhnen. Lassen Sie den Schrank vor dem Einräumen einige Zeit offen stehen!
- Einsatz von Schlupfwespen gegen Lebensmittelmotten ist möglich und auch durchaus erfolgreich, wenn scheinbar gar nichts mehr hilft.
- Mit Lebensmitteln können auch Brotkäfer, Reismehlkäfer, Kornkäfer oder Reiskäfer eingeschleppt werden. Die Bekämpfung erfolgt mit den gleichen Methoden wie bei Motten, doch stehen kaum biologische Methoden zur Verfügung.

Ameisen

In der freien Natur sind Ameisen als Abfallbeseitiger und Vertilger von Schädlingseiern nützlich. Im Haus sind sie unhygienisch. Solange im Haus eine bessere Nahrungsquelle ist als in der Natur (meist im Frühjahr), werden Sie Hausbesuche von Ameisen haben. Lassen Sie deshalb keine Nahrungsreste, Essenskrümel oder Tierfutter herumliegen und leeren Sie regelmäßig den Mülleimer.

BEKÄMPFUNG

- Falls die Ameisenstraße sichtbar von außen kommt, können Sie die Straße durch Abdichten der Eintrittsstellen unterbrechen. Oder Sie lenken die Straße mit stark riechenden Gewürzen (Lavendel, Thymian, Wachholderbeeren, Zimt), mit Obststücken oder den beliebten Konfitüre/Honig-Mischungen um. Backpulver beeindruckt die Tiere nicht, es kann höchstens mithelfen, die Straße umzulenken. **Viel besser wirkt Hirschhornsalz!** Dieser Backtrieb spaltet Ammoniak ab, ein Zellgift, das die Arbeiterinnen töten kann.

- Ist das Nest im Haus und genau lokalisierbar, können Sie ein Insektizid anwenden.
- **Bei nicht genau lokalisierbarer Herkunft helfen Fraßköder** mit Phosphorestern, die von den Arbeiterinnen ins Nest transportiert werden und auch an die Königin und die Brut verfüttert werden. Aber die handelsüblichen Ameisenköder sind nicht immer wirksam, denn nicht alle Ameisen fressen die ausgelegten Köder. Deshalb bei Nichterfolg gegen ein anderes Produkt austauschen oder gleich mit zwei Produkten arbeiten. Da Ameisen an verschiedenen Tagen unterschiedliche Nahrung bevorzugen (sie machen eine Art Trennkost, es gibt Kohlenhydrat- oder Eiweißtage), wird die Dose auch nicht jeden Tag aufgesucht werden. Die Köderdose bis zu acht Wochen stehen lassen, auch wenn keine Ameisen mehr zu sehen sind, damit auch die noch verpuppten Ameisen erfasst werden. Kontrollieren Sie ab und zu, ob die Dose noch Köder enthält.
- Der Ameisenbau im Garten kann durch Begießen mit kochendem Wasser dezimiert werden. Nachhaltiger ist eine Bekämpfung mit fossilem Plankton, das die Wachsschicht auf der Körperoberfläche beschädigt. Die Tiere trocknen aus.

Schaben

Die typischen Schabenschädlinge finden sich bevorzugt in Küche und Bad. Sie werden bereits beim Einkaufen in die Küchen eingeschleppt, denn die Weibchen legen ihre Eier auf Verpackungen oder Getränkekästen ab. Auch über Leerrohre im Haus können sie sich ausbreiten. Beliebteste Aufenthaltsorte sind warme Stellen wie um die Heizungsrohre, Warmwasserleitungen oder die Verkleidungen von Küchengeräten.

Typisch für schädliche Schaben ist ihr schnelles Laufen in der Dunkelheit, aber einige Gattungen können auch fliegen.

HINWEIS

Nicht alle Schaben sind Hygieneschädlinge oder Allergieauslöser. So gibt es in der freien Natur die Waldschabe, die nicht schädlich ist. Waldschaben sind einheitlich transparent bernsteinfarben gefärbt, Küchenschaben sind undurchsichtig braun mit Streifen. Waldschaben sind tagaktiv und flüchten nicht in dunkle Ritzen. Aber sie krabbeln beim Lüften ins Haus. Eine Bekämpfung dieser Tiere ist überflüssig, die Tiere können in der Wohnung nicht überleben.

VORBEUGUNG

- Kartons aus Supermärkten, die zum Transport der Einkäufe verwendet werden, sollten anschließend sofort außerhalb des Hauses entsorgt werden.
- **Sauberkeit ist die beste Vorbeugung!** Keine Vorräte offen stehen lassen, Mülleimer immer verschließen und Fugen, Risse und Löcher abdichten.
- Nach Reisen in tropische Länder das Gepäck und die Reisemitbringsel sorgfältig kontrollieren.

BEKÄMPFUNG

- Eine Bekämpfung von Schaben macht nur dann Sinn, wenn sie im ganzen Haus über einen längeren Zeitraum erfolgt.
- Schabenfallen sind Klebefallen mit Sexuallockstoffen und einer Klebeschicht. Die männlichen Schaben werden angelockt und bleiben kleben.

- Es gibt wirksame Köderdosen, aber Sie brauchen viele. Dosen immer wieder erneuern, auch wenn länger keine Schabe mehr zu sehen ist. Die Larven schlüpfen erst nach drei Monaten! Die verwendeten Insektizide können die resistenten Eier nicht schädigen, so dass Wochen nach einer Behandlung voll lebensfähige Larven ausschlüpfen können.
- Fallen und Köder helfen nur bei schwachem Befall, eine Schabeninvasion braucht eine professionelle Bekämpfung.

Silberfischchen

Silberfischchen benötigen Wärme, Feuchtigkeit und Dunkelheit, deshalb leben sie bevorzugt in Badezimmern oder Küchen. Sie sind harmlos und sollten, wenn sie vereinzelt auftreten, geduldet werden, denn sie fressen auch Hausstaubmilben. Allerdings können sie bei starkem Befall stärkehaltige Lebensmittel, Papiere, Bücher und Tapeten anknabbern, ja sogar Baumwollwäsche kann befallen werden.

BEKÄMPFUNG

- **Absenken der Luftfeuchtigkeit,** nichts Feuchtes herumliegen lassen. Hängen Sie die Badematten zum Trocknen immer auf und lassen Sie nasse Handtücher im Freien trocknen.
- Dichten Sie alle Risse und Ritzen an Fußleisten, speziell in den Nassräumen, mit Kitt oder Silikon ab.
- Stöpseln Sie die Abflüsse von Waschbecken und Badewannen über Nacht zu.
- Der Geruch von Ammoniakwasser (in der Apotheke oder im Farbenfachgeschäft) vertreibt die Insekten und mit einem mit Gips bestreuten feuchten Baumwolltuch lassen sie sich einfangen.
- Bei einer Invasion helfen Köderdosen.

Verschiedene Fliegen

Fliegen sind lästige Hygieneschädlinge, da sie zur Eiablage unhygienische Orte wie Abfälle, Kot oder Mist und sofort danach für ihre Ernährung Speisen anfliegen. So können mitunter Krankheits- und Verderbniserreger auf Lebensmittel übertragen werden. Zudem verschmutzen sie mit ihrem Kot Wäsche und Wände. Nur die Bremsen, die auch zu den Fliegen gezählt werden, können stechen. Abhilfe bringen nur dichte Fliegengitter, sorgfältiges Verschließen der Ritzen am Haus und einfache Klebefallen bis hin zum Fliegenfänger.

OBST- ODER ESSIGFLIEGEN

Diese winzig kleinen Fliegen mit den vielen Namen wie Fruchtfliegen, Obstfliegen, Mostfliegen oder auch Essigfliegen kommen scheinbar aus dem Nichts und sind ständige Begleiter von reifem Obst und Gemüse, von vergärenden Flüssigkeiten wie Wein, Essig, Bier oder Fruchtsäften. Sie **ernähren sich von Hefen und Bakterien,** und diese finden sie dort immer reichlich. Aber sie werden auf den Früchten nicht nur satt, sondern sie legen ihre Eier direkt ins Substrat ab. Die Mehrzahl der ungeliebten Sommergäste tragen wir also mit Obst und Gemüse selbst ins Haus. Zusätzlich fliegen sie von außen, vom Kompost oder vom Fallobst, durchs geöffnete Fenster zu. Im Haus sind sie nicht nur lästig und unappetitlich, sondern sie lassen die pflanzlichen Lebensmittel schneller faulen und die Getränke schneller vergären.

VORBEUGEN

- Lagern Sie **Obst im Kühlschrank,** denn unter 10 °C findet keine Larvenentwicklung statt. Da auch reife Bananenschalen bei Obstfliegen begehrte Landeplätze sind, sollten Sie auch ausgereifte Bananen ins Gemüsefach (hier liegt die Temperatur meist bei 10–12 °C) legen. Die Bananen werden von außen leicht braun, aber Sie werden überrascht sein, wie frisch die Banane im Innern bleibt.
- Sie können das Obst in der Obstschale auch kurzfristig mit einer atmungsaktiven Frischhaltefolie abdecken.
- Lassen Sie keine leeren Saft- oder Weinflaschen herumstehen oder spülen Sie die Gefäße sofort mit Wasser aus.
- Decken Sie den Biomüll in der Küche immer sorgfältig ab und entfernen Sie ihn jeden Abend.
- Der Kompost sollte so weit wie möglich entfernt vom Haus sein.

BEKÄMPFUNG

- Im Handel gibt es Klebestreifen mit Lockstoffen für Fruchtfliegen, doch sehen sie in der Küche sehr unschön aus.

Hilfreich sind selbstgebaute Fallen: Geben Sie in ein Glas Fruchtsaft einen Schuss aromatischen Essig oder Rotwein und etwas Handspülmittel (verdünnte Essigessenz eignet sich nicht, da die Gärungsduftstoffe fehlen). Achten Sie auf einen sauberen Glasrand, sonst vergnügen sich die Fliegen bereits auf dem Rand und fliegen nicht in die Falle. Die Mischung lockt die Fliegen an und da die Oberflächenspannung durch das Spülmittel verringert ist, können sie nicht auf dem Wasserspiegel sitzen, sondern gehen unter. Noch raffinierter wird die Falle, wenn Sie das Glas mit festem Papier abdecken, in das Sie ein bis zwei Löcher stanzen. Stecken Sie in die Löcher ein kurzes Stück Strohhalm. Die Fliegen finden schnell den Eingang, kommen aber nicht mehr heraus.

Nachteil: Mit der Falle können Sie zwar viele Fliegen fangen, doch durch den Geruch ziehen Sie noch mehr Fliegen aus der Umgebung an. Wenn daneben außerdem intensiver riechendes, reifes Obst liegt, bringt eine Falle nur wenig.

- Profi-Fruchtfliegenfallen aus dem Handel funktionieren nach dem gleichen Prinzip wie eine selbst gebaute Falle und sind ebenso effektiv. Da sie nur eine kleine Öffnung für die Fliegen haben, sind sie etwas hygienischer und optisch ansprechender, allerdings kosten sie auch mehr.

STECHMÜCKEN

Sie werden durch ausgeatmetes Kohlenstoffdioxid und Inhaltsstoffe von Schweiß angelockt. Die weiblichen Tiere haben einen Rüssel, mit dem sie stechen, um Blut zu saugen. Sie brauchen nach der Befruchtung diese eiweißreiche Blutmahlzeit zur Eiablage. Ansonsten ernähren sie sich wie die Männchen von Pflanzennektar. Beim Stich können mit dem Speichel der Stechmücke auch Krankheitserreger übertragen werden. Eine Krankheitsübertragung durch Stechmücken ist in Deutschland bisher kaum bekannt. In wärmeren Regionen werden Malaria, Gelbfieber oder Dengue-Fieber übertragen, in Nordeuropa das Karelische Fieber. Aber durch Klimawandel und Globalisierung werden sich nach Meinung vieler Mediziner auch in Mitteleuropa durch Mücken mehr Infektionskrankheiten ausbreiten.

VORBEUGENDE TIPPS

- Wichtigste Maßnahme ist das regelmäßige Leeren von Regentonnen oder kleinen Wasseransammlungen, da die Eiablage in stehenden Gewässern erfolgt. Oder Sie erschweren den Larven die Atmung, indem Sie die Wasseroberfläche mit Ölen benetzen. Auch Polyesterkugeln auf der Wasseroberfläche verhindern die Eiablage. Für Teiche gibt es Fische, die die Larven fressen.
- Da einige(!) Mückengattungen gelbes Licht nicht sehen können, ist es ratsam, **im Freien weiße Glühlampen gegen gelbe auszutauschen.**
- Gartenfackeln, Teelichter oder Kerzen mit ätherischen Ölen helfen nachweislich nur kurze Zeit.
- Fliegenfänger mit Klebstoff und Duftstoffen locken auch Stechmücken an.
- Mücken meiden Zugluft, weshalb ein Ventilator die Mückenplage verringern kann.

- **Fliegengitter aus Synthetik oder Baumwolle** sind optimal für mückenfreie Räume.
- Besonders Stichgeplagten ist für die Nacht ein Moskitonetz zu empfehlen. Und unbedingt vor dem Schlafengehen duschen!
- Zeigen Sie wenig Haut und tragen Sie helle, weite, lange Kleidungsstücke aus festen Stoffen, denn durch dünne und eng anliegende Kleidung können die Mücken stechen.
- Zusätzlichen Schutz für nackte Körperstellen bieten Mückenabwehrmittel zum Einreiben.
- Relativ wirksam sind Mischungen aus Sojaöl, Geranienöl und Kokosöl. Sie zeigen bei Versuchen noch nach drei Stunden Wirkung. Noch abstoßender wirken Öle aus Katzenminze.
- Am besten wirken die **synthetischen Repellents** mit Wirkstoffen wie DEET (Diethyl-m-Toluamid), DPT (Dimethyl-Phtalat) oder Bayrepel. Sie haben je nach optimierter Formulierung einen Langzeitschutz bis zu 10 Stunden. DEET war lange Zeit Marktführer, heute wird es wegen der Nebenwirkungen (Störungen des Nervensystems und eventuell auch Leberschäden) nur noch für Gebiete mit vielen Stechmücken und hohem Infektionsrisiko empfohlen. Piperidinderivate sind besser verträglich und scheinen zumindest für Deutschland auszureichen. Sie verursachen nur selten Hautreizungen. Trotzdem sollten Sie sich nicht großflächig und zu häufig mit den Mitteln eincremen. Repellents werden für Säuglinge und Kleinkinder unter zwei Jahren nicht empfohlen.
- In besonders gefährdeten Regionen kann auch die Kleidung mit Pyrethroiden imprägniert werden. Sie wirken als Repellent und haben bereits eine insektizide Wirkung.

- Biozidverdampfer wie Mückenstecker, Mückensprays oder Räucherspiralen geben Insektengifte wie Transfluthrin, Allethrin und Piperonylbutoxid in die Raumluft ab. Aber Vorsicht: Die Wirkstoffe, auch wenn sie aus Chrysanthemen gewonnen werden, belasten die Raumluft und können vor allem bei Allergikern und Säuglingen gesundheitliche Probleme auslösen. Zudem werden auch Nützlinge abgetötet. Daher sollten **Biozidverdampfer nur im Notfall** zum Einsatz kommen, also wenn sich besonders viele Mücken im Zimmer tummeln. Zudem wurden Resistenzen gegen diese Wirkstoffe festgestellt.
- Ultraschallgeräte sind wenig wirksam.
- Elektrische UV-Insektenvernichter ziehen durch UV-Licht Insekten an, die dann an einem unter Hochspannung stehenden Gitter getötet oder an Leimtafeln festgehalten werden. Da auch nützliche Insekten getötet werden, sind diese Geräte nur im Innenbereich erlaubt. Neue Geräte arbeiten zusätzlich mit Lockstoffen, vergleichbar mit den Ausdünstungen des Menschen.

Flöhe

Flöhe sind 2 bis 3 mm groß, braunschwarz gefärbt und das hintere Beinpaar ist als Sprungbein ausgebildet.

Damit springen die Tiere bis 30 cm weit. Flöhe werden über Haustiere in die Wohnung geschleppt. Aber sie befallen auch den Menschen und hinterlassen drei bis vier juckende Bisse hintereinander. Dabei können Flöhe Krankheiten übertragen und an den Bissstellen können sich allergische Reaktionen, Blasen und Ekzeme bilden.

BEKÄMPFUNG

- Zuerst das Tier durch den Tierarzt behandeln lassen.
- Danach die Wohnung extrem sorgfältig und häufig saugen. Die Beutel sofort entsorgen oder zumindest einfrieren.
- Waschen Sie die Textilien aus dem Hunde- oder Katzenkorb bei 60 °C oder behandeln Sie die Teile bei hoher Temperatur im Wäschetrockner.
- Setzen Sie Umgebungsinsektizide (Fogger) nur im äußersten Notfall ein und beauftragen Sie damit möglichst eine professionelle Schädlingsbekämpfungsfirma.

Bettwanzen

Bettwanzen werden dank des weltweiten Tourismus wieder zum Problem, da die kleinen Tierchen über Reisemitbringsel in die eigenen vier Wände gelangen können. Eine Übertragung von Krankheiten durch Bettwanzen ist bis heute nicht bekannt.

Damit sie nicht bei Ihnen zuhause zum Problem werden, sollten Sie mit dem Reisegepäck bei Verdacht sorgfältig umgehen. Haben Sie Verdacht auf Befall, kleben Sie doppelseitiges Klebeband um das Bettgestell. Die Wanzen bleiben daran kleben.

BEKÄMPFUNG

- Ein geringer Befall kann durch sorgfältiges und häufiges Absaugen sowie durch kräftiges Auslüften in praller Sonne bekämpft werden.
- Meist sind aber Profis gefragt, die eine Wärmebehandlung durchführen, da die Tierchen nur schlecht auffindbar sind.

Sauberkeit in der Toilette

Die Toilette – außen hui, innen pfui? Wir sprechen nicht gern darüber, erwarten aber selbstverständlich immer ein sauberes stilles Örtchen. Im Privathaushalt ist kein erhöhter Reinigungsaufwand notwendig, sofern Sie einen einfachen hygienischen Reinigungsablauf einhalten.

Tipps für ein sauberes stilles Örtchen

- In vielen Haushalten werden für die Toilettenreinigung nur Lappen in einer speziellen Farbe verwendet. Geben Sie die Lappen trotzdem nach jedem Gebrauch zur Wäsche oder verwenden Sie ein Küchenkrepp.
- **Gereinigt wird immer vom Sauberen zum Schmutzigen!** Toilette von außen ganz abwaschen, dann Deckelunterseite, Brille von oben und von unten und zum Schluss den inneren Rand.
- Deckel, Brille und das Äußere der Toilettenschüssel werden mit einem einfachen Haushaltsreiniger gereinigt.
- Unerlässlich für ein sauberes stilles Örtchen ist die Toilettenbürste mit einer kleinen Unterrandbürste. Achten Sie aus hygienischen Gründen auf einen ausreichend luftigen Bürstenständer und schütteln Sie die Bürste nach dem Ausspülen vor dem Einparken kräftig aus.
- Vollbewegliche Bürsten aus weichem, elastischem Vollkunststoff oder traditionelle Bürsten mit beweglichen Bürstenköpfen passen sich den Biegungen besser an.
- **Kalkablagerungen in der Toilette** entstehen im Becken und an der Einlauf-

stelle des Spülwassers durch Verdunsten des Wassers – je seltener die Toilette benutzt wird, desto schneller. Zur Entfernung reicht Essigsäure oder Zitronensäure. Kalkränder unter dem Rand werden mit in Säure getränktem Toilettenpapier (einige Zeit einwirken lassen) aufgeweicht.
- Ist der Kalkschleier bereits mit organischem Schmutz vermischt, reicht Säure alleine nicht mehr aus. Empfehlenswert sind dann säure- und tensidhaltige Sanitär- oder WC-Reiniger.
- Lassen Sie, während der WC-Reiniger einwirkt, die Toilette ganz offen, damit es zu keinen Verfärbungen der Brille und des Deckels von unten und zu Korrosionen an den Scharnieren durch die Reinigungsmitteldämpfe kommt.

MEIN SPEZIELLER TIPP

Immer wieder werden Colagetränke zur Reinigung von Toiletten empfohlen. Cola enthält als Säuerungsmittel Phosphorsäure, aber der Gehalt liegt mit 0,5 g/l überraschend niedrig. Also warum wegen einer so geringen Säuremenge die Kläranlage mit über 10% Zucker belasten? Zudem kann der enthaltene Zuckercouleur als Farbstoffkomponente zu Verfärbungen führen.

- Bei Verfärbungen des Toilettenbeckens können Sie ab und zu zwei bis drei Gebissreiniger-Tabletten oder spezielle WC-Tabs einwirken lassen.

- Extrem dicke Kalkkrusten können durch Säuren oft nicht sofort entfernt werden. Kratzen Sie die Beläge zuerst mit einer Kunststoffspachtel oder einem Bimsstein/Lavastein vorsichtig an. Bei dicken Belägen zunächst das stehende Wasser aus der Toilette mit alten Lappen aufsaugen.
- **Häufig handelt es sich aber bei den Belägen im Ablauf um Urinstein.** Er bildet sich aus Wasser und stehendem Urin. Auch an nicht ganz entfernten Kalkbelägen tritt verstärkt Urinsteinbildung auf. Auf dem Urinstein siedeln sich dann noch mehr Bakterien an, die Urinsteinkrusten wachsen und wachsen und beschleunigen die Verstopfung von Abwasserrohren. Deshalb Urin immer nachspülen, auch nachts nicht in der Toilette stehen lassen. Urinstein lässt sich nur mit sehr starken WC-Reinigern, speziellen Urinsteinlösern, Zementschleierentfernern oder 15 %-iger Salzsäure entfernen. Auch bei Urinstein lohnt sich vor der Säurebehandlung das Ankratzen mit einem Bimsstein.

Entfernung von Tierhaaren

Auch gut gestriegelte Hunde und liebevoll gebürstete Katzen verlieren täglich viele Haare. Da Tierhaare ganz unterschiedlich aufgebaut sind, muss jeder ganz individuell für sein Tier die beste „Enthaarungs-methode" für den Wohnraum finden.

HINWEIS

Je glatter der Stoff, je dich-ter gewebt und je mehr ver-zwirnt die Garne sind, desto weniger Haftung und desto leichter sind die Haare zu ent-fernen. An Wollfasern bleiben wegen der schuppenförmigen Struktur Tierhaare besonders gut hängen. Besser verhält sich Baumwolle, vor allem mercerisierte Baumwolle. Noch weniger Haftung zeigen Seide, Viskose oder die ganz glatten synthetischen Endlos-fasern. Jede elektrostatische Aufladung begünstigt die Haf-tung von Tierhaaren.

Entfernung von glatten Böden

Schnell und gründlich klappt es mit dem Staubsauger und der Hartbodendüse. Kontrollieren Sie immer mal wieder Düse, Rohr und Schlauch auf Haarknäuel. Ruck-zuck geht es mit sogenannten Tro-cken-Moppbezügen aus gekräuselter Mikrofaser.

Ein normaler Borstenbesen ist nicht so gut geeignet. Er verteilt mehr, als er entfernt. Vor allem auf Synthetikböden wie PVC oder Laminat sind die Haare wegen der elektrostatischen Aufladung ständig auf der Flucht vor den Borsten. Besser sind Besen mit Gummi-Borsten, die Haare und Fäden gut aufnehmen, aber Feinstaub gerne „übersehen". Besen mit Schaumstoffbesatz säubern zwar gründlich, aber am Rand und in den Ecken nehmen sie es nicht so genau. Sie gleiten zudem etwas schwer über Flächen.

Entfernung aus Teppichen

Saugen mit einer einfachen Teppichdüse ist nicht sehr effektiv. Für Haushalte mit vielen Teppichen und Haustieren lohnt sich die **Anschaffung einer Elektrobürste,** denn die rotierende Bürstenwalze nimmt die Haare rasch auf. Wenn Ihr Staubsau-ger keinen Anschluss für eine Elektro-bürste hat, greifen Sie zu einer Turbodü-se. Sie kann immer verwendet werden, da sie vom Luftstrom angetrieben wird. Zwischendurch können die Haare auch mit einem einfachen Schrubber entfernt werden. Das geht schneller und beque-mer als mit einer Teppichbürste.

Entfernung von Stoffpolstern

- Die Polsterdüsen vieler Staubsauger haben einen schmalen Streifen aus grobem Mikrofaserflor. Diese Streifen laden sich elektrostatisch auf und können so Tierhaare gut binden. Noch besser klappt es mit speziellen Haar- und Fusselbürsten, die rundum mit Mikrofaserflor besetzt sind.

- Es gibt eine Vielzahl von kleinen Tier-haarentfernern, die fast alle nach dem gleichen Prinzip arbeiten: Gummiartige Kämme entfernen durch Druck und Ziehen die im Polster haftenden Haare.

- Beliebt sind auch „klebrige" Fusselrol-len. Sie werden anschließend einfach mit Wasser abgewaschen und nach dem Trocknen sind sie wieder einsatz-bereit. Diese Rollen sind etwas nach-haltiger als die abziehbaren Klebefoli-enrollen.

- An einem angefeuchteten Mikrofaser-tuch bleiben viele Haare hängen, denn oft entsprechen die Faserabstände in Mikrofasern genau den Abmessungen der Haare.

- **Gut funktioniert das Abreiben mit einem feuchten, genoppten Gummi-handschuh.** Auch ein Pad-Schwamm nimmt viele Haare auf, doch achten Sie bitte auf die Farbe des Pads. Je dunkler, desto kratziger. Reiben Sie zur Scho-nung der Stoffe nur in Florrichtung.

Spielzeug reinigen

Egal, ob großes oder kleines Kind – Spielzeug muss viel mitmachen. Die meisten Strapazen haben die geliebten Kuscheltiere und Puppen auszuhalten und so mancher alte, liebevoll gehütete Begleiter aus Kindheitstagen schämt sich ob seines schmuddeligen Aussehens. Hier finden Sie Tipps, wie die persönlichen Lieblinge auch ohne Puppen- oder Bärendoktor wieder einen guten Eindruck hinterlassen.

Vinylpuppen

- Hartkörperpuppen sind komplett aus Vinyl und diese können ein Vollbad nehmen.
- Bei Schlafaugen das Gesicht nur abwaschen, um den Schließmechanismus nicht zu beschädigen.
- Weichkörperpuppen haben einen Körper aus Stoff und nur der Kopf sowie Teile der Arme und Beine sind aus Kunststoff. Diese Pupen nicht vollständig ins Wasser tauchen, da der durchnässte Körper trotz Granulatfüllung nur langsam trocknet. Es kann zu Schimmelbefall im Innern kommen. Sie können die ganze Puppe mit aufgeschäumtem Colorwaschmittel abreiben, die Vinylteile können noch intensiver mit einem Kunststoffreiniger gesäubert werden. Mehrmals mit klarem Wasser abreiben und den Stoffkörper gut trocknen lassen.
- Problematisch sind die „Verschönerungsversuche" der Kinder mit Filzstiften. Die Farbe diffundiert rasch in den weichen Kunststoff und ist nur unmittelbar nach der Bemalung mit Spiritus oder Isopropanol entfernbar. Aber die Intensität der Bemalung lässt im Laufe der Zeit etwas nach, da sich die Farbe mehr verteilt.
- Puppenhaare können mit Shampoo und lauwarmem(!) Wasser gewaschen werden. Da die Haare oft schlecht zu kämmen sind, kann ich **für die Kunststoffhaare eine „Haarspülung" mit herkömmlichem Wäscheweichspüler (1:20 verdünnt)** empfehlen. Das ver-

mindert auch die elektrostatische Aufladung der Haare. Die Haare nur an der Luft trocknen lassen, nicht föhnen. Keinen Lockenstab verwenden, sondern die Lockenpracht durch Lockenwickler herbeiführen. Wenn Kurzhaarfrisuren in alle Richtungen abstehen, einfach während des Trocknens einen Perlonstrumpf über den Kopf ziehen.

Waschbare Kuscheltiere

Kuscheltiere werden heute überwiegend aus waschbarem Plüsch (Synthetik, Baumwolle, Wollmohair) und einer Füllung aus Schaumstoffzuschnitten und Synthetikwatte hergestellt. Trotzdem, waschen Sie nur, wenn die Teile als waschbar ausgewiesen sind. Denn oft sind es Kleinigkeiten wie Brummstimmen, Gelenkfedern oder nicht waschfeste Farben, die das Ergebnis verderben.

- Handwäsche mit einem Wollwaschmittel geht immer, doch sollten Sie die Teile anschließend sehr gut mit Handtüchern abfrottieren. Denn wenn die Tiere zu langsam trocknen, können unangenehme Gerüche entstehen.

Trocknen Sie sie trotzdem nicht auf der Heizung und nicht in der Sonne. Im Innern entsteht sonst viel feuchtwarme Luft, die aus der kompakten Form nicht rasch genug entweichen kann. Es droht Schimmelgefahr.

MEIN SPEZIELLER TIPP
Setzen Sie die Lieblinge zum Trocknen vor einen Ventilator. Das erspart Ihnen auch das Aufbürsten des Flors während des Trocknens.

- Einige moderne Waschmaschinen haben ein Spezialprogramm für Kuscheltiere. Sie können die Tiere aber auch in jeder anderen Waschmaschine mit einem Seidenwaschprogramm (max. 1 kg Füllgewicht/6 kg Trommel) bei 40 °C mit einem zusätzlichen Spülgang und Kurzschleudern bei 600–900 U waschen. Packen Sie die Tiere zum Schutz der Glasaugen einzeln in Wäschenetze. Etwas Weichspüler verhindert die unangenehme elektrostatische Aufladung bei intensivem Spiel. Kurzes Aufplustern im Wäschetrockner bei niedriger Temperatur macht das Fell sehr flauschig.

Nicht waschbare Kuscheltiere

Alte, meist feste Stofftiere und alle Repliken dürfen nie durchnässt werden. Denn sie haben im Innern Drahtgestelle, eine Stroh- oder Holzwollefüllung und Gelenke mit Pappscheiben. Trotzdem können auch sie wieder richtig fein daher kommen.

- Regelmäßiges Absaugen und Ausbürsten ist durchaus hilfreich und eine kleine Fellpflege mit Tierhaarbürsten bekommt auch Kuscheltieren.
- Zum Entfernen von haftendem Schmutz können Sie **das Tier ab und zu mit einem feuchten Mikrofasertuch und destilliertem Wasser abreiben.** Das Fell nicht durchnässen, sondern lieber zwischendurch trocknen lassen und nochmals abreiben. Während des Trocknens immer wieder zunächst gegen den Strich und dann mit dem Strich bürsten.
- Eine intensivere Reinigung erzielen Sie mit trockenem Teppich- oder Polsterschaum. Achten Sie bei Mohairstoffen auf ein Produkt, dass auch für Wollfasern geeignet ist.

MEIN SPEZIELLER TIPP

Was tun bei Milben oder Motten? Machen Sie den unerwünschten Begleitern durch einen Kälteschock den Garaus. Packen Sie alles in ganz dichte Gefrierbeutel, es darf keine Feuchtigkeit eindringen. Lassen Sie die Teile mindestens 14 Tage in der Gefriertruhe im Kälteschlaf. Nach dem Auftauen werden sie gründlich abgesaugt und gebürstet.

Unbehandelte Holzbausteine

Das Waschen in der Waschmaschine oder gar eine Desinfektion mit Dampf ist nicht möglich, da das Holz aufquillt.

- Immer nur rasch in lauwarmem Wasser abspülen. Mit einem Tuch sofort trocken wischen und von allen Seiten gut trocknen lassen.
- Gründlicher können Sie den Schmutz mit einem Topfschwamm oder einer

warmen 2 %igen Sodalösung entfernen. Schnell klar waschen und nach dem Trocknen kurz mit einem Schleifpapier glätten.

- Die Oberfläche naturbelassener Holzbausteine wird durch die Behandlung mit einem Möbel-Hartöl geglättet, die Spielsteine verschmutzen dadurch weniger. Achten Sie unbedingt auf die Zulassung des Öles für Kinderspielzeug.

Lackierte Holzbausteine oder Holzspielzeug

Die heutigen Lacke entsprechen der EU-Spielzeugverordnung und sind speichelfest. Deshalb können die Teile ohne Weiteres kurz gespült und abgerieben werden. Aber der Lack kann absplittern. Damit es zu keiner Verletzung kommt, wird Spielzeug aus lackiertem Holz immer wieder kontrolliert. Falls Sie schadhaften Lack entdecken, mit einem grobem Schleifpapier abschleifen und mit einem geeigneten Spielzeuglack ausbessern.

Plastikbausteine und -figuren

Egal, ob Systembausteine oder Systemspielfiguren, sie finden sich in jedem Kinderzimmer und meist in großer Anzahl. Gute Markenprodukte bestehen aus qualitativ hochwertigen Kunststoffen wie ABS oder neuerdings auch aus Polycarbonaten. Die Farbpigmente sind stabil in die Kunststoffe eingelagert. Allerdings liegt die Temperaturstabilität nur bei ca. 85 °C.

- Zuerst alle Bemalungen und starke Verkrustungen mit Scheuermilch, Schmutzradierer oder Putzstein abreiben.
- Plastikteile mit Metallanteilen immer nur von Hand reinigen, damit sich kein Rost bildet.
- Natürlich können Sie alles einzeln abreiben oder ein Wannenbad machen, aber rationeller ist für viele kleine Teile die Waschmaschine. Packen Sie alles

in doppelte Wäschenetze. Schonender und sehr viel leiser ist ein Sack aus Frottierstoff. Geben Sie als Puffer noch einige Frottiertücher in die Trommel. Waschen Sie bei 40 °C im Seidenprogramm, denn dieses hat die geringste Waschmechanik. Wählen Sie zur Schonung der Teile die Stellung „ohne Schleudern" und nehmen Sie ein flüssiges Colorwaschmittel, dieses entfettet besser als ein Feinwaschmittel.

- Sehr rationell, schonender und wesentlich leiser ist die **Reinigung in der Spülmaschine.** Hier können Sie auch sowohl unterschiedlich große als auch empfindlichere Teile reinigen, die in der Waschmaschine zerbrechen würden. Wählen Sie ein Glasprogramm, denn in einem Normalprogramm können die Temperaturen beim Trocknen zu hoch werden. Geben Sie die kleinen Teile in gitterartige Wäschenetze, die großen Teile können wie Geschirr in den oberen Körben eingeordnet und mit Gittern fixiert werden. Verwenden Sie aber **kein Maschinenspülmittel,** da der alkalische pH-Wert die Oberflächen aufrauen würde und durchsichtige Teile trüb werden könnten. Dosieren Sie stattdessen 10 ml Klarspüler in das Spülmittelfach. Die Mittel enthalten schaumarme Tenside! Handspülmittel sind nicht geeignet, da die Schaumberge der Pumpe schaden können und die Sprüharme zu wenig bewegt werden. Falls Sie ansonsten mit Multifunktionstabs spülen, sollten Sie etwas Klarspüler auffüllen und auf mittlere Dosierung einstellen. Und falls Salz eingefüllt ist, aktiveren Sie bitte die Ionenaustauscheranlage und stellen Sie sie auf den passenden Härtegrad ein. Wenn kein Salz eingefüllt ist, reinigen Sie nicht mehrere Maschinen mit Spielzeug hintereinander, da sich sonst ein Kalkbelag aufbaut.

Zuschauer fragen – Frau Frank antwortet

WIE ENTFERNE ICH KLEBSTOFFRESTE VON KUNSTSTOFFRAHMEN?

FRAU A. K. AUS DRESDEN

Wir haben von den Fliegenschutzgittern Rückstände vom Klebstoff auf den weißen Kunststoffrahmen. Wie kann man diese schonend entfernen?

Frau Frank rät...

Die meisten Haftkleber sind zunächst wasser- oder alkohollöslich, aber durch die Wechselwirkungen zwischen den Weichmachern im PVC-Fensterprofil und denen im Klebeband verändern sich die Eigenschaften. Zudem entstehen durch das UV-Licht gelbe Ränder.

Oft sind mehrere Versuche notwendig:

Mit Schwamm vornässen, dann leicht föhnen, um den Klebstoff wieder elastischer zu machen, und mit einer sehr flach gehaltenen Glaskeramikschaberklinge über die Flächen ziehen. Die Klinge darf aber keinerlei Macken haben, sonst gibt es Kratzer. Lohnenswert ist auch ein vorsichtiger Versuch mit einem harten Radiergummi, einem Schmutzradierer oder einem Bimsstein.

Reiben Sie den Rahmen kräftig mit Spiritus, Waschbenzin oder einem fertigen Etikettenentferner ab. Stärkere Lösemittel wie Nitroverdünnung, Nagellackentferner oder Aceton könnten erfolgreicher sein, aber der Kunststoff kann angegriffen werden.

Falls das Ergebnis noch unbefriedigend ist, gibt es von einigen Fensterbauern spezielle Kunststoffreiniger für weiße Rahmen. Dadurch können die gelben Flecken vermindert werden.

WIE ENTFERNE ICH FLIEGENKOT?

FRAU I. R. AUS ROTH

Meine Lampenschirme aus Wildseide zeigen kleine, punktförmige, schwarze „Hinterlassenschaften" von Fliegen. Wie kann ich diese möglichst schonend entfernen?

Frau Frank weiß Rat...

Die trockenen Hinterlassenschaften lassen sich meist mit einer feinen Nadel etwas lockern/abheben und dann absaugen oder mit einem Föhn (Kaltluft) wegblasen. Oder testen Sie ganz vorsichtig einen nur leicht angefeuchteten Schmutzradierer.

Aber der Radierer darf wirklich nur ganz wenig feucht sein, damit die Flecken nicht zerfließen. Ein Reinigungsmittel möchte ich Ihnen bei Seide aus der Ferne nicht empfehlen, da es leicht Ränder gibt und die im Licht dann gut sichtbar sind.

HILFE, MEINE TEPPICHFRANSEN WERDEN GRAU!

FRAU B. F. AUS WARENDORF

Wie bekomme ich die hellen Fransen an meinen Teppichen wieder sauber? Den Teppich reinige ich regelmäßig, aber die Fransen werden immer grauer.

Frau Franks Tipp...

Die Fransen sind aus ganz locker gezwirnter Baumwolle mit offenen Enden und darin können sich Staub und Pigmentschmutz sehr gut einlagern. Sie können mit der üblichen Schaumreinigungsmethode und Bürsten nur eine leichte Besserung erreichen. Hier ist aber ganz wichtig, dass die Fransen nach jeder Reinigung nicht zu lange feucht bleiben, da Baumwolle häufig „verbräunt". Bei einer Pulverreinigung mit den üblichen Teppichreinigungspulvern bleibt viel Restpulver zwischen den Fasern gebunden und das erhöht die Staubbelastung im Raum.

Bedenken Sie auch bei allen Reinigungsversuchen, dass die Fransen die Basis, die Kettfäden, Ihres Teppichs sind. Deshalb sollten Sie zu Hause keine scharfen Reinigungsmittel oder Bleichmittel anwenden, sie könnten in den Teppich hineinwandern und die Wolle schädigen oder verfärben. Vermeiden Sie auch kräftiges Bürsten (was aber für diesen Schmutz durchaus

notwendig wäre!), da die Baumwolle nicht so stabil ist. Selbst bei einer professionellen Teppichwäsche können die Profis durch eine vorsichtige Bleichung oft keine ausreichende Wirkung erreichen. Eventuell neigen die gebleichten Fransen auch zum Brechen und deshalb werden die Fransen dort je nach Haltbarkeit auch oft erneuert.

WIE ENTFERNE ICH HARTNÄCKIGE KALKSTREIFEN?

FRAU A. D. AUS HAMBURG

Außen an den Fenstern meiner Mietwohnung sind längs mehrere hartnäckige Kalkstreifen. Mit Essigreiniger und mit Zitronensäure habe ich diese hässlichen Streifen nicht wegbekommen. Früher habe ich schon einmal ein Fenster in einer Mietwohnung durch Scheuern ruiniert, das möchte ich vermeiden.

Frau Frank empfiehlt ...

Wenn die Streifen mit Säuren nicht entfernbar sind, handelt es sich nicht mehr um normale Kalkablagerungen. Kalk oder, was wahrscheinlicher ist, der Mineralputz aus der Fassade hat das Glas bereits angeätzt. Profis arbeiten da mit feinstem Bimsmehl/Bimspuder (evtl. aus der Apotheke). Eine andere Möglichkeit wäre eine Glas- oder Autoglasscheiben-Politur aus dem Fachhandel oder testen Sie Schlämmkreide (Wiener Kalk). Wiener Kalk ist nicht so leicht erhältlich, ich habe ersatzweise „gefälltes Calciumcarbonat" aus der Apotheke erworben. Wie Sie ja schon aus eigener Erfahrung wissen, sind Scheiben ganz rasch verdorben. Wenn Sie eine Politur machen, nehmen Sie bitte dazu weiche Baumwolltücher und keine Mikrofasertücher, das kann zusammen mit der Politur zu abrasiv sein.

WIE ENTFERNE ICH KNETMASSE?

FRAU R. R. AUS BAYREUTH

Mein Enkel hat im Wohnzimmer mit Knete gespielt, es sind Krümel auf den Teppich gefallen. Wie bekomme ich die Knete wieder ab?

Frau Frank weiß ...

Die meisten Knetmassen werden wie Kaugummi in der Kälte hart und bröckelig. Legen Sie einen in ein Tuch eingewickelten Eis-Akku auf die Flecken und bearbeiten Sie dann den Teppich mit einem Plastikspatel, einem Bimsstein oder grobem Schleifpapier und saugen Sie die Krümel nebenbei sofort auf.

WIE GLÄNZT MEIN MINERALGUSS-BECKEN WIEDER SCHÖN?

HERR A. S. AUS KIEL

Wir haben ein Mineralguss-Waschbecken, welches ich fast jeden Tag mit einem Essigreiniger sauber mache. Ein oder zweimal im Jahr soll man das Waschbecken mit normaler Autopolitur behandeln. Aber an bestimmten Stellen gibt es nun stumpfe Stellen. Ich kann machen was ich will, die Flächen bleiben stumpf. Der Hersteller hat mir sein Poliermittel empfohlen. Auch das hilft nicht. Haben Sie noch einen anderen Rat?

Frau Frank rät ...

Mineralguss ist ein sehr empfindliches Material – nur wird das beim Kauf meist verschwiegen. Für ein selten benutztes Waschbecken in einem Gebiet mit weichem Wasser ist es akzeptabel, aber ein täglich benutztes und gereinigtes Waschbecken wird bald Abnutzungsspuren zeigen. Es ist absolut nicht vergleichbar mit (den wesentlich teureren) Mineralwerkstoffen! Ist diese tägliche Reinigung mit Säure notwendig oder reinigen Sie gar mit Mikrofasertüchern?
Nach meinen Erfahrungen kann das „Gelcoat" (das ist die Schicht, auf die der Mineralguss gegossen wird) kaum mehr auf vollen Glanz poliert werden. Autopolitur ist neben den Eigenmarken der Hersteller die allgemeine Empfehlung. Was Sie eventuell noch versuchen könnten, wäre eine Acrylglaspolitur, wie sie zum Beispiel auch für Motorradvisiere angeboten wird. Einige Hersteller empfehlen auch eine milde Polierpaste, Polierwatte, eine Glaskeramik- oder eine Silberpolitur. Zusätzlich könnten Sie nach der Politur auch noch ein Autowachs auftragen, allerdings wird das durch warmes Wasser und Seifen sehr rasch wieder abgespült.

81

Richtige Pflege für

Kleidung, Wäsche und Accessoires

In diesem Kapitel finden Sie Hinweise zur Pflege von Textilien. Diese habe ich meist mit einer kleinen Warenkunde und mit Tipps zum Einkauf ergänzt. Denn die richtige Wahl beim Kauf erleichtert die Pflege und den Pflegeaufwand.

Probleme mit der Wäsche sind immer die Spitzenreiter bei Ihren Fragen zum Haushalt, die mir gestellt werden. Das ist auch verständlich, denn den Misserfolg Ihrer Bemühungen können Sie ganz rasch erkennen …

In Band 1 „Das ARD-Buffet Haushalts 1x1" finden Sie eher Basiswissen zur Wäschepflege, hier in Band 2 ist endlich Platz für spezielle Wäsche und Stoffe! Und auch für Ihre täglichen Accessoires, von Brille über Handtasche bis Stiefel, finden Sie Pflegehinweise. Denn auch die wollen sauber und gepflegt von Ihnen ausgeführt werden.

Wäschevorbehandlung

Wäschevorbehandlung durch Vorwaschen und Einweichen ist doch völlig out! Stimmt, in den meisten Fällen reicht für leicht oder mäßig verschmutzte Wäsche ein einfaches Waschprogramm aus. Aber es gibt Waschaufgaben, bei denen Sie durch eine gezielte Vorbehandlung zu verbesserten Waschergebnissen kommen.

Vorwäsche

Nur noch in ganz wenigen Haushalten werden ab und zu Vorwaschprogramme genutzt. Dank besserer Waschmittel und Waschmaschinentechnik reicht in den meisten Fällen ein Hauptprogramm aus – egal, ob Normal- oder Pflegeleichtprogramm.

Aber Vorwäschen bereiten auf die Hauptwäsche vor! Sie können, obwohl sie kalt und mit wenig Waschmittel innerhalb 20 Minuten durchgeführt werden, das Waschergebnis in einigen Fällen verbessern. Nach Ablauf der Vorwäsche wird nur abgepumpt und nicht geschleudert, sondern sofort mit der Hauptwäsche gestartet.

WANN LOHNT EINE VORWÄSCHE?

- Eine Vorwäsche lohnt bei **stark verschmutzter Wäsche mit viel Pigmentschmutz** wie Metallabriebe, Erde, Staub oder Sand. Die Vorwäsche entfernt einen Teil des Schmutzes, damit die Schmutzfracht in der Waschflotte bei der anschließenden Hauptwäsche geringer wird. Besonders bei sandverschmutzter Sportkleidung oder erdverschmutzter Gartenkleidung lohnt sich dieses Vorwaschen, da der scharfkantige Sand in der längeren Hauptwäsche die Fasern beschädigen und aufrauen kann. Ein einfaches Vorspülen mit Wasser ist nicht so effektiv, da diese schweren Schmutzteilchen von den waschaktiven Stoffen besser in der Waschflotte getragen und ausge-

spült werden. Geben Sie von der empfohlenen Gesamtdosierung des Waschmittels für stark verschmutzte Wäsche rund 20–30 % in die Kammer für das Vorwaschmittel, der Rest kommt in die Hauptwäsche. Bei flüssigen Produkten brauchen Sie einen Einsatz speziell für Flüssigwaschmittel, damit das Waschmittel nicht vorzeitig einläuft.

- Putzlappen, Wischtücher und Wischmopps enthalten neben Schmutz erhebliche **Rückstände von Reinigungs- und Pflegemitteln.** Diese können zusammen mit Waschmittel bei der Hauptwäsche zu unerwünschten Reaktionen und zu einem Überschäumen der Waschmaschine führen. Deshalb wird hier eine Vorwäsche ohne Waschmittel durchgeführt. Die Ablösung der

Pflegemittel kann aber durch eine geringe Menge Soda (1 Esslöffel) verstärkt werden.

- **Gardinen** werden normalerweise zur Vermeidung von Knitterfalten nur kurz gewaschen. Damit die großen Teile aber rasch gleichmäßig nass werden, empfehle ich eine Vorwäsche ohne Waschmittel zur besseren Benetzung der Gardinen. Dieses Vorspülen mit Wasser entfernt auch den aufliegenden Staub. Damit wird verhindert, dass der Staub beim Hauptwaschgang in die Gitterstrukturen hinein gewaschen wird. Manche Waschmaschinenhersteller haben in die Gardinenprogramme bereits dieses Vorspülen mit Wasser einprogrammiert. Schauen Sie in die Betriebsanleitung.

- Die bessere Benetzung durch eine Vorwäsche nur mit Wasser empfehle ich auch für **dicke schwere Teile wie Wolldecken.** Das sich anschließende kurze Wollprogramm kann dann sofort mit der Reinigung beginnen.
- Machen Sie keine Vorwäsche, wenn sich in der Waschmaschine auch stark verkeimte Wäsche (Unterwäsche, Strümpfe oder Geschirrtücher) befindet. Hier könnte während der Vorwäsche eine Verteilung und Vermehrung der Keime stattfinden. Deshalb besser gleich zügig mit mehr Waschmittel und höherer Waschtemperatur im Hauptwaschgang arbeiten.

Einweichen

In den Zeiten vor der Waschmaschine war das Einweichen ein gängiges Waschverfahren für Baumwolle und Leinen. Die stark verschmutzte Wäsche aus Baumwolle wurde schon am Vorabend mit etwas Soda und Seife kalt eingeweicht. Bei stark verschmutzter oder fleckiger Wäsche lohnt sich auch heute noch das Einweichen. Es verbraucht nicht mehr Energie, Wasser oder Waschmittel – es kostet nur Zeit.

- Sie können die besonders stark verschmutzten Wäschestücke **in einem Eimer** mit einem Teil der Waschmittelmenge einweichen. Achten Sie darauf,

dass das Waschmittel ganz gelöst ist, bevor Sie die Wäsche dazugeben. Einfacher ist es deshalb mit einem Flüssigwaschmittel. Falls Sie die Waschkraft mit einem Esslöffel Soda verstärken wollen, sollte auch das Sodapulver vorher gut gelöst werden. Nach einigen Stunden geben Sie die Wäsche mit der ganzen Einweichlauge in die Waschmaschine, füllen die Waschmaschine mit weiteren Wäschestücken und dosieren den Rest des Waschmittels.

- Einfacher geht es **in der Waschmaschine:** Wählen Sie das gewünschte Hauptwaschprogramm und füllen Sie bereits jetzt die ganze Waschmitteldosierung in die Einspülkammer. Starten Sie das Programm, lassen Sie das Wasser einlaufen und das Waschmittel einspülen. Nach 5–10 Minuten ist das pulverförmige Waschmittel gelöst und die Wäsche gleichmäßig benetzt. Stellen Sie jetzt die Maschine für einige Stunden ab, beim Wiederanschalten läuft das Programm weiter.
- Komfortabler ist eine Waschmaschine mit einem Einweichprogramm, das einigen Programmen vorangeschaltet werden kann. Hier haben Sie den Vorteil, dass während der Einweichphase die Trommel ab und zu bewegt wird. Diese Trommelbewegung verbraucht nur ganz wenig Energie. Allerdings gibt es auch Maschinen, die während des Einweichens auf 30 °C aufheizen.

WANN LOHNT EINWEICHEN?

Cellulosefasern quellen in der alkalischen Waschlauge besser auf und geben dadurch fest haftenden Schmutz wie Pigmente ab. Das führt besonders bei dicken Stoffen wie **Frottierwaren und Trikotstoffen** zu besseren Waschergebnissen. Keinen Effekt erzielen Sie bei Synthetikfasern, da diese lipophilen Fasern in Wasser nicht aufquellen.

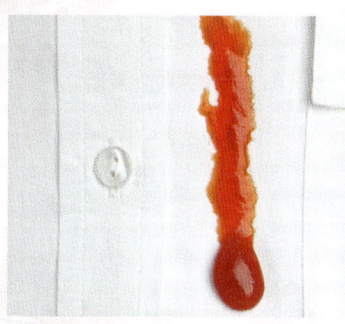

- **Einweichen erleichtert die Entfernung von Eiweiß-, Blut-, Fett- und Stärkeflecken.** In Color- und Vollwaschmittel sind Enzyme enthalten, die auch in kaltem Wasser arbeiten und die Flecken enzymatisch abbauen.
- Intensive gealterte Flecken von natürlichen Farbstoffen aus Obst und Gemüse oder Kaffee sind aus Buntwäsche nicht einfach zu entfernen. Wenn Sie mit der Fleckenentfernung unzufrieden sind, können Sie die fleckigen Teile zunächst mit einem Colorwaschmittel plus die halbe Normaldosierung eines sauerstoffabspaltenden Fleckengels oder einer Flüssigbleiche einweichen. Verwenden Sie kein pulverförmiges Bleichmittel, denn wenn es sich zu langsam löst, kommt es zu Bleichflecken auf der Buntwäsche. Weichen Sie die Teile für maximal drei Stunden ein und geben Sie dann zum Hauptwaschgang nochmals die halbe Dosierung des Bleichmittels dazu.
- **Wolle und Seide werden nie eingeweicht,** auch nicht mit Wollwaschmittel, da die Eiweißfasern durch das Aufquellen beschädigt werden können.

Wasch- und Wäscheprobleme

Nicht immer kommt die Wäsche so sauber und gepflegt wie gewünscht aus der Waschmaschine. Die Oberfläche ist voller Schlieren und Fusseln oder kleine Knötchen „schmücken" die Oberfläche — und manche erholsame Ayurvedamassage hinterlässt schmierige Rückstände auf der Wäsche.

Fettverschmutzte Wäsche

Es gibt zahlreiche Ursachen für viel Fettschmutz auf der Wäsche! Da ist zunächst die Berufs- und Küchenwäsche. Aber auch Massageöle, Behandlungen mit medizinischen oder kosmetischen Cremes oder reichlich aufgetragener Sonnenschutz hinterlassen ölig-fettige Spuren.

WORAN ERKENNEN SIE UNGENÜGENDE FETTENTFERNUNG?

- Die Wäsche fühlt sich schmierig an.
- Bei hellen Teilen wird die Farbe immer dunkler.
- Die Wäsche riecht unangenehm ranzig, da der fettige Restschmutz allmählich oxidiert wird.
- Sie entdecken nach dem Waschen Fettläuse (kleine dunkle, schmierig fettige Partikel auf der Wäsche).
- In der Waschmaschine baut sich ein schmieriger Belag auf.

FETTVERSCHMUTZTE WÄSCHE RICHTIG WASCHEN

- **Waschen Sie so heiß wie möglich in einem Vollprogramm,** da die Ablösung des Fettschmutzes durch Temperatur und Mechanik verstärkt wird.
- Machen Sie die Waschmaschine nicht ganz voll, damit die große Schmutzfracht vollständig ausgespült wird.
- Wählen Sie für Baumwolle und Synthetik unbedingt ein alkalisches Waschmittel, also Voll- oder Colorwaschmittel.
- **Bei viel Fettschmutz haben Flüssig- oder Gel-Waschmittel Vorteile.** Diese

Waschmittel enthalten Seifen zur Wasserenthärtung, Pulver dagegen enthärten mit Salzen. Deshalb ist in Flüssigprodukten der Anteil der waschaktiven Substanzen zwei- bis dreimal so hoch. Damit wird der Fettschmutz besser entfernt. Allerdings belasten sie damit das Abwasser mehr! Aber besser einmal richtig waschen als das Ganze wegen schlechter Ergebnisse wiederholen.

- Dosieren Sie Ihr Waschmittel bei wenig Fettschmutz für eine mittlere Verschmutzung. Viel Fettschmutz braucht die Dosierung „stark verschmutzt."
- Sie können Waschmittel sparen und eine Dosierung für „leicht verschmutzt" wählen, wenn Sie stattdessen 20–30 g Soda (2–3 Esslöffel) zur Hauptwäsche dazu geben. Soda hat zwar keine Waschkraft, aber es enthärtet das Wasser und damit stehen die Seifen in den Flüssigwaschmitteln voll für die Schmutzentfernung zur Verfügung. Zudem reagiert Soda stark alkalisch und kann in der warmen Waschflotte Fettschmutz teilweise aufspalten und wasserlöslich machen.
- Wolle und Seide dürfen nicht mit alkalischen und enzymhaltigen Voll- und Colorwaschmitteln gewaschen werden. Falls das Waschen mit einem Wollwaschmittel bei viel Fettschmutz nicht ausreicht, hilft eine kurze(!) Vorbehandlung mit flüssiger Gallseife oder einem Vorwaschspray gegen Fettschmutz, sofern die Produkte für Wolle und Seide ausgewiesen sind.

MANCHMAL GEHT ES NICHT OHNE VORBEHANDLUNGEN

- Handspülmittel sind sehr gute Fettschmutzlöser, doch können sie wegen der starken Schaumbildung in der Waschmaschine nicht direkt eingesetzt werden. Aber Sie können die Wäsche außerhalb der Waschmaschine zunächst einweichen. Geben Sie auf 10 l heißes Wasser 30 ml Geschirrspülmittel. Nach zwei Stunden zweimal mit Wasser durchspülen, dann in der Waschmaschine weiter waschen.
- **Bei stark verfetteter Baumwollwäsche lohnt Einweichen mit Soda.** Lösen Sie zunächst 20–30 g Soda in 10 l lauwarmem Wasser auf, umrühren und nach ca. 10 min geben Sie die Wäsche dazu. Einige Stunden einweichen lassen. Anschließend erreichen Sie mit einem Flüssigwaschmittel und einer geringeren Dosierung ein gutes Ergebnis.
- Synthetikfasern können in Wasser nicht aufquellen, deshalb bringt Einweichen nichts. Aber Sie können die Wäsche mit Gallseife vorbehandeln, 5–10 Minuten einwirken lassen und dann mit der übrigen Wäsche waschen.

Schlieren auf der Wäsche?

Es gibt sehr viele verschiedene Ursachen für Schlieren auf frisch gewaschener Wäsche und bei Zuschauer-Anfragen fällt mir eine Ferndiagnose nicht immer leicht.

- **Schlecht lösliche Pulver-Waschmittel:** Die meisten Waschmittel machen heute gut sauber, aber manche werden im Wasser schlecht gelöst. Das ist oft der entscheidende Vorteil hochwertiger Produkte. Diese Unterschiede zeigen sich vor allem auf dunkler Wäsche bei niedrigen Waschtemperaturen und Kurzprogrammen. Wechseln Sie das Waschmittel!
- **Ungenügendes Einspülen des Pulver-Waschmittels:** Kontrollieren Sie nach dem Einspülen das Waschmittelfach. Ist alles eingespült? Können Sie am Bullauge Pulverreste entdecken? Wenn nicht, überprüfen Sie den Wasserdruck, das Sieb am Einlaufschlauch und reinigen Sie die Waschmittelschublade und die Einspülwege. Testen Sie ein anderes Waschmittel, denn auch bei der Einspülbarkeit gibt es große Unterschiede. Oder verwenden Sie eine mitwaschbare Dosierkugel und platzieren Sie diese direkt in der Trommel.
- **Kalkablagerungen durch zu wenig Waschmittel:** Je höher die Wasserhärte, desto mehr Waschmittel ist für ein gutes Ergebnis notwendig, da Waschmittel Enthärtersubstanzen enthalten. Bei zu wenig Enthärter kommt es zur Abscheidung von schwerlöslichem Kalk – vor allem bei höheren Waschtemperaturen. Diese Kalkkristalle bilden staubige Beläge bis hin zu hellen Schlieren auf dunkler Wäsche.
- **Ablagerung von Kalkseifen durch zu wenig Waschmittel:** Bei jeder Waschtemperatur entstehen Kalkseifen, da in fast allen Waschmitteln Seifen enthalten sind. In Pulverwaschmittel verbessern sie den „Griff" der Wäsche, während sie in Flüssigwaschmittel reichlich als Enthärter eingesetzt werden. Seifen bilden mit Ca- oder Mg-Ionen sofort schwerlösliche Kalkseifen. Diese werden aber wieder dispergiert (in Lösung gehalten), wenn Sie das Waschmittel ausreichend und an die Wasserhärte angepasst dosieren. Deshalb kann es durchaus auch bei Flüssigwaschmittel durch Kalkseifen zu weißen Schlieren auf dunkler Wäsche kommen.

- **Schwerlösliche Enthärtersubstanzen in pulverförmigen Waschmitteln oder Enthärtern:** Viele pulverförmige Waschmittel und separate Enthärter arbeiten mit Zeolithen (Aluminium-Silikate) als Phosphatersatzstoff. Leider haben diese umweltfreundlichen Zeolithe auch Nachteile: Sie sind wasserunlöslich und bleiben bei vollen Waschladungen in modernen Waschmaschinen mit sparsamem Wasserverbrauch und hohen Waschmitteldosierungen mitunter auf der Wäsche liegen. Das sehen wir aber nur auf der dunklen Wäsche! Evtl. hilft ein zusätzlicher Spülgang oder Sie weichen bei dunkler Wäsche auf ein Flüssigwaschmittel aus. Wenn Sie bei hartem Wasser lieber das Waschmittel sparsam für weiches Wasser dosieren und dafür einen extra Enthärter zugeben wollen, wählen Sie am besten gelförmige Enthärter. In diesen Produkten sind keine Zeolithe, sondern leicht lösliche Inhaltsstoffe wie „Sodium Citrate, Sodium Polyacrylate" enthalten.
- **Schlechte Spülleistung der Waschmaschine:** Auch wenn Sie alles richtig machen – bei einer gut gefüllten Waschmaschine mit stark verschmutzter Wäsche und hartem Wasser können die erforderlichen Waschmittelmengen im wassersparenden Buntwäscheprogramm oft nicht mehr ausreichend ausgespült werden. Doch Waschmittelreste sind alkalisch, sie erhöhen die Staubbelastung und den Wäscheverschleiß! Deshalb zur Schonung der Haut, der Atemwege und der Wäsche bei vollen Maschinenladungen und höherer Waschmitteldosierung die Wasser-Plustaste verwenden oder einen zusätzlichen Spülgang machen. Dies ist umweltbewusster als die Maschine weniger voll zu machen!

ENTFERNUNG DER SCHLIEREN
Diese salzartigen Rückstände können von glatten Stoffen mit einer leicht angefeuchteten Bürste oder einem Tuch entfernt werden. Bei groben Stoffen macht es mehr Arbeit, deshalb eventuell nochmals mit Wasser spülen.

WEISSSCHEUERUNGEN
Bei nicht durchgefärbten Garnen wie Jeansstoffen oder bei bedruckten Stoffen werden durch die Reibung beim Waschen Farbstoffe von der Oberfläche abgescheuert. Der Abrieb verursacht helle Knickfalten, die Weißscheuerungen (Blanchissuren) genannt werden.
Diese unschönen Aufhellungen können Sie vermindern, wenn Sie:
- dunkle Wäsche auf links drehen.
- Wäschestücke mit vielen Nieten oder anderen Metallteilen zur Verringerung des Abriebs bei anderen Teilen im Wäschesack waschen.
- eine gemischte Waschladung aus großen und kleinen Teilen zusammenstellen.
- die Maschine nicht ganz voll machen.
- in einem Pflegeleichtprogramm waschen. Nehmen Sie kein Sparprogramm, denn bei verringertem Wasserstand erhöht sich die Reibung.
- ein Waschprogramm ohne Zwischenschleudern wählen.
- nur kurz bei 600–800 Umdrehungen schleudern.

Schluss mit Fusseln auf der Kleidung

Es passiert ganz schnell: dunkle Wäsche in der Waschmaschine gewaschen und mittendrin ein vergessenes Papiertaschentuch. Und nun ist alles voller Fusseln! Egal, ob vom Taschentuch oder von anderen stark fusselnden Teilen.

Was tun gegen Fusseln?

Auch sorgfältige Hausfrauen und versierte Hausmänner kennen mit feinsten Fusseln übersäte Wäsche. Es gibt viele Tricks, um diese fusselige Angelegenheit zu beseitigen. Doch weit effektiver ist die Vorbeugung!

WIE ENTSTEHT DER FUSSELLOOK?

Spitzenreiter sind die mitgewaschenen Zellstoffprodukte wie **Papiertaschentücher, Vliespapiere oder Wattestäbchen.** Auch Schulterpolster bei Blusen und Jacken können Fusseln abgeben.

- Wäsche als „Fusselmonster": Je einfacher die Qualität der Garne, je kürzer die versponnenen Fasern, je lockerer gewebt oder gestrickt, desto eher können einzelne Fasern aus dem Garn herausgelöst werden. Auch aufgeraute Stoffe wie Biberstoffe oder Stoffe mit einer besonderen Webart wie Frottier geben viele Fusseln ab und diese bleiben auf den anderen Stoffen haften. Besonders gut werden sie von kantigen Nylon- oder Perlonfasern gebunden.

- Fusseln aus vorhergehenden Waschladungen (Fleecestoffe, Putzlappen, Baumwollmopps...) werden über die Waschmaschinentrommel auf andere Wäscheteile übertragen.

FUSSELBILDUNG VERMINDERN

- Kontrollieren Sie die Taschen vor dem Waschen und bürsten Sie dicken Staubflaum aus.
- Waschen Sie fusselnde Wäsche möglichst separat. Da dies sehr aufwendig ist, sollten Sie die Fussellieferanten zumindest nur mit gleichfarbigen Teilen waschen.
- **Drehen Sie alle Teile auf links** und stecken Sie die stärksten Fusselverursacher in ein Wäschenetz, noch besser in einen Kissenbezug.
- Fusselbildung durch Reibung an der Waschtrommel lässt sich durch richtiges Befüllen der Waschmaschine vermindern. Nicht zu viele, aber auch nicht zu wenige Teile in die Waschmaschine füllen, da dadurch ebenfalls die Mechanik erhöht wird.
- Es gibt spezielle Waschbälle aus groben Nylonfasern, die in die Waschmaschine gegeben werden und die die Fusseln aufnehmen sollen. Doch sind diese etwas rauen Bälle nur für robuste Wäsche geeignet.
- Geben Sie zur Wäsche alte Feinstrumpfhosen, ein altes Mikrofasertuch oder ein Stück Synthetikgardine. Diese können viele Fusseln aus der Waschflotte aufnehmen.
- Kontrollieren Sie die Trommel auf verhakte Fusselknäuel.
- Wischen Sie die Trommel, die Gummi-

dichtungen und den Türfalz regelmäßig aus und kontrollieren Sie nach jedem dritten Waschgang das Flusensieb.

SO LASSEN SICH DIE FUSSELN ENTFERNEN

- **Am effektivsten und schnellsten ist die Entfernung im Wäschetrockner.** Durch die Bewegung in der großen Trommel und in dem kräftigen Luftstrom werden die meisten Fusseln rasch entfernt. Empfindliche Teile wie Wollpullover werden nur mit Kaltluft durchgeblasen. Vergessen Sie nicht, nach dem Trocknen stark fusselnder Teile die Feuchtigkeitssensoren abzuwischen, damit es zu keinen verlängerten Trockenzeiten kommt.
- Wenn Sie keinen Trockner haben und eine ganze Waschladung verfusselt ist, so können Sie die Hälfte der Wäsche entnehmen und nochmals ein bis zwei Spülgänge machen.
- Polsterdüsen und Fusseldüsen bei Staubsaugern entfernen mit groben Veloursamtstreifen die Fusseln sehr effektiv. Die Streifen laden sich durch die Bewegung elektrostatisch auf und können so Fusseln gut binden.
- Wunderbar und **schonend sind Veloursamtbürsten,** die in einer Richtung die Flusen aufnehmen und in der anderen Strichrichtung die eingesammelten Flusen wieder kompakt abgeben.
- Spannen Sie ein breites Paketklebeband mit der Klebefläche nach außen über die Handfläche und tupfen Sie damit die trockenen Wäschestücke ab.
- Sie können die gleichen Hilfsmittel wie zur Entfernung von Tierhaaren verwen-

den (siehe auch Seite 77): Fusselrollen, Mikrofasertücher, leicht angefeuchtete grobe Gummihandschuhe und Pad-Schwämme.

Was tun bei Pilling?

Die typischen Garnknötchen bilden sich auf vielen Textilien, besonders häufig auf gestrickter Wolle, auf vliesähnlichen Mikrofaserstoffen und auf aufgerauten Stoffen wie Fleece- oder Biberstoffen. Jedes Pilling ist mit Materialverlust verbunden!

URSACHEN

- Durch Reibung arbeiten sich feine Fasern aus dem gesponnenen Garn heraus. Diese Fasern werden nicht wie üblich als freie Fluse oder Fussel abgegeben, sondern sie verdrehen sich teilweise zu Knötchen, der Rest bleibt im Material verankert. Bei Wolle klappt das besonders gut, da die herausgearbeiteten Wollfasern durch die schuppige Struktur der Wolle intensiv miteinander verhaken und verfilzen.
- Werden Spinngarne mit Endlosgarnen zusammen verarbeitet, ist Pilling meist

vorprogrammiert. Typisches Beispiel sind die nylonverstärkten Fersen bei Wollstrümpfen. Hier reibt sich die Wollfaser an dem langen harten Nylonfaden und bildet besonders leicht Knötchen.

- Bei Synthetikgarnen werden durch den Gebrauch die feinen langen Fasern beschädigt und die Enden beginnen sich zu kräuseln. **Besonders ausgeprägt ist das bei Fleece,** einer Maschenware aus synthetischen Endlosfasern. Bei diesen gewirkten Stoffen werden die Schlingen extra aufgerissen, um einen flauschig weichen Flor zu erhalten. Diese Knötchen sind bei Synthetics wegen der hohen Festigkeit der Fasern nur schwer zu entfernen.
- Bei Polsterstoffen werden durch den Gebrauch die Oberflächen aufgeraut. Knötchen, die aus Fasern des Polsterstoffes bestehen, werden als Eigenpills bezeichnet. Aber es können unter Umständen auch Fremd-Knötchen aus der Kleidung der Benutzer sein.
- Weniger Pilling zeigen Wollgarne, die aus längeren (und damit hochwertigeren) Fasern gesponnen werden. Wenn das Garn dann noch stärker verzwirnt (gedreht) ist, sind die Fasern besser im Garn fixiert. Ebenso wird durch Auftragen filmbildender Substanzen wie Kieselsäure die Neigung zum Pilling redu-

ziert. Diese „Antipilling-Ausrüstungen", die auch als „fusselfrei" beworben werden, haben jedoch nur eine begrenzte Haltbarkeit. Der Effekt geht durch Waschen und bei Polstern durch die Reibung beim Sitzen wieder verloren.

PILLING VERMEIDEN UND BESEITIGEN

Vermeiden Sie unnötige Reibung beim Gebrauch! Legen Sie bei empfindlichen Teilen ein Tuch unter den Sicherheitsgurt im Auto. Viel Reibung gibt es auch durch Ketten oder die Innenausstattungen von Jacken wie Reißverschlüsse oder grobe Netzfutterstoffe.

- Vermeiden Sie Reibung beim Waschen! Knöpfe und Reißverschlüsse schließen, grundsätzlich links und in einem Wäschenetz waschen, Fein- oder Schonprogramme wählen, Füllmenge beachten und mit geringer Schleuderzahl schleudern.
- Kämmen Sie die Knötchen nicht aus, auch nicht mit den Spezialkämmen, da das Material dadurch stärker beschädigt wird. Auch Auszupfen oder das Anheben mit der Hand und Abschneiden begünstigen weiteres Pilling.
- Etwas weniger Materialverlust tritt beim Woll-Rasierer auf. Damit werden die Knötchen auf dem trockenen Pullover abrasiert.

89

Pflegetipps für spezielle Kleidungsstücke

Natürlich überwiegt heute im Alltag pflegeleichte und gut waschbare Kleidung! Sortieren, waschen, trocknen und eventuell noch bügeln – fertig! Und schon kann alles wieder angezogen werden. Aber in fast jedem Kleiderschrank gibt es Teile wie Anzüge oder Mäntel aus Wolle, seidene Krawatten oder hochwertige Dessous und Badekleidung, die spezielle Pflege benötigen.

Die acht A der guten Anzugs- und Kostümpflege

Das Aussehen und die Haltbarkeit von Kleidungsstücken sind natürlich abhängig von der Qualität der Stoffe, dem Schnitt und der sorgfältigen Verarbeitung. Ob Anzug, Kostüm oder Mantel lange Zeit „gut" aussehen, hängt aber ganz entscheidend von der pfleglichen Behandlung ab.

AUSRUHEN

Nach einem langen „Tragetag" ist das Ausruhen auch für Anzüge und Kostüme empfehlenswert, um gut in Form zu bleiben.

AUSRÄUMEN

Leeren Sie die Taschen immer aus. Besonders weiche Wollstoffe werden rasch ausgebeult. Bei einem hohen Kaschmiranteil im Gewebe ist es besser, nicht alle Taschen zu benutzen. Wer besonders gut vorbeugen möchte, lässt nach dem Kauf einige Taschen zugenäht.

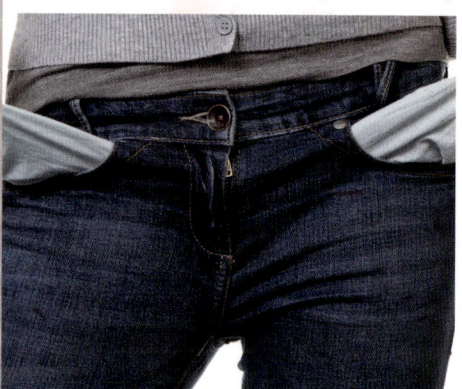

AUFHÄNGEN

Jedes Kleidungsstück (Ausnahme ist Maschenware) wird an einem passenden Kleiderbügel aufgehängt. Es lohnt sich, auch im Büro einen guten Bügel zu verwenden. Jacketts und Mäntel brauchen einen Bügel mit breitem Hals- und Schulterteil. Wer extrem breite Schultern hat, kann sogar verstellbare Bügel wählen. Empfindliche dünne Stoffe kommen auf bezogene oder aufblasbare Bügel. Röcke werden an den Aufhängern im Bund (es sollten aber nicht nur zwei Aufhänger sein, denn da können Röcke aus weichen Materialien „durchhängen") oder mit Klammern am Bügel aufgehängt. Falls der Rock durch das Sitzen ausgebeult ist, wird er mit der linken Stoffseite nach außen aufgehängt. Aufspringende Falten werden mit einer Wäscheklammer oder einem Klebestreifen von links fixiert. Alle Hosen erholen sich am besten auf einem Hosenspanner. Knöpfe und Reißverschlüsse sollten zumindest teilweise geschlossen werden.

AUSLÜFTEN

Hängen Sie Ihre Kleidungsstücke nach dem Tragen geschützt vor direkter Nässe (und tagsüber vor direkter Sonne) ins Freie. Gerüche verschwinden und die Knitterfalten bilden sich zurück. Gerade Wollfasern sind sehr elastisch und hängen sich wunderbar aus. Durch Aufnahme der Luftfeuchtigkeit in das Gewebe bekommen die Kleidungsstücke wieder ihre ursprüngliche Form zurück. Hängen Sie

die Teile nicht gedrängt, sonst entstehen neue Knicke längs an den Ärmeln.

AUSBÜRSTEN UND ENTFLECKEN

Eine regelmäßige Reinigung ist notwendig, denn Schmutz und Staub schädigen die Materialien. Verwenden Sie für Kleidung Naturhaarbürsten (Wildschweinborsten, Rosshaar oder Pflanzenfasern). Naturborsten reinigen wegen ihrer ungleichmäßigen Länge und Dicke besser, es kommt zu keiner elektrostatischen Aufladung. Für die meisten Wollstoffe können Sie die Bürste mit Wasser leicht ansprühen, dadurch quellen die Borsten auf und der Staub wird viel besser gebunden. Gebürstet wird immer mit sanftem Druck in Richtung des Flors, damit sich keine Streifen bilden. Bürsten Sie auch Taschen und die Hosenaufschläge. Für Stoffe mit besonderen Oberflächen wie Samt oder Velours nehmen Sie eine Veloursbürste. Damit kann Samt auch gegen den Strich gebürstet werden. Vermeiden Sie bei sehr hochwertigen Teilen die Kleberolle zur Entfernung von Fusseln oder Tierhaaren, denn sie belasten den Stoff mit winzigen Kleberesten. Die Fusseln verschwinden auch mit einer Veloursbürste.

Kleine Flecken lassen sich mit einem Schwamm und destilliertem Wasser aus Wolle entfernen. Alle Flecken von Nahrungsmitteln gründlich entfernen, damit keine Schädlinge angelockt werden.

MEIN SPEZIELLER TIPP
Ein altes Hausmittel zum Entflecken von Oberbekleidung aus Wolle ist Panamarinde (Quillaja saponaria). Lösen Sie eine Messerspitze in ½ Liter Wasser auf, tauchen Sie die Bürste ein und dann wird gebürstet. Mit einem sauberen Tuch nachreiben. Statt Panamarinde können Sie auch ein bis zwei Waschnussschalen in 1 Liter lauwarmem Wasser ziehen lassen. Beide Lösungen enthalten natürliche Saponine zur milden Reinigung.

Bevor Sie einen Fleck mit einem speziellen Fleckenentfernungsmittel behandeln, immer eine Vorprobe machen. Alte Flecken oder Flecken an auffälliger Stelle sollten Sie nicht selbst entfernen. Bringen Sie das Teil in die Reinigung. Wählen Sie für die guten Teile eine Vollreinigung und lassen Sie bei Anzug oder Kostüm immer beide Teile reinigen.

AUSBESSERN
Kontrollieren Sie die Kleidung vor dem Aufräumen auf Schäden und bessern Sie diese sofort aus. „A stitch in time saves nine!" Kleine Schäden beseitigen heißt, große Schäden verhindern – also einen lockeren Knopf nachnähen, einen fehlenden Knopf ersetzen (hier zeigt sich dann, dass sich eine extra Knopfschachtel nur mit den Ersatzknöpfen der aktuellen Kleidung lohnt), eine kleine Nahtöffnung schließen oder ein gelöstes Futter befestigen.

AUFBÜGELN ODER AUFDÄMPFEN
Früher wurden Jacketts oder Mäntel im Fachbetrieb aufgedämpft, heute können Sie dank der auch vertikal kräftig dampfenden Bügelstationen selbst Hand anlegen. Bedampfen Sie nur fleckenfreie Teile, denn der heiße Dampf fixiert die Flecken. Vom Ausdämpfen von Jacketts auf dem Bügelbrett mit einem feuchten Tuch möchte ich abraten, denn es erfordert sehr viel Geschick.

- Die Bügeltemperatur bei Mischgewebe richtet sich immer nach der empfindlichsten Faser.
- Bügelfalten bei Hosen nicht zu häufig nachbügeln, da das Gewebe an diesen Stellen stark strapaziert wird. Legen Sie trotz Dampfbügeleisen ein dünnes Tuch auf den Stoff. Ideal sind die durchsichtigen Bügeltücher, damit es ganz bestimmt keine doppelte Bügelfalte gibt.
- Am Knie ausgebeulte Hosen können wieder in Form gebracht werden. Dazu die Hose zunächst auf links drehen und den geweiteten Stoff mit beiden Händen zusammenschieben, bis sich kleine Fältchen bilden. Tüchtig bedampfen, dann zieht sich die elastische Wolle wieder zusammen. Dann die Hose auf rechts drehen, nachdämpfen und die Bügelfalte neu eindämpfen.

MEIN SPEZIELLER TIPP
Glanzstellen an den Tascheneingriffen können Sie mit viel Dampf etwas mattieren.

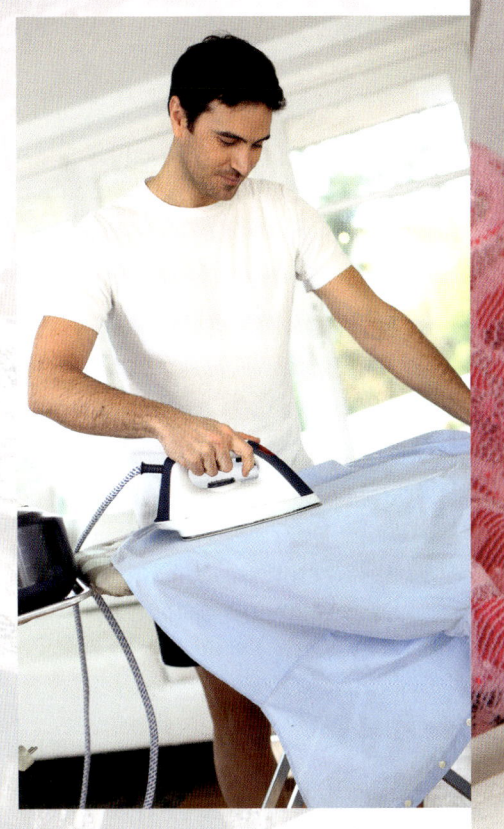

AUFRÄUMEN
Die Kleidungsstücke werden nur ganz trocken in den Kleiderschrank gehängt. Achtung bei Lederkleidung, sie kann auf andere Kleidungsstücke abfärben. Helle Kleidung oder Kleidung, die nur selten gebraucht wird, mit Kleiderhüllen schützen. Textilhüllen sind besser sind als Kunststoffhüllen.

HINWEIS
Geben Sie kein Parfüm direkt auf die Kleidung.

91

Krawatten

Krawatten sind sehr sensibel. Zumeist sind sie aus empfindlichen, weich fallenden Seidenstoffen hergestellt und sie sind wegen ihrer exponierten Lage ständig von Flecken bedroht. Doch weder die kostbaren Stoffe noch die Formen oder die Ausstattungen sind für eine Fleckenentfernung oder das Bügeleisen gut geeignet.

QUALITÄT VON KRAWATTEN

Sehr gute Krawatten bestehen aus drei diagonal zum Fadenlauf geschnittenen Stoffstreifen: Obermaterial, Einlage und Innenfutter. **Bevorzugter Stoff für das Obermaterial ist Seide.** Seide ist einfach ideal für solch ein schmückendes Stückchen Stoff! Das Material fällt im schrägen Schnitt optimal, als Endlosfaser zeigt es unterschiedliche Glanzeffekte, es ist leicht einzufärben, gut zu bedrucken und die Faser erlaubt viele Webtechniken. Auch die Einlage prägt die Qualität der Krawatte, denn die Einlage gibt dem Binder Volumen, entscheidet über Form, Größe und Sitz des Knotens und ist mit dafür verantwortlich, dass nach dem Öffnen des Knotens das Material wieder knitterfrei wird. Deshalb haben gute/ beste Krawatten eine Einlage aus elastischer Schurwolle, auch Baumwolle ist empfehlenswert. Eine Seidenkrawatte mit Polyestereinlage dagegen zeigt häufig Wellen und Verdrehungen.

- Die Krawatte nur einen Tag tragen, sofort nach dem Ablegen aufbinden und aufhängen oder das dünne Ende mit dem Daumen fassen und locker um die Faust wickeln. Am nächsten Tag sind die Falten verschwunden.
- Krawattenbügeln ist eine Kunst, denn sie dürfen keine scharfen Bügelfalten rechts und links haben, alles soll wie gut gefaltet wirken. Es gibt zwar Schablonen zum Krawattenbügeln, doch lassen sich diese wegen der Verarbeitung oft nicht in die Krawatte einschieben. Legen Sie die Krawatte auf eine weiche Unterlage, Rückseite nach oben, und darüber kommt nochmals ein weiches Tuch. Nun bügeln Sie mit ganz wenig Dampf ohne Druck darüber.
- Wer häufig kleckert, kann die neue Krawatte in einer Reinigung mit einer Sprüh-Imprägnierung ausstatten lassen. So dringen die Flecken nicht so leicht ins Gewebe ein.
- **Erste Hilfe bei einem Fleck: Nur trocken abtupfen, nicht reiben.** Nie Wasser anwenden, denn Seide quillt auf, teilweise dringt der Schmutz dann tiefer ein und satt eingefärbte Seidenstoffe geben Ränder. Fettflecken kann man mit feinen Pulvern (weißer Ton, Magnesiapulver oder Kreidestaub) binden. Manchmal hilft auch das Betupfen mit Spiritus, aber unbedingt währenddessen ständig mit einem Föhn trocknen, damit es weniger Ränder gibt.
- Verschmutzte Krawatten können chemisch gereinigt werden. Doch nicht alle Reinigungen nehmen Krawatten an, da das Reinigen eine heikle Sache ist und es sehr oft zu Streitigkeiten kommt.

Badeanzüge

Der Kauf eines gut passenden Badeanzuges ist schwierig und kostet meist richtig viel Geld. Deshalb lohnt sich ein pfleglicher Umgang mit dem guten Stück! Sonne, Sand, Thermalwasser, gechlortes oder salzhaltiges Wasser und Sonnencreme können schaden, und das trotz neuer und verbesserter Materialien.

Bevorzugtes Material von Badekleidung ist heute Polyamid. Für den guten Sitz sorgen hochelastische Elastanfasern. Der Elastan-Anteil schwankt von 18–40 %. Elastane können sich bei viel UV-Licht, Sonnencreme und Chlorwasser zersetzen. Der Badeanzug verliert die Fähigkeit, auf die ursprüngliche Länge zurückzuschrumpfen und das Bade-Outfit leiert aus. Zwar gibt es chlor- und UV-stabile Elastane, aber sie werden nicht von vielen Herstellern eingesetzt.

Für sehr sportliche Schwimmerinnen gibt es Anzüge aus Polyester oder PET. Diese nehmen fast kein Wasser auf und verringern deshalb den Widerstand im Wasser. Zudem schützt Polyester besser vor UV-Strahlen als Polyamid.

MEIN SPEZIELLER TIPP

Bevorzugen Sie schadstoffge-prüfte Textilien! Salzwasser, Desinfektionsmittel für die Badewässer, Sonnenschutz-mittel und Schweiß können aus den Fasern Farben und Stoffe herauslösen. Mindes-tens das Ökotex 100-Siegel sollte vorhanden sein.

DAS SCHADET DER BADEMODE

- Setzen Sie sich nicht auf raue Poolrän-der, scharfkantige Steine oder gebro-chene Geflechtstühle.
- Halten Sie Abstand zu Massagedüsen an Whirlpools. Der starke Wasserdruck an den Düsen schadet zusammen mit der hohen Wassertemperatur den Elastanfasern.
- Verzichten Sie nicht auf Sonnencreme mit Lichtschutzfaktor. Aber lassen Sie den Sonnenschutz unbedingt einige Minuten einziehen, bevor Sie den Badeanzug anziehen. Denn die ölig-fettige Sonnencreme haftet intensiv auf Synthetikfasern.

SO BLEIBT BADEMODE SCHÖN

- Jeder Badeanzug bleibt länger schön, wenn Sie das nasse Teil sofort auszie-hen und mit viel klarem Wasser aus-spülen. Weg mit dem Sand und den Salzkristallen, denn sie beschädigen beim Trocknen die eingearbeiteten Elastanfasern! Weg mit den Chlorrück-ständen, die die Farben verändern! Die Auslobung „chlorfest" bezieht sich nur auf den Aufenthalt im gechlorten Wasser und nicht auf das Trocknen mit anhaftenden Chlorresten.
- Trocknen Sie Ihre Badekleidung ausge-breitet im Schatten. Badeanzüge sind durchaus zum Sonnenbaden geeignet, aber nur, wenn der Stoff trocken ist. Im feuchten Stoff können die Sonnen-strahlen wie in einem Brennglas ge-bündelt werden. Das kann auf Kosten der Farben gehen. Falls in weißen Garnen große Mengen optischer Auf-heller sind, kann sich der nasse Stoff durch den hohen UV-Anteil im Sonnen-licht sogar gelb verfärben.
- Das Ausspülen in Wasser reicht nicht aus. Es lohnt sich (auch im Urlaub!) abends die Badekleidung mit wenig Feinwaschmittel/Reisewaschmittel nochmals zu waschen. So lassen sich Schweiß und Fett besser entfernen. Zuhause darf es dann noch etwas gründlicher sein. Zwar empfehlen viele Hersteller nur eine Handwäsche, aber gönnen Sie Ihrem Badeanzug ein **Fein-wasch- oder Seidenprogramm** bei 30–40 °C mit Flüssigwaschmittel. Neh-men Sie kein Wollwaschmittel mit rückfettenden Pflegebestandteilen und waschen Sie die Teile zur Schonung in einem Wäschesack.
- Verwenden Sie keinen Weichspüler. Der Film auf den Garnen vermindert die Elastizität, die Teile leiern schneller aus.

Dessous

Je leichter und körperbetonter die Klei-dung, desto wichtiger das Darunter. Aber gute, funktionelle Dessous kosten viel Geld und um viele Waschgänge zu über-stehen, brauchen sie etwas Fingerspit-zengefühl bei der Pflege.

WIE BEHÄLT DIE WÄSCHE DIE PASSFORM?

Die meisten Dessous sind mit Stretchfa-sern (Elastanen) verarbeitet. Die Elastizi-tät lässt durch den intensiven Gebrauch immer etwas nach. Sie können das hin-auszögern, indem Sie den Teilen nach dem Tragen und Waschen „Zeit für eine Entspannung" geben, bis sie wieder vollständig in die Ausgangslage zurück-gekehrt sind.

MASCHINEN- ODER HANDWÄSCHE?

Egal ob Synthetikfasern oder Seide, **Sie können Ihre Dessous ohne Weiteres in der Waschmaschine waschen.** Packen Sie die Wäschestücke zur optimalen Scho-nung immer in mehrere kleine Wäsche-säckchen und schließen Sie vorher die Büstenhalterverschlüsse.
Wählen Sie das Feinwäscheprogramm! Hier wird nicht zwischengeschleudert, trotzdem reicht der Spüleffekt aus, da die typischen Fasern der Dessous wenig Wasser speichern.

WELCHES WASCHMITTEL?

- Für Seide wählen Sie ein flüssiges Wollwaschmittel, für andere Fasern (Polyester, Polyamid, Elastane) emp-fehle ich aus hygienischen Gründen und zur besseren Schmutzentfernung ein stärker alkalisches flüssiges Color-waschmittel.
- Für weiße Teile unbedingt ein bleich-mittelhaltiges Waschmittel nehmen oder Flüssigbleiche zusetzen.

Sehr empfehlenswert sind pulverförmige Gardinenwaschmittel für weiße Gardinen. Sie sind schwach alkalisch eingestellt, enthalten viele Bleichmittel, Bleichaktivatoren, optische Aufheller und Vergrauungsinhibitoren. Sie sind leicht löslich(!) und bilden einen besonders feinen Schaum, der zur Schonung der zarten Teile beim Waschen beiträgt.

- Achten Sie auf die Waschmitteldosierung! Unterwäsche, die einen Tag getragen wurde, ist durch das Hautfett bereits „normal" verschmutzt.
- Verwenden Sie bei Wäsche mit viel Elastan keinen Weichspüler, da die Elastizität leidet und die Elastanfäden sich leichter aus dem Gewebe herausarbeiten. Falls sich die Wäsche unangenehm elektrostatisch auflädt, kann dies bereits eine minimale(!) Weichspülerdosierung zuverlässig verhindern.

WELCHE WASCHTEMPERATUR?

Fast alle Pflegeetiketten empfehlen nur eine 30 °C-Wäsche. Ist das ausreichend? Ja – wenn die Wäsche wenig verkeimt ist und Sie gesund sind.
Nein – wenn die Wäsche stark mit schädlichen Mikroorganismen besiedelt ist. Die eigenen Darmbakterien sind im Darm harmlos, wenn sie aber an anderer Stelle in großer Konzentration in den Organismus eindringen, können sie krank machen. So können Fuß- und Nagelpilze zu Infektionen der Haut und der Schleimhäute führen.

SIE KÖNNEN DIE HYGIENE BEI SLIPS VERBESSERN DURCH:

- Slipeinlagen
- 40 °C Waschtemperatur und alkalisches Waschmittel zur besseren Keimreduktion. Wird die Wäsche bei 30 °C gewaschen, enthält sie nur zehnmal weniger

Keime als vor dem Waschen, bei 40 °C erreichen Sie bereits den Faktor 500.
- Waschen mit einer sogenannten Hygienebleiche, die bereits bei 30 °C gut wirkt und auch bei farbiger Wäsche keine Aufhellungen verursacht.
- Hygienespüler (falls die anderen Punkte nicht durchführbar sind)
- Das Trocknen der feuchten Wäsche in der prallen Sonne wirkt desinfizierend, aber für Dessous kann ich es nicht empfehlen, denn viele Stabilisatoren und Faserzusätze sind empfindlich gegenüber UV-Strahlen.

WIE BLEIBT WEISSES WEISS?

- **Waschen Sie Weißes nur mit Weißem!** Waschen Sie immer mit Bleichmittelzusatz und einem alkalischen Waschmittel.
- Für bereits vergraute oder verfärbte weiße Teile kann ich sogenannte **Dessous-Weißmacher mit reduzierend wirkenden Bleichmitteln** empfehlen. Verlängern Sie für ein gutes Ergebnis die Einwirkzeit auf 24–48 Stunden. Die Wäschestücke werden dadurch nicht beschädigt.

WIE VERHINDERE ICH VERFÄRBUNGEN?

- Bei mehrfarbigen Dessous ist es die Aufgabe der Hersteller, ein Ineinanderlaufen der Farben zu verhindern. Falls die Farben trotzdem ausbluten, sollten Sie die Wäsche sofort reklamieren! Denn bei mehrfarbigen Teilen ist es schwierig, die ursprünglichen Farben wieder herzustellen. Es gibt zwar Buntwäscheentfärber, die die aufliegenden Farbstoffe umhüllen sollen, aber der Erfolg ist mäßig.
- Vorbeugend können Sie mit einem flüssigen Farbschutz oder einem Farbschutztuch waschen oder einem speziellen Farbfixierer (gibt es meist nur im

Patchwork- oder Quiltbedarf) vorbehandeln.
- Tragen Sie keine helle Wäsche unter abfärbender und nicht abriebfester Kleidung (Jeans).
- Immer wieder wird empfohlen, die Farbe durch ein Essigbad vor dem Waschen zu fixieren. Das hat aber nur bei Seide und den Seidenfarbstoffen einen nachweisbaren Effekt.
- Sie können unbesorgt zu Wäsche aus Polyester greifen, denn hier ist der Farbstoff fest in die Fasern eingelagert und selbst bei großen Farbkontrasten kommt es zu keinen Farbübergängen. Polyester können Sie unbesorgt waschen, es lässt sich auch durch viele Farbpartikel in der Waschflotte nicht verfärben.
- Ganz anders verhalten sich Elastane und Polyamide, die wegen ihrer chemischen Struktur sehr anfällig für Verfärbungen sind, aber auch farbige Flusen schnell aufnehmen und festhalten. So kann es durchaus sein, dass die elastischen BH-Träger (hoher Elastangehalt) oder die Nylonspitzen (Nylon ist eine Polyamidfaser) verfärbt sind, während die anderen Teile die ursprüngliche Farbe aufweisen. Eine Besserung ist nur bei Weiß durch Dessous-Weißmacher möglich. Polyamide und Elastane können aber im Gegensatz zu Polyester neu eingefärbt werden.

Ganz schnell zu – der Klettverschluss

Klettverschlüsse sind eine wunderbare Erfindung und in vielen Bereichen nicht mehr wegzudenken. Schnell, bequem, vielseitig, unauffällig und preiswert! Doch ihre Lebensdauer ist nicht unbegrenzt.

UNTERSCHIEDLICHE KLETTVERSCHLÜSSE

Der Haken- und Flauschverschluss („hook and loop") besteht aus zwei starken Nylon- oder Polyesterbändern. Das flauschige Band besteht aus kleinen, weichen Schlaufen, das andere aus kleinen, steifen, vorne stark gekrümmten Haken. Durch das Drücken haften die Haken im Flausch in allen Positionen und in allen Richtungen. Zum Trennen werden sie einfach auseinandergezogen. Die Haken ziehen an den Flauschschlaufen, der Haken öffnet sich, springt aus den Schlaufen und die Haken nehmen sofort wieder die ursprüngliche Form an. Ein solcher Klettverschluss kann einige tausend Mal geöffnet und geschlossen werden, sofern er nicht verschmutzt ist.

Fester zusammenhaltende Verschlüsse sind **Pilz- und Flauschverschlüsse,** die aber nicht so oft geöffnet und geschlossen werden können. Der Haken ist durch eine vorne pilzförmig verdickte Borste ersetzt, die sich im Flausch verankern kann. Da die Elastizität fehlt, werden beim Öffnen die Schlaufen eher aufgerissen und die Pilzköpfchen fallen ab. Dieses Band wird für Schabracken oder zum Bespannen von Polstermöbeln verwendet.

DER KLETTVERSCHLUSS HÄLT NICHT MEHR

- Schlecht funktionierende Klettverschlüsse brauchen oft nur eine **Reinigung.**
- Wenn sich Fusseln und Schmutzteile zwischen den Häkchen festgesetzt haben, können die Haken nicht mehr tief genug greifen. Mit einer kleinen Drahtbürste, z. B. einer Schuhbürste für Rauleder, einer dicken Nadel oder einem festen Kamm lassen sich diese Fusseln entfernen. Es wird nur das Hakenband bearbeitet, beim Flauschband würden Sie die Schlaufen zerstören.
- Viele Fusseln lassen sich auch mit einem Klebeband aus den Zwischenräumen holen.
- Durch **ständigen starken Druck,** z. B. beim Sitzen auf einem Geldbeutel mit Klettverschluss, können sich die Häkchen zu stark nach unten biegen. Gehen Sie vorsichtig mit einem stumpfen Messer gegen den Strich über die raue

Seite des Klettverschlusses. Die Haken richten sich wieder etwas auf und der Verschluss hält besser. Allerdings können bei bereits fehlender Elastizität die Haken auch abbrechen.
- Klettband kann relativ preiswert erneuert werden. Wer es perfekt machen will, macht das Flauschband etwas größer, dann werden die Haken immer gut abgedeckt.
- Wählen Sie für Textilien waschbare Bänder zum Aufnähen mit der Nähmaschine oder per Hand. Falls das Annähen sehr schwer fällt, probieren Sie es mit einer geschliffenen Nadel (Dreikantnadel). Selbstklebende Bänder sind für feste glatte Flächen wie Holz, Glas oder Metall geeignet.

KLETTVERSCHLÜSSE WASCHEN

- Um Schäden an Ihrer Wäsche und den Klettverschlüssen zu vermeiden, müssen Sie die Klettverschlüsse **vor dem Waschen immer ganz sorgfältig schließen.** Vor allem das Hakenband sollte

immer ganz abgedeckt sein. Nur so verhakt sich der Verschluss nicht in anderen Wäschestücken und sammelt auch keine Flusen ein.
- Feinstrumpfhosen, Mikrofasern und Seidenstoffe waschen Sie besser nicht gemeinsam mit Klettverschlüssen. Verhakt sich der feine Stoff im Klettverschluss, entstehen leicht Ziehfäden.
- Kleidungsstücke mit einem Klettverschluss sollten Sie nicht zu heiß waschen, damit die feinen Plastikhaken in der Verschlussleiste nicht aufweichen.
- Die meisten Bänder können bis max. 40 °C, selten bis 60 °C gewaschen werden. Das Trocknen im Wäschetrockner ist im Schonprogramm möglich, aber nicht empfehlenswert. Ein eventuell aufgehender Klettverschluss kann im Trockner durch die vielen Flusen unbrauchbar werden.
- Bügeln der Rückseite ist nur bis 110 °C ohne Dampf möglich! Bügeln Sie nie direkt.

So bleibt Farbiges farbig

Die Stoffdesigner lieben Farben und Farbkontraste! Denn Farben sind Lichtblicke im Alltag und so finden wir auf Kleidung und Heimtextilien das ganze Farbspektrum, vom zarten Pastell bis zu kräftigen Farben. Damit Ihnen die Lust auf Farbe erhalten bleibt, habe ich Ihnen einige Tipps für farbschonendes Waschen zusammengestellt.

Farberhalt bei starken Farbkontrasten

Starke Kontraste sind echte Modeklassiker und in jeder Saison hängen viele Teile in Schwarz-Weiß, Rot-Weiß oder Blau-Weiß auf den Kleiderstangen. Aber wie lange behalten die Streifen oder Paspeln ihre klaren Konturen?

Bei Baumwolle gibt es eine besonders **farb- und waschbeständige Ausstattung, die Mercerisierung.** Diese erkennen Sie am seidenartigen Glanz der Fasern. Durch die Behandlung mit Lauge wird die Farbe besser gebunden und es kommt auch zu weniger Abrieb. Die dunkle Farbe behält ihr sattes Aussehen, wird nicht gräulich. Bei einfachen Textilien aus Baumwolle und Leinen empfehle ich Ihnen, bereits im Laden einen kleinen Test zu machen: Reiben Sie mit einem weißen Stofftuch über die dunklen Farben. Falls sich jetzt schon Abrieb zeigt, kann es bereits im Gebrauch, nicht nur beim Waschen, zu Farbübertragungen kommen und die scharfen Konturen gehen verloren.

Überprüfen Sie zuhause nochmals genauer die Qualität der Färbung. Legen Sie ein angefeuchtetes weißes Baumwolltuch auf den Stoff und bügeln Sie darüber. Falls sich das Tuch verfärbt, rate ich Ihnen entweder zur Rückgabe des Textils oder, wenn Sie es unbedingt tragen wollen, zu einer speziellen Vorbehandlung mit einem Farbfixierer (Quiltzubehör). Sie können das Textil auch vor dem ersten Waschen in viel kaltem Wasser einweichen und Teile des überschüssigen Farbstoffs ausspülen. Bewegen Sie dabei die Wäsche ständig leicht hin und her, damit sich der Farbstoff nicht auf den hellen Partien absetzt.

Falls das Teil nur ganz schwach abfärbt, können Sie es auch in der Waschmaschine mit farbstabiler Buntwäsche waschen (Feinwaschprogramm/40 °C). Machen Sie die Waschmaschine nicht zu voll und geben Sie zusätzlich zum Colorwaschmittel noch Colorschutzprodukte (Verfärbungsinhibitoren) dazu. Diese können die Ablösung des Farbstoffes zwar nicht verhindern, aber sie binden die abgelösten Farbstoffpartikel und der ausgeblutete Farbstoff kann sich nicht auf die hellen Teile setzen. Es gibt auf dem Markt Colorschutztücher und flüssigen Farbschutz, aber deren Wirkung ist begrenzt und bei hoher Farbstoffabgabe sind die Produkte überfordert.

Hängen Sie anfangs beim Trocknen die Wäsche so auf, dass die dunklen Töne unten sind. Bei Blockstreifen können Sie im Liegen trocknen und zwischen Vorder- und Rückenteil eine dünne Folie legen. Später können Sie die Kleidungsstücke mit farblich passender, farbstabiler Buntwäsche ganz normal mit Colorwaschmittel waschen. Gönnen Sie den kontrastreichen Teilen noch einen kleinen zusätzlichen Schutz: Auf links drehen und in ein feines Wäschenetz/Kopfkissen stecken. Im Laufe der Zeit werden Sie eine **Vergrauung der weißen Teile** bemerken, ganz besonders bei Synthetik. Weiß bleibt nur weiß, wenn Sie ab und zu mit Bleichmittelzusatz arbeiten. Versuchen

Sie nicht, nur die weißen Partien punktuell zu bleichen, die Bleiche wandert weiter. Waschen Sie weiterhin mit Colorwaschmittel, aber dosieren bei jeder dritten Wäsche Bleichmittel dazu (2/3 der empfohlenen Menge reichen aus). Für farbige Teile empfehle ich die gut löslichen, flüssigen oder gelförmigen Oxidationsbleichmittel. Keine Angst, dass es gleich zu starken Farbaufhellungen bei den dunklen Farben kommt!

MEIN SPEZIELLER TIPP
Um die Waschmaschine zu füllen, können Sie auch andere farbige Wäsche ab und zu mit Flüssigbleiche waschen, dies verbessert den Geruch der Wäsche.

Dunkle Hemden und Blusen waschen

Klassische dunkle Hemden und Blusen aus Baumwolle sind immer in Mode, aber leider zeigen Kragen und Manschetten an den Kanten rasch Verschleißerscheinungen.

Die Ursache von aufgehellten Kanten an Kragen und Manschetten sind nicht, wie häufig vermutet, ausgewaschene Farbstoffe. Es liegt vor allem an der Struktur der Baumwollgarne. Das Garn wird aus vielen feinen Baumwollfasern gesponnen. An den besonders strapazierten Stellen richten sich die Faserspitzen durch die Reibung auf. Diese abstehenden Cellulose-Mikrofibrillen erscheinen trotz Färbung wegen ihres geringen Durchmessers im Licht gräulich. Je kürzer faserig die Baumwolle ist, je schwächer verzwirnt das Garn ist, desto schneller wird dieser „verwaschene" Effekt sichtbar.

GEGENMASSNAHME: BEIM WASCHEN UND BÜGELN REIBUNG VERMINDERN

- Entfernen Sie immer die Kragenstäbchen vor dem Waschen, um die Reibung an den Kragenecken zu vermindern.
- Schlagen Sie den Kragen nach innen und schließen Sie den obersten Knopf. Auch Manschetten werden geschlossen und nach innen geschlagen oder das ganze Hemd auf links gedreht. Damit

sich Kragen und Manschetten durch die Waschmechanik nicht wieder herausarbeiten und zur Verminderung der Reibung an der Waschtrommel **empfehle ich, die Teile in Wäschesäckchen zu waschen.**

- Geben Sie maximal sieben Hemden oder Blusen in eine 5–6 kg-Trommel. Diese geringe Beladung schont die Wäsche.
- Wählen Sie ein kurzes Waschprogramm mit hohem Wasserstand ohne Zwischenschleudern. Bei vielen Maschinen ist das das Jeansprogramm oder das Feinwäsche- oder Seidenprogramm. Vermindern Sie die Schleuderzahl auf maximal 600U/min.
- Gewaschen wird mit Flüssigwaschmittel. Schwarzwaschmittel sind gerade für diese dunkle Wäsche optimal geeignet, denn die Oberfläche wird durch spezielle Enzyme geglättet und die Farben werden leuchtender. Zusätzlich sind viele Verfärbungsinhibitoren enthalten, die die Übertragung von Farbstoffen in der Waschflotte verhindern sollen. Aber diese Inhaltsstoffe können auch dem Farberhalt dienen, da sie sich an die Faseroberfläche anlagern und so die Ablösung von Farbstoffen vermindern können. Als Alternative können Sie auch ein flüssiges Colorwaschmittel nehmen.
- Im Wäschetrockner ist der Abrieb der Wäsche erhöht, deshalb empfehle ich Lufttrocknen. Um Bügelarbeit zu sparen, können Sie jeweils zwei bis drei Hemden für etwa zwei Minuten in den Wäschetrockner geben. Vor allem die pflegeleichten Teile müssen Sie so fast nicht mehr bügeln. Bügeln bedeutet immer auch eine erhöhte mechanische und thermische Belastung der Wäsche! Holen Sie die kurz angetrockneten Hemden oder Blusen aus dem Wäschetrockner heraus, schütteln Sie sie ein-

mal kräftig aus und hängen Sie die Teile sofort auf einen Bügel.

- **Bügeln Sie so wenig wie möglich!** Verzichten Sie zur Schonung der Kragenecken besonders auf das heute meist unnötige Bügeln des Kragens und der Manschetten. Die meisten Krägen sind heute so konfektioniert, dass sie nicht oder kaum mehr gebügelt werden müssen. Vor allem unnötig ist die übliche Bügelanweisung, den Kragen von beiden Seiten zu bügeln und am Ende nochmals über den Kragen zu bügeln.
- Mehr Abrieb gibt es auch, wenn das Hemd gestärkt wird. Stärke vermindert die Elastizität der Fasern, der Verschleiß erhöht sich und die Wäsche wird an den Kanten schneller brüchig.
- Empfehlenswert sind Weichspüler, da der durch die Waschmechanik ungeordnete Flor geglättet und dadurch der Abrieb vermindert wird. Es reicht durchaus bereits 1/3–1/2 der auf der Flasche deklarierten Menge.

MEIN SPEZIELLER TIPP

Ein Premium-Hemdenhersteller gab mir die Empfehlung, Hemden und Blusen zur Erholung der Fasern vom Waschen nicht sofort zu tragen, sondern ein paar Tage im Schrank ruhen zu lassen.

Pflege verschiedener Fasern und Textilien

Natürlich überwiegen in den Haushalten pflegeleichte und robuste Baumwolle und Synthetikstoffe. Aber ich weiß, dass viele Zuschauer/innen detaillierte Tipps zu edleren oder sensibleren Fasern wie Seide, Leinen, Kaschmir oder für Lederbekleidung erwarten. Auch mit dem Sensibelchen unter den Baumwollstoffen, der Viskose, habe ich mich beschäftigt. Denn ich werde nie vergessen, wie ich eine nach dem Waschen stark geschrumpfte Viskosehose in Form zog – bis es „ratsch" machte. Dabei wusste ich ganz genau, dass Viskose nicht nassfest ist. Wissen schützt eben nicht immer vor Fehlern!

Kaschmir – die edle Faser aus der Kälte

Gute Kaschmirwolle kann nur begrenzt erzeugt werden und die auf dem Weltmarkt angebotenen Mengen passen so gar nicht zu dem Massenangebot in den Geschäften. Gutes Kaschmir zu Schnäppchenpreis kann es nicht geben!

Echte Kaschmirfasern kommen von der Kaschmirziege, die ursprünglich in den höchsten Bergregionen, im Himalaja und Pamir, heimisch war. Wegen ihrer begehrten Wolle hielt die Ziege in andere Gebiete Einzug. Sie weidet nun auch im Hochland von China und der Mongolei, doch herrscht hier bereits Überweidung. Mehr Tiere können dort nicht mehr gehalten werden.

In extremen Höhen mit sehr tiefen Wintertemperaturen (unter −35°C) bildet sich bei den Tieren unter langen Deckhaaren die feine, weiche, flaumartige Wolle. Nur das ist echtes Kaschmir! Im Frühjahr tritt ein Fellwechsel ein und die Wolle wird manuell ausgekämmt, denn beim Scheren würde sich der weiche Flaum mit dem harten Deckhaar vermischen.

HINWEIS

Eine Ziege produziert jährlich maximal 200-300 g von diesem edlen Unterhaar, von dem nach einer sorgfältigen Aufarbeitung nur noch 100-150 g übrig bleiben. Das reicht gerade für einen Schal, für einen Pullover braucht man die Kaschmirfasern von vier bis fünf Tieren. Beim Schaf reicht die Wolle eines Tieres für vier bis fünf Pullover!

BESTES KASCHMIR

- kommt aus asiatischen Hochländern, aus der Mongolei und China. Je kälter die Region, desto besser!
- ist flauschig und sehr weich auf der Haut. Nur eine sorgfältige Aufarbeitung und Aussortierung liefert Produkte mit wenig Grannen- oder Stichelhaaren.
- kratzt nicht, da alle Fasern extrem fein (14–19 Mikron) sind! Gröbere Fasern (besonders über 28 Mikron) kratzen auf der Haut. Legen Sie deshalb die Kaschmirteile probeweise auf Ihren Unterarm!
- ist hochelastisch und geht sofort in die Ausgangslage zurück. Dies ist typisch für die langen (25–80 mm) Fasern.
- ist dicht gestrickt oder gewebt. Lockere Teile verbrauchen weniger Material, verschleißen aber schnell.
- ist zweifädig (2 ply) verarbeitet. Dieses Garn ist fester und elastischer als ein einfädiges Garn und zeigt weniger Knötchen auf der Oberfläche. Vierfädige Garne verbessern die Qualität nicht, sie wärmen nur besser. In geheizten Räumen sind diese Teile bereits zu warm, denn Kaschmir wärmt bis zu viermal stärker als Schafwolle.

WAS VERBIRGT SICH HINTER KASCHMIR ZUM SCHNÄPPCHEN-PREIS?

Die angebotenen Produkte müssen qualitativ nicht schlecht sein und sie können durchaus aus Fasern von Kaschmirziegen hergestellt sein. Aber sie entsprechen nicht den typischen hohen Ansprüchen an Kaschmirfasern und sind deshalb in vielen Fällen eine Verbrauchertäuschung.

- Schlecht aufgearbeitete Fasern mit höherem Deckhaaranteil.
- Fasern aus Farmen: Kaschmirziegen gibt es inzwischen auch auf großen Farmen in Australien, Neuseeland und

Schottland, doch erreichen die Fasern nicht die hohe Qualität der asiatischen Hochlandfasern. Kaschmirziegen brauchen unbedingt spärliche Weiden und ein raues Klima, um hochwertige Fasern zu produzieren. Zudem ist die Aufarbeitung der Wolle in den Farmen anders. Hier wird geschoren und anschließend maschinell gereinigt.

- Die Deklaration ist nicht korrekt. Das Material ist kein reines Kaschmir, sondern es ist nicht ausreichend gekennzeichnet. So kann Schafwolle, mit Weichmachern auf Kaschmir getrimmt, enthalten sein. Ob Textilien wirklich aus 100 Prozent Kaschmir bestehen, lässt sich nur mit einem Rasterelektronenmikroskop überprüfen.
- Die beliebte Deklaration „Kaschmirmischung" ist unzulässig, da immer die genaue prozentuale Zusammensetzung angegeben werden muss. Auf dem Weltmarkt sind geschätzte 20 Prozent der Kaschmirtextilien falsch deklariert. Je knapper und teurer das Angebot, desto mehr wird gefälscht.
- Verdächtig sind Faserkennzeichnungen wie „100 % Pashmina"! Pashmina ist keine Wollsorte und die Paschminaziege ist ein Fabeltier! Pashmina kommt aus dem Persischen und bedeutet „aus Wolle"!

- So wie sich hinter dem Begriff „Wolle" oft Reißwolle verbirgt, gibt es auch Recycling-Kaschmir. Aber die weiche, zarte Faser ist nach dem Recyclingverfahren kurz, wenig elastisch und nicht mehr strapazierfähig. Reiben Sie mit dem Finger über das Kaschmirteil. Bilden sich sofort kleine Knötchen? Die kurzen Recyclingfasern und schlecht verzwirnten Faserspitzen zeigen bei Reibung rasch „Pilling". Recyceltes Kaschmir bleibt nicht lange schön.

BRAUCHT KASCHMIR EIN EXTRA PFLEGEPROGRAMM?

Selbst feinste gestrickte Kaschmirteile können Sie wie Schafwolle im Handwäsche-Wollprogramm der Waschmaschine mit einem Wollwaschmittel sanft waschen und schleudern. Aber machen Sie dies nur selten und lüften Sie die Teile zwischendurch lieber häufig aus. Erfahrene Kaschmirexperten raten, den feinen Teilen nach jedem Tragen mindestens 24 Stunden Ruhe zu gönnen. Zwischendurch können Sie Ihr Lieblingsteil im Kaltluftprogramm des Wäschetrockners wieder aufplustern. Gewebte Kaschmirteile, also auch Ihr geliebter Pashminaschal, brauchen eine chemische Reinigung.

HINWEIS

Unter Pashmina versteht man einen breiten, langen, aber dünnen Wollschal. Ein guter Pashminaschal besteht aus 100 % Kaschmir oder 70 % Kaschmir und 30 % Seide. Seide ist zwar preiswerter, aber sie gibt Glanz und macht den Schal nicht ganz so warm. Typisch für einen guten Pashminaschal sind die Fransen, diese müssen gut verdrillt und verknotet sein und an den Knoten dürfen keine weißen Stellen erkennbar sein, da das Garn und nicht erst der fertige Schal gefärbt wird. Bei Mitverarbeitung von Seide sind stets die Fransen aus Seide, da die Kettfäden aus Seide sind. Ein Pashminaschal mit hohem Kaschmiranteil fühlt sich immer warm an. Viele „kühle Pashminaschals" bestehen aus Viskose und knittern sehr stark.

Crashstoffe

Crashstoffe sind Stoffe mit einer Dauer-Knautschausrüstung! Die unregelmäßige Oberfläche der Wirrcrashstoffe entsteht durch Längs- und Querknitterfalten. Da die Teile pflegeleicht sind und kaum Bügelarbeit verlangen, werden sie von den Verbrauchern sehr gut angenommen. Bei reiner Baumwolle ist der Crash-Effekt nur über das Einlagern von vielen Kunstharzen in das Gewebe möglich, trotzdem ist der Crash wenig haltbar. Da beim Zuschnitt der Kleidung der Crash-Effekt berücksichtigt werden muss, kann es sein, dass z. B. Blusen aus Baumwollcrash allmählich immer größer werden und schlecht sitzen. Seide als sehr dünne Endlosfaser behält den Crash-Charakter eher bei. Die meisten Crashstoffe sind aus Synthetikfasern wie Polyester oder Polyamid oder aus Mischgeweben. Diese Stoffe sind in der Hitze gut zu crashen und der Effekt ist sehr beständig.

WASCHTIPPS

- Waschen Sie im Pflegeleicht-Feinwäscheprogramm, schleudern Sie nur kurz und raffen Sie dann das Teil sofort zusammen, drehen Sie es zu einer Spirale, verknoten Sie es oder fixieren Sie es mit einer Wäscheklammer und trocknen Sie es hängend.

MEIN SPEZIELLER TIPP
Das oft empfohlene langsame Trocknen in einer leicht geöffneten Plastiktüte lehne ich aus hygienischen Gründen ab.

- Wer einen ganz starken Crash-Effekt will, kann das spiralig aufgerollte Teil in einen kleinen Wäschesack oder Nylonstrumpf stopfen und darin luftig trocknen lassen.
- **Am besten bewahren Sie die Teile als verdrehte Spirale auf.** Ich empfehle, das Teil einige Stunden vor dem Tragen auszuschütteln, auf einen Bügel zu hängen und beim Anziehen ein Dampfbügeleisen bereit zu halten, denn manchmal sitzen die Knitterfalten an sehr ungünstigen Stellen.
- Das Bügeleisen zur Korrektur nicht direkt auf den Stoff aufsetzen, sondern die Knitterfalten in kurzem Abstand bedampfen. Nur die glatten Stellen (bei vielen Blusen und Hemden sind das Kragen oder Knopfleiste) werden kräftig bedampft und gebügelt. Die beste Glättung erreichen Sie mit einer Bügelhilfe in Sprayform.

Glamouröse Kleidung mit Borten, Perlen und Pailletten

Die festlichen Verzierungen bestehen aus ganz unterschiedlichen Materialien, die aber, da in so geringen Mengen im Textil vertreten, nach dem Textilkennzeichnungsgesetz nicht genau gekennzeichnet werden müssen. Und das erschwert die richtige Pflege, sowohl das Waschen als auch die chemische Reinigung!

- Achten Sie grundsätzlich auf die Pflegesymbole! Aber trotz richtiger Pflege sind abgelöste oder durch das Waschen bzw. die Reinigung negativ veränderte Pailletten/Perlen für die Herstellerfirmen **kein Reklamationsgrund!**

- Da viele Schmuckteile einfach rationell aufgeklebt und nicht aufgenäht werden, ist Ärger vorprogrammiert. Sie können die abgelösten Teile mit im Handel erhältlichen Spezialklebstoffen wieder aufkleben. Ersatzweise geht es auch mit einem Kontaktkleber für elastische Klebeverbindungen.
- Achten Sie beim **Aufnähen von abgelösten Pailletten** auf die richtige Reihenfolge: Immer von außen nach innen und von unten nach oben. Den Faden in möglichst kurzen Abständen verknoten. Wenn dann der Faden reißt, verlieren Sie nur wenige Pailletten.
- **Borten aus Synthetikfasern** sind gut waschbar, während Borten aus preiswerter Viskose in der Nässe stark schrumpfen können. Diese Borten oder Posamenten werden besser chemisch gereinigt.
- **Strassbesatz und Perlen aus Glas** sind gut wasch- und reinigungsbeständig.
- **Perlen, Pailletten und Steine aus Kunststoffen** sind gut waschbar, doch kann durch zu viel Mechanik der Lackfilm abplatzen. Besonders anfällig ist die Farbschicht auch gegen Parfum oder Deo, da der Alkohol die Oberfläche anlöst. Bei einer chemischen Reinigung können diese Verzierungen matt werden, im schlimmsten Fall werden sie aufgelöst! Leider wird auch mitunter für Textilien mit diesen nicht reinigungsbeständigen Applikationen vom Hersteller eine chemische Reinigung empfohlen. Der Textilreiniger kann/wird die Steinchen und Perlen vor der Reinigung aber kaum auf ihre Beständigkeit prüfen! Die meisten chemischen Reinigungen übernehmen hier keine Garantie. Mögliche Alternative: Nassreinigung durch einen Spezialbetrieb!
- Silberne oder goldene **Metallplättchen** können chemisch gereinigt werden und sie sind waschbar. Waschen Sie aber

immer ohne Sauerstoffbleiche, da die in geringen Mengen freigesetzten Metallionen eine starke Sauerstoffentwicklung aus dem Bleichmittel bewirken. Es kann zu Faserschäden kommen.

HAND- ODER MASCHINEN-WÄSCHE?

Falls Sie eine Maschinenwäsche machen, stecken Sie die Teile in ein bis zwei Wäschesäcke oder Kissenbezüge. Nur Feinwaschprogramm wählen, abpumpen, nicht schleudern. Da die Verzierungen durch die Waschmaschinentrommel leicht beschädigt werden, ist eine Handwäsche in viel Wasser schonender. Verwenden Sie auch bei der Handwäsche ein Wäschenetz, denn wenn Teile sich ablösen, finden Sie sie leichter wieder.

TIPPS ZUM BÜGELN

Gebügelt wird **auf einer sehr weichen Unterlage von links,** damit sich die Verzierungen in den Stoff eindrücken und die Zwischenräume schön glatt werden. Manche Kunststoffpailletten fangen aber bereits bei 90 °C an zu schmelzen und dann können die Teile nicht gebügelt werden. Die Bügeltemperatur liegt für die Einstellung Seide bereits zwischen 80–100 °C. Aber Sie können den verknitterten Stoff von links mit einigen Zentimetern Abstand bedampfen.

Samtige Stoffe

Samt ist ein Gewebe mit einer „dritten Dimension", da der Stoff nicht nur einen Kett- und einen Schussfaden, sondern auch noch einen abstehenden Faden, einen sogenannten Florfaden, hat. Zu den samtigen Stoffen zählen neben dem eigentlichen Samt auch Pannesamt, Cordsamt und Nickistoffe. Alle Samtstoffe brauchen eine schonende Behandlung, damit der samtige Flor erhalten bleibt.

- Verzichten Sie beim **Fleckenentfernen** auf starkes Reiben und arbeiten Sie nur mit Wasser oder Spiritus oder Waschbenzin. Bei seifenähnlichen Reinigungsmitteln bleiben Reste zwischen den Florfäden haften und es bilden sich Ränder.
- **Schütteln Sie ihre Samtteile häufig aus,** da zwischen dem Flor der Staub hängen bleibt. Mit einem Samttuch, einer Veloursbürste oder einer ganz weichen Ziegenhaarbürste pflegen.
- Samtteile aus Baumwolle und Polyester **können selbst gewaschen werden,** sofern sie nicht zu aufwendig konfektioniert sind (z. B. Blazer oder Mäntel).
- Waschen Sie grundsätzlich von links **bei 30 °C im Feinwaschprogramm mit einem flüssigen Feinwaschmittel.** Die Maschine nicht zu voll machen, damit es keine starke Reibung gibt.
- Ein Weichspüler ist bei samtigen Stoffen sehr empfehlenswert, da dadurch der Flor gleichmäßiger fällt.
- Nach dem Kurzschleudern schütteln Sie die Teile kräftig durch. Auch während des langsamen Trocknens sollten Sie das Material öfters aufschütteln, damit sich der Flor wieder schön aufrichtet. Kurz bevor der Samt ganz trocken ist, können Sie den Flor mit einem anderen Samtstück gegen den Strich bearbeiten.
- Falls der Flor nach dem Waschen und Trocknen strapaziert aussieht, hilft eine Kaltluftbehandlung im Wäschetrockner.

Besonders die gewirkten Teile aus Nickistoff oder Pannesamt werden im Wäschetrockner „samtig". Geben Sie die Samtteile aber immer alleine in den Trockner, da sie von anderen Teilen die Flusen binden.

- **Bügeln Sie grundsätzlich Samt so wenig wie möglich.** Lassen Sie leicht verknitterte Teile lieber in feuchter Luft aushängen, stärkere Knitterfalten können Sie vorher mit einer angefeuchteten Veloursbürste behandeln. Sehr viel schneller und effektiver geht es mit Vertikalbügeln und einem kräftig dampfenden Bügeleisen! Sie sollten das Bügeleisen nie ohne geeignete Unterlage direkt auf den Stoff aufsetzen. Am besten legen Sie ein anderes Stück Samt mit der Florseite nach oben auf das Bügelbrett. Da Samt immer von links gebügelt wird, greifen die feinen Härchen der Samtteile dann beim Bügeln ineinander und können nicht flachgedrückt werden. Ideal ist natürlich ein spezielles Drahtbügelbrett, das im Schneiderfachhandel erhältlich ist und sich lohnt, wenn Sie selbst schneidern und viel Samt verarbeiten.
- Da an den Kanten immer etwas Flor abgerieben wird, bilden sich beim Verlängern von Hosen oder Ärmeln sichtbare Streifen. Diese können Sie nicht mehr unsichtbar machen, doch schummle ich da gerne mit gleichfarbigen Filzstiften.

101

Seide

Echte Seide ist ein hauchdunner eiweißhaltiger Endlosfaden, gewonnen aus dem Kokon von Schmetterlingen. Daraus lassen sich die schönsten und farbenprächtigsten Stoffe herstellen. Doch spätestens wenn die Teile verschwitzt, verschmutzt oder fleckig sind, zeigt diese Diva unter den Stoffen ihr sensibles Gesicht.

WAS SCHADET DER SEIDE?

- Seide nur im Schatten auslüften, denn **UV-Strahlen** machen die Seide matt und brüchig.
- Seide ist **empfindlich gegen Schweiß,** die Salzkristalle machen das Gewebe ebenfalls brüchig. Verwenden Sie unbedingt Unterarmeinlagen für Teile mit eng sitzendem Ärmelansatz.
- **Deos und Parfüm** verändern die Farbe der meist sehr satt eingefärbten Seidenstoffe, es kommt zu Rändern und Verfärbungen.
- Die **randlose Entfernung einzelner Flecken** auf Seide ist schwierig! Bei waschbaren Teilen ist es besser, das ganze Seidenteil zu waschen. Denn Reibung beschädigt die Seide und Wasser führt zu typischen Wasserrändern. Aber auch chemische Reinigungen kapitulieren mitunter vor stark fleckiger Seide und nehmen sie nur unter Vorbehalt an.

HINWEIS

Seide kann an Liegefalten allmählich brechen. Deshalb Seidenkleidung immer hängend aufbewahren. Seidenschals nur ganz locker falten und möglichst einzeln in flache Kartons legen.

WELCHE SEIDE IST WASCHBAR?

Hemden, Blusen, Bettwäsche, Unterwäsche und Schals aus leichter glatter Seide, Waschseide oder Seidenjersey lassen sich sehr gut waschen. Vorhänge aus Wildseide sind auch waschbar, doch sind die Teile für die üblichen Trommeln der Haushaltswaschmaschinen häufig zu groß. **Denn Seide braucht viel Wasser!** Einige Seidenstoffe dürfen nur chemisch gereinigt werden, weil sie sich in Wasser stark verändern. So sind im Seidencrêpe stark gedrehte Garne enthalten, die bei Wassereinwirkung extrem schrumpfen. Glatte Seidentafte verkrumpeln und die kräftigen Seidenstoffe mit restlichem Seidenleim oder einer Appretur werden durch das Waschen oft labberig. Auch alte, leicht brüchig werdende Seidenstoffe, bestickte oder bemalte Seide, Seidenbrokate, Chiffon und Organza, sowie alle aufwendig konfektionierte Seidenkleidung (Kostüme, Korsagen und Krawatten) geben Sie besser in eine gute chemische Reinigung.

SEIDE WASCHEN

- Seide darf nur sehr schonend gewaschen werden und dabei werden stärkerer Schmutz oder Flecken oft nicht ausreichend entfernt. Sie können aber eine kurze Vorbehandlung mit flüssiger neutraler Gallseife oder einer milden Flüssigbleiche machen. Trotzdem – nie die Vorprobe vergessen. Machen Sie diese Fleckbehandlung immer unmittelbar vor der Wäsche. Spätestens nach fünf Minuten beginnen Sie mit dem Waschen.
- Teile mit wenigen Farbkontrasten können in der Waschmaschine gewaschen werden. Nur **Schonwaschgang oder Seidenprogramm** wählen. Beachten Sie die verringerte Füllmenge in diesen Programmen. Seide ist im nassen Zustand sehr empfindlich und verliert durch zu starke Mechanik ihren Glanz. Verwenden Sie deshalb einen Wäschesack.
- 30 °C Waschtemperatur, für Unterwäsche aus Seidenjersey auch 40 °C.

MEIN SPEZIELLER TIPP

Das falsche Waschmittel kann bei Seide großen Schaden anrichten. Seide ist eine Eiweißfaser und verträgt keine alkalischen Waschmittel und keine eiweißabbauenden Enzyme (Proteasen). Die Fasern werden dadurch rau, matt und an den Nähten brüchig. Wollwaschmittel sind nur geeignet, wenn sie keine rückfettenden Substanzen enthalten. Diese machen die Seide schwer und schmierig. Deshalb sind auch die meisten Dusch- und Haarshampoos nicht geeignet, obwohl dieser Tipp immer wieder zu lesen ist. Nehmen Sie für die kostbaren Teile nur Waschmittel, die für Seide ausdrücklich empfohlen werden.

- Farb- und faserschonender ist die Handwäsche, vor allem, wenn es die erste Wäsche des Seidenteils ist. Die Teile in reichlich Waschflotte legen und ständig hin und her bewegen. So kann sich ablösende Farbe nicht an anderer Stelle festsetzen. Nicht reiben oder bürsten. Beginnen Sie nach fünf Minuten mit dem Ausspülen in lauwarmem Wasser.
- Seide kann durch etwas **Essigessenz** im letzten Spülbad gefestigt werden. Durch die Säure wird die Eiweißstruktur stabilisiert, die eventuell doch aufgerauten Fasern werden geglättet und die Seide bekommt wieder mehr Glanz. Da Essig auch die Kalkreste von sehr hartem Wasser beseitigt, werden die Farben aufgefrischt.
- Keinen Weichspüler verwenden.
- Seide kann sich wie Wolle nass leicht verziehen. Deshalb gerade große Schals nicht tropfnass aufhängen, sondern ganz kurz anschleudern oder in Frottiertücher einrollen und liegend trocknen. Hemden und Blusen werden auf Formbügeln getrocknet.

SEIDE BÜGELN

- Seide feucht (auf keinen Fall nass) **von links bügeln** mit max. 140–150 °C. Gehen Sie dabei vorsichtig über die Nähte, damit es rechts keine Abdrücke gibt. Der rollierte Rand wertvoller Seidentücher wird nicht flach gebügelt.
- Seide **nie mit Wasser besprühen,** damit es zu keiner Fleckbildung kommt. Vorsicht bei Dampfbügeleisen, sie dürfen nicht tropfen. Trocken gewordene Seide wird in ein feuchtes Tuch eingewickelt oder unter einem dünnen feuchten Tuch gebügelt. Dampfbügeleisen, die zuverlässig sparsam bedampfen, können verwendet werden.
- Wildseide darf auch trocken gebügelt werden.

Leinen

Leinen ist der älteste Bekleidungsstoff der Menschheit. Es sind die Bastfasern des Flachsstängels und sie bestehen nicht wie die Samenhaare der Baumwolle aus Einzelfasern, sondern aus Faserbündeln. Die 2–4 cm langen Einzelfasern sind durch Pflanzenleime miteinander verklebt. Diese Kombination aus Zelluloseketten und Pflanzenleim geben Leinenstoffen die typischen Eigenschaften.

HINWEISE

Bei Leinen mit Pflegeleichtausstattung wird durch Kunstharze die Elastizität der Stoffe erhöht. Das Knitterverhalten wird verbessert, jedoch leidet das Saugvermögen. Wenn Polyester oder Elastan mit verarbeitet sind, achten Sie unbedingt auf die empfohlene Wasch- und Bügeltemperatur.

- Durch den Leim ist Leinen steifer und härter als Baumwolle, die Oberfläche ist glatter und glänzender, weniger schmutzanfällig und nicht fusselnd.
- Leinen schließt kaum Luft ein und wirkt deshalb nicht wärmend.
- Leinen ist sehr saugfähig. Die Feuchtigkeit wird rasch aufgenommen, aber auch rasch wieder abgegeben und diese Verdunstungskälte **wirkt kühlend.**
- Leinen ist durch den Leim nicht elastisch, deshalb knittert es so stark.
- Leinen ist die reißfesteste Pflanzenfaser, aber die Scheuerfestigkeit ist wegen der typischen Fadenverdickungen geringer als bei Baumwolle.
- Leinen neigt wie Baumwolle bei den ersten Wäschen zum Einlaufen und wird deshalb vor der Verarbeitung oft vorgewaschen/vorgeschrumpft.

- Leinen ist wegen des Leims nicht so leicht zu färben wie Baumwolle.
- Kaufen Sie die Kleidung immer mit legerem Sitz!

PFLEGE VON LEINENKLEIDUNG

Je öfter Leinen gewaschen wird, desto weicher wird es, da immer etwas Leim (und damit auch etwas Farbstoff) ausgewaschen wird.

- Bei der Fleckentfernung nicht stark reiben, sonst werden die Faserbündel aufraut und es entstehen helle Stellen.
- Stärken der Stoffe verstärkt die Knitterbildung, dagegen können Weichspüler die Knitterfalten vermindern und das Bügeln erleichtern.
- Leinen benötigt beim Waschen sehr viel Wasser, die Faser muss quellen können. Bei starker Verschmutzung lohnt sich daher Einweichen in klarem Wasser.
- Gewaschen wird im **Pflegeleicht-Programm,** dabei die Waschmaschine möglichst nur halb füllen.
- Leinenweber empfehlen zum Erhalt des Faserleims Feinwaschmittel und keine alkalischen Voll- bzw. Colorwaschmittel. Der Pflanzenleim löst sich in heißer Lauge eher auf, die Faserbündel zerfallen in Einzelfasern.
- Für weißes Leinen kann Fleckensalz (Oxidationsbleiche) verwendet werden. Wenn mit Feinwaschmittel ohne optische Aufheller gewaschen wird, kann auch in der Sonne getrocknet werden.
- Naturleinen immer nur mit Waschmittel ohne optische Aufheller waschen, damit der Naturfarbton erhalten bleibt.
- Farbige Kleidung bis 40 °C und weiße Teile bis 60 °C waschen.
- Nicht schleudern und nicht in den Trockner geben. Möglichst tropfnass aufhängen und sorgfältig in Form ziehen.

Viskose

Viskosefasern und verwandte Fasern sind „unechte" Chemiefasern, denn die Ausgangsprodukte sind natürliche Polymere. Aus Holz oder Baumwollabfällen wird zunächst Cellulose isoliert, diese wird in Chemikalien gelöst und als viskose Masse zu neuen Cellulosefasern mit veränderten Eigenschaften gepresst. Heute gehört eine ganze Gruppe von Fasern mit unterschiedlichen Eigenschaften zur vielseitigen „Viskosefamilie".

VISKOSE (KURZZEICHEN CV)

Dies ist die einfachste und preiswerteste, aber auch die empfindlichste Viskosefaser. Die Ausgangscellulose kann aus Baumwollabfällen oder verschiedenen Holzarten stammen. Heute wird immer mehr Cellulose auch aus Bambus gewonnen. Die als besonders ökologisch angepriesenen Bambustextilien sind also Viskosefasern.

Da für CV die Cellulose zwischendurch durch Lösemittel chemisch verändert wird, haben die Cellulosefasern im Vergleich zu Baumwolle eine lockerere Struktur. Deshalb ist dieses Material nicht so reißfest und strapazierfähig, aber extrem saugfähig. Sobald die Fasern feucht werden, verlieren sie viel von ihrer Scheuer- und Reißfestigkeit. Das macht sich bereits beim Tragen durch die normale Körperfeuchtigkeit bemerkbar. Am empfindlichsten reagieren gewirkte Viskoseteile, deshalb können sich in T-Shirts und Tops bereits durch leichtes Scheuern an Gurten, Taschen usw. winzig kleine Löcher bilden, die sich beim Waschen vergrößern.

PFLEGEHINWEISE

- Wegen der geringen Strapazierfähigkeit im nassen Zustand die Kleidung im Wäschesack waschen und nicht zusammen mit schweren Teilen wie Jeans in die Waschmaschine geben. Wählen Sie ein **Feinwaschprogramm bei max. 40 °C,** Feinwaschmittel und nur ein schonendes Kurzschleudern.
- CV-Viskose kann, wenn sie nicht mit Kunstharzen ausgerüstet oder besonders veredelt wurde, hart und stark geschrumpft aus der Waschmaschine kommen! Die Teile dann keinesfalls dehnen, denn sie können sehr leicht reißen. Nicht in den Trockner geben, sondern auf einem Bügel trocknen.
- Beim Bügeln geht die Faser beinahe vollständig in ihre alten Maße zurück. **Rechnen Sie aber trotzdem mit ca. 3–5 % Schrumpfung.**
- Viskose darf nicht mit Hypochloritbleichen behandelt werden und auch eine längere Behandlung mit Säuren kann rasch zu Faserschäden führen.

MODAL (CMD)

Modal ist eine verbesserte Viskose und wird aus langfasriger Cellulose aus Buchenholz hergestellt. Modal ist nassstabiler, elastischer und damit weniger knitternd. Besonders beliebt ist „Mikromodal" für Unterwäsche oder als Beimischung zu Baumwollfrottierstoffen, da die Fasern viel Wasser und Schweiß aufnehmen können.

ACETATFASERN (CA)

Acetatfasern bestehen nicht aus reiner Cellulose, sondern die Cellulose ist durch Essigsäure verändert worden. Die Stoffe haben einen matten Glanz und sind mit Seide vergleichbar, aber viel knitterärmer und pflegeleichter. Sie sind gut waschbar, aber nur bis 30 °C Feinwäsche. Bügeln kann meist entfallen. Wenn gebügelt wird, nur bei geringer Temperatur, da sonst der Glanz leidet. Vorsicht bei der Entfernung von Flecken mit Lösemitteln! Aceton, aber auch einige Nagellackentferner lösen die Faser sofort an und es entstehen Löcher.

TRIACETAT (CTA)

Triacetat wird vor allem als Tricel oder Arnel für Futterstoffe und leichte Oberbekleidung verwendet und ist chemisch noch stärker verändert.

LYOCELLFASERN (CLY)

Lyocellfasern sind das jüngste Kind in der Viskosefaserfamilie mit einer nochmals verbesserten Qualität. Lyocell wird zu Füllungen in Bettzeug, Bettwäsche, Funktionswäsche und gewirkter und gewebter Oberbekleidung verarbeitet.

Stretchkleidung

In jedem Kleiderschrank hängen oder liegen heute bequeme Teile mit Stretchfasern. Selbst wer sonst Synthetikfasern ablehnt, akzeptiert diese mitverarbeiteten hochelastischen Fasern aus Elastan für einen perfekten Sitz.

EIGENSCHAFTEN

- Perfekt sitzend mit trotzdem ausreichender Bewegungsfreiheit. Kaufen Sie die Teile deshalb genau passend.
- Formbeständig und knitterarm, da die Stoffe sich unter Zugeinwirkung dehnen und wegen der hohen Rücksprungkraft in die ursprüngliche Form zurückgehen. Je nach Verarbeitung wird eine Längen-, Quer-, oder Bi-Elastizität erreicht. Hosen sollten bi-elastisch oder zumindest querelastisch sein.
- Die Stoffe sind schnell trocken und beinahe bügelfrei.
- Die Herstellung und Verarbeitung ist aufwendig und erfordert großes Fachwissen. Deshalb gibt es große Qualitätsunterschiede – leider für uns erst im Gebrauch und nicht über den Preis erkennbar. Machen Sie bereits im Geschäft eine kräftige Dehnprobe in alle Richtungen und beobachten Sie, wie groß die Rückstellkraft ist.
- Manchmal kommt es vor, dass Stretchteile nach dem ersten Waschen stark schrumpfen. Dies ist ein Konfektionsfehler! Beim Herstellen des Stoffes wird das Garn stark gedehnt, aber die Dehnung muss vor der Weiterverarbeitung vollständig zurückgehen. Falls das nicht sorgfältig durchgeführt wird, tritt die Schrumpfung erst nach dem Waschen ein.

WODURCH KÖNNEN ELASTANE DIE ELASTIZITÄT VERLIEREN?

- Wie bei allen elastischen Materialien lässt die Elastizität durch intensiven Gebrauch und Alterung nach. Sie können das hinauszögern, indem Sie die Teile nicht tagelang hintereinander tragen. Die Elastane brauchen eine Zeit lang, bis sie wieder vollständig in die Ausgangslage zurückgekehrt sind. Spätestens nach zwei Tagen Tragezeit für 24 Stunden aushängen oder waschen.
- Elastizitätsverluste werden beschleunigt durch zu viel Hitze im Wäschetrockner oder Trocknen auf der Heizung. Im Allgemeinen wird bei Stretchstoffen vor dem Wäschetrockner gewarnt. Er soll mitverantwortlich sein für das Ausleiern. Dagegen sagen die Hersteller der Elastikfasern, dass bei einer ordentlichen Qualität genau das Gegenteil eintritt. Bei 10–15 Minuten Pflegeleichtprogramm (zur Sicherheit „bügeltrocken" einstellen) können die Fasern sich nicht verformen, sondern die Elastizität, die durch zu langes Tragen verloren ging, wird wieder regeneriert. Aber die Trommel darf nur halb gefüllt sein und stellen Sie auf keinen Fall „trocken" ein.
- **Elastanfasern nicht in der prallen Sonne trocknen.** Viele Stabilisatoren und Faserzusätze sind empfindlich gegenüber UV-Strahlen.
- Hautfett und Kosmetika mit Fettanteilen schaden langfristig der Elastizität, da sie in die Fasern hinein diffundieren und wie ein Störstoff wirken können. Deshalb werden gute Qualitäten so verarbeitet, dass der Elastanfaden möglichst keinen direkten Hautkontakt hat.
- Das Waschen stark verschmutzter Teile sollte bald erfolgen, da Schmutz, vor allem Pigmentschmutz, in die elastischen Stoffe gut eingelagert wird. Scharfkantiger Schmutz beschleunigt den Verschleiß.
- **Verwenden Sie keinen Weichspüler,** da dieser die Rückstellkraft herabsetzt und die nackten Elastanfäden sich leicht aus dem Gewebe herausarbeiten.
- Vermeiden Sie Bügeln. Wenn doch geglättet werden muss, bügeln Sie nur kurz und maximal bei Wolleinstellung.
- Elastane sollten nicht zu häufig chemisch gereinigt werden, da die Elastizität schneller verloren geht. Nach der Reinigung etwas länger auslüften.

PFLEGETIPPS

- Ausschlaggebend für die Pflege sind in erster Linie die Begleitfasern, da der prozentuale Anteil für die Polyurethanfasern immer geringer ist. Leider ist trotz verbesserter Elastanqualitäten bei den Pflegeetiketten das Underlabelling extrem verbreitet. So werden für Jeans mit 2 % Elastan heute fast nur noch 30 °C-Pflegeleichtprogramm empfohlen, während noch vor einigen Jahren 40–60 °C im Normalprogramm angegeben wurden.
- Richten Sie sich bei den Waschbedingungen immer nach der empfindlichsten Faser im Stretchteil. Baumwollunterwäsche kann bei Verwendung der richtigen Elastane durchaus bei 60 °C gewaschen werden.

- Da sich aus Stretchstoffen pulverförmige Waschmittel schlecht ausspülen lassen, empfehle ich Flüssigwaschmittel.
- Fast alle Hersteller warnen vor Chlorbleiche, da es zu einer Abnahme der Elastizität bis hin zu Faserbrüchen kommen kann. Ausnahme sind neue Spezial-Elastane, die inzwischen auch die üblichen Chlorbleich-Behandlungen von modischen Jeansstoffen überstehen.
- Dagegen können andere Bleichmittel (Sauerstoffbleiche, Reduktionsbleiche) verwendet werden und sie sollten auch zum Einsatz kommen, da weiße und helle Stoffe leicht vergrauen. Dies wird durch eingelagerten Pigmentschmutz aus der Waschlauge verursacht. Während des Waschens werden die Stoffe gedehnt und in den gedehnten Stoff werden die Pigmente fest eingelagert.

Lederbekleidung

Lederkleidung ist in allen Altersklassen beliebt! Aber die Kleidung ist auch immer eine kleine „Investition" und deshalb lohnt ein gewisser Pflegeaufwand. Hier sind meine Tipps für gut gepflegte Lederbekleidung, damit Sie jahrelang Freude an Ihren ledernen Alltagsbegleitern haben.

PFLEGETIPPS

- Bekleidungsleder sind weiche Nappa- oder Veloursleder vom Lamm oder Ziege. Robuste pigmentierte Leder werden nur selten für Freizeitjacken oder Motorradbekleidung verarbeitet.
- Die meiste Lederbekleidung ist heute beim Kauf gut imprägniert, so dass Sie je nach Trageintensität erst nach einiger Zeit neu imprägnieren müssen.
- **Leder muss vor starker Wärme und starkem Licht mit hohem UV-Anteil geschützt werden,** da es austrocknen und aufgehellt werden kann.

- Jedes Reinigungs- und Pflegemittel braucht vor dem Einsatz eine sorgfältige Vorprobe.
- Vermeiden Sie alle starken Lösemittel wie Universalverdünnung, Nagellackentferner, Terpentin oder Orangenöl. Selbst Waschbenzin oder Spiritus können je nach Färbung zu Farbverlusten führen.
- Ist Ihre Lederbekleidung nass geworden, das Teil sofort auf einen breiten Formbügel hängen und luftig bei Raumtemperatur trocknen lassen. Nie trocken föhnen, da im feuchtwarmen Milieu die gegerbten Lederfasern verleimen! Falls sich während des Trocknens Wasserränder ausbilden, werden diese mit einem leicht angefeuchteten Tuch immer wieder abgerieben. Leder wird durch Nässe etwas hart, deshalb nach dem Trocknen mehrmals kneten und walken.
- Leder wird trocken und luftig gelagert. Hängen Sie helles Leder nie direkt neben dunkle Lederbekleidung, da es leicht zu einer „Wanderung" von Farbstoffen kommt. Selbst auf hellen Autositzen können bei längeren Autofahrten von dunkel gefärbten Lederhosen Farbstoffreste übertragen werden.

HINWEIS

Kaufen Sie kein unangenehm riechendes Leder! Ursachen für den Geruch sind eine schlechte Aufarbeitung oder eine Gerbung mit dubiosen (sogar fäkalen!) Mitteln. Lüften bringt wenig, aber Sie können die Teile in eine dicke Kunststofffolie packen und dazu einen Lappen getränkt mit Essigessenz legen. Falls der Gestank von basischen Gerbstoffen kommt, bindet die Essigsäure die Stinkstoffe. Aber manches Leder verliert nie seinen unangenehmen Geruch!

GLATTLEDER

Glattleder ab und zu mit einem Baumwolltuch trocken oder feucht abreiben und einmal jährlich mit einer speziellen imprägnierenden Ledermilch pflegen, damit es nicht brüchig wird. **Leder braucht eine Fettpflege,** damit es schön geschmeidig bleibt und der Schmutz nicht so schnell einziehen kann. Die meisten Pflegemittel für Glattleder ersetzen dann sogar eine Imprägnierung. Vor dem Auftrag des Pflegemittels wird mit einem speziellen Schaumreiniger für Leder oder dem Schaum eines Wollwaschmittels gereinigt. Immer kreisförmig von Naht zu Naht reinigen, um Ränder und Fleckenbildung zu vermeiden.

RAULEDER

Neue Teile anfangs immer wieder absaugen oder abbürsten, um den Schleifstaub zu entfernen. **Regelmäßig mit einer Kreppbürste aufrauen,** bearbeiten Sie dabei vor allem die stärker strapazierten Stellen wie Kragen, Tascheneingriffe, Knopfleisten oder Ärmelkanten. Rauleder braucht ein- bis zweimal jährlich eine neue Imprägnierung.

ZWISCHENREINIGUNG VON LEDERKRAGEN

- Die typischen Fettränder sind extrem schwierig zu entfernen, da sie tief ins Leder eingedrungen sind. Achten Sie deshalb bei empfindlichen hellen Ledern und Rauleder immer auf eine gute Imprägnierung im Kragenbereich und tragen Sie Lederjacken mit Rollkragen oder einem Schal.

- Speckränder bei Glattleder können Sie mit Schlämmkreide oder weißem Ton (Apotheke) bearbeiten, da das Pulver von der glatten Fläche wieder gut entfernbar ist. Das Pulver leicht einreiben und mindestens zwei Stunden einwirken lassen. Die Wirkung wird durch leichtes Föhnen vor dem Einreiben mit dem Pulver erhöht.

- Bei Rau- oder Veloursleder arbeiten Sie mit einer speziellen Gummibürste, einem speziellen Rauwlederreinigungstuch oder einem Lederradierer. Legen Sie den Kragen auf den Tisch und bürsten oder reiben Sie immer in eine Richtung. Stoppen Sie rechtzeitig, denn zu starkes Reiben und Rubbeln beschädigt die Oberfläche.

- Ein Versuch wert ist auch die Behandlung mit dem Schaum eines Lederwaschmittels oder eines Wollwaschmittels. Erzeugen Sie mit einem Schwamm etwas Schaum, behandeln Sie damit die Ränder und reiben Sie sofort mit einem sauberen Tuch nach.

FLECKENENTFERNUNG

- Flecken verursacht durch eingezogene wasserlösliche Substanzen lassen sich meist nur durch eine Wäsche oder Reinigung entfernen.

- Frische Fettflecken mit einem Föhn kurz erwärmen und sofort weißen Ton (ersatzweise Kreide, Mehl oder Magnesia) kräftig einmassieren. Restflecken verteilen sich meist allmählich im Leder. Wachsflecken kühlen und abheben.

- Kleinere Farbschäden und Abschürfungen an den Stoßkanten können bei Glattleder mit Ledereinziehfarben (im Fachhandel erhältlich) ausgeglichen werden. Für Rauleder gibt es zwar pigmenthaltige Rauwlederpflegemittel, doch färben diese nach Gebrauch ab.

LEDER WASCHEN

- Lederbekleidung kann selbst gewaschen werden, sofern sie entsprechend gegerbt, einigermaßen formstabil und nassecht gefärbt ist. Und natürlich kommt es auf die Konfektionierung der Teile an.

- **Waschen Sie Leder so selten wie möglich und mit einem leicht rückfettenden, speziellen Lederwaschmittel.** Ich selbst habe damit eine 20 Jahre alte Lederjacke mit sehr gutem Ergebnis gewaschen. Verwenden Sie nur ersatzweise ein Wollwaschmittel.

- Die Farbe wird bei stark ausblutenden Teilen (schwarzes, rotes, blaues Leder) und mehrfarbiger Lederbekleidung mit einem Lederfixativ (Fachhandel) vorbehandelt.

- Auch die stark verfetteten Stellen brauchen eine Vorbehandlung mit dem Waschmittel.

- Sie können in der Waschmaschine im **Feinwäscheprogramm mit 30 °C** oder mit Hand waschen.

- Nach dem Waschen wird das Leder in Form gezogen und bei Zimmertemperatur langsam getrocknet. Während des Trocknens immer wieder walken und aufschütteln. Falls das Leder nach dem Waschen doch etwas hart und geschrumpft ist, hilft nur geduldiges Ziehen, Rubbeln oder Walken. Achtung bei Spaltleder – das Material kann beim Ziehen reißen! Sie können die trockenen Teile auch 30 Minuten mit Kaltluft im Trockner behandeln.

- Nach dem Waschen wird Glattleder mit einer imprägnierenden Pflegemilch gepflegt. Rauleder wird frisch imprägniert und mit einer Kreppbürste aufgeraut.

- Leichte Falten können durch Föhnen des trockenen Leders(!) und Glattziehen beseitigt werden. Reicht das nicht aus, kann mit einem Tuch ohne Dampf glatt gebügelt werden.

HINWEIS

Spezialreinigungen, die mit Kohlenwasserstoffen arbeiten, werden von Fachbetrieben angeboten. Diese Lösemittel entfernen aber auch viel Farbe und das natürliche Lederfett, weshalb die Teile sorgfältig nachgearbeitet und oft auch nachgefärbt werden. Das erklärt die hohen Reinigungspreise!

Rund um den Schuh

Gehen Sie gerne ins Schuhgeschäft und probieren Sie freudig all die tollen Kreationen an Ihren Füßen aus? Trotzdem sind wir meist erleichtert, wenn ein Modell schön, passend, bequem und gleichzeitig auch bezahlbar ist. Aber danach werden die Schuhe getragen und dabei extrem belastet. Schon bald zeigt sich natürlicher Verschleiß und es wird Zeit für die richtige Schuhpflege.

Lederschuhe

Zu Leder wird immer nur der mittlere Teil einer Tierhaut verarbeitet. Die oberste Horn- und Schleimhautschicht samt Haaren wird vor der Gerbung chemisch und die Unterhaut mechanisch entfernt. Erst durch die Gerbung werden die Eiweißfasern vernetzt zu Leder, zu einem wasserfesten, fäulnisstabilen, elastischen, geschmeidigen und atmungsaktiven Eiweißgeflecht.

SCHADSTOFFE IM LEDER

Leder ist ein Naturprodukt, aber beim Zurichten der Felle, beim Gerben und beim Färben werden bis zu 20 % Chemikalien eingesetzt, die beim Kontakt über die Haut in den menschlichen Körper gelangen können. In Deutschland müssen bei der Produktion die Bedarfsgegenstände-Verordnung und die Chemikalienverbotsverordnung eingehalten werden – deshalb gibt es kaum noch eine deutsche Lederproduktion. Außerhalb der EU sind die Vorschriften lascher. „Made in Germany", „Öko-Leder" oder „Naturleder" sind kein Garant für schadstoffarme Schuhe oder Lederartikel, da das Leder oft aus dem Ausland kommt und die staatlichen Kontrollbehörden bei uns nur Stichproben machen können. Besser ist das SG-Zeichen (schadstoffgeprüft) oder Öko-Tex Standard 116. Hier wird auf Allergene, Azofarbstoffe, PCB, Formaldehyd, Chlorphenole und auf Schweiß-, Reibe-, Wasser- und Speichelechtheit geprüft. Trotzdem: Tragen Sie geschlossene Lederschuhe und andere Lederartikel möglichst nicht auf nackter Haut!

LEDER IST NICHT GLEICH LEDER

Die meisten Schuhe sind aus gedeckt gefärbten, unempfindlichen Ledern. Auf das Leder ist eine dicke schützende Pigmentschicht mit Bindemitteln aufgetragen. Die Poren der Lederhaut sind nicht mehr zu erkennen. **Nur ganz hochwertige Schuhe werden aus ungedecktem, offenporigem Leder gearbeitet.** Der Farbstoff zieht in das Leder ein, die natürliche Narbung ist noch sichtbar. Wenn ein Wassertropfen langsam in das Leder einzieht und als dunkler Fleck bis zum Abtrocknen sichtbar bleibt – dann ist es offenporiges, empfindliches Leder! Rauleder ist durchgefärbt und angeschliffen, bei Veloursleder die Fleischseite, beim feineren Nubuk die Narbenseite. Es ist unempfindlich gegen Kratzer, aber wasser- und fleckempfindlich.

DIE RICHTIGE REIHENFOLGE FÜR DIE SCHUHPFLEGE

1. Neue Schuhe immer imprägnieren

Für robuste gedeckte Leder reicht eine Erstpflege mit einer Hartwachspaste (siehe Punkt 4). Sie brauchen keine zusätzliche Imprägnierung! Für Schuhe aus offenporigem, hellem Leder oder Reptilleder empfehle ich eine zusätzliche Imprägnierung. Noch wichtiger ist die Imprägnierung bei Rauviederschuhen, die vor dem ersten Tragen möglichst zweimal behandelt werden. Danach aufrauen: Nubuk mit einer Kreppbürste, Velours mit einer Messingbürste. Sie können auch Ledersohlen imprägnieren oder Sie verwenden ein spezielles Sohlenöl.

2. Ausruhen und Spannen

Schuhe einen Tag tragen, dann mit einem Holzspanner ausspannen und dem Schuh mindestens 24 Stunden Zeit zum Erholen geben.

3. Reinigen

Losen Schmutz entfernen Sie mit einer Schmutzbürste oder einem feuchten Tuch.

Stark verschmutzte Schuhe können komplett unter fließendem lauwarmem Wasser abgewaschen werden. Das gleiche Vorgehen empfiehlt sich bei Regen- oder Schneerändern. Das sind auskristallisierte Salze, die sich beim Abwaschen wieder lösen. Bearbeiten Sie immer den ganzen Schuh! Falls der Schuh extrem fleckig ist, kann Glattleder mit einer Leder- oder Sattelseife und Rauleder mit Wollwaschmittel gereinigt werden. Sattelseife enthält rückfettende Substanzen und ist deshalb für Rauleder ungeeignet. Diese Nass-Behandlung überstehen alle Schuhe, nur auf ganz hellen, ungedeckten Ledern können durch gelöste Gerbsalze Flecken entstehen.

Danach die Schuhe gut trocken reiben und ausspannen. Nie auf der Heizung trocknen, das Leder wird spröde und rissig.

4. Schützen, pflegen und Farbe auffrischen

Verschmutzte Schuhe nie ohne Vorreinigung pflegen! Der Schmutz wird sonst in die Pflegeschicht eingebunden. Der beste Oberflächenschutz für pigmentierte Glattlederschuhe sind **natürliche Hartwachse wie Carnaubawachs.** Bevorzugen Sie eine sogenannte Dosenware mit bis zu 30 % Wachsanteilen und einem geringen Farbpigmentanteil (0,5 %), gelöst in Lösemitteln wie Balsam-Terpentinöl. Das Lösemittel reinigt gleichzeitig noch die alten Wachsschichten und es kommt zu keinem Schichtenaufbau! Wählen Sie den gleichen Farbton oder eine Nuance dunkler. Wenn Sie farbige Schuhe immer nur mit farblosen Produkten pflegen, werden die Schuhe mit der Zeit grau.

Diese Hartwachspasten erscheinen auf den ersten Blick teurer, aber sie sind extrem sparsam, bieten den besten Schutz ganz ohne Imprägnierung, lassen sich wunderbar aufpolieren und sind zeitsparend, da Sie die Schuhe sehr viel seltener

pflegen müssen. Leider werden sie nicht mehr überall angeboten, obwohl gerade die besten Schuhhersteller diese Produkte empfehlen. Das Terpentinöl wird häufig negativ bewertet, dabei ist es genauso ein Terpenöl wie das bei Ökologen hochgeschätzte Orangenöl. Machen Sie aber immer eine Vorprobe! Bei Billigstschuhen mit irgendwelchen Beschichtungen kann die Oberfläche durch Lösemittel angegriffen werden.

Falls Ihre Schuhe einmal mehr Farbe brauchen, können Sie zu einer Emulsionscreme (Wasserware) in Tuben oder Glastiegeln greifen. Diese lösemittelfreien Produkte enthalten weniger schützende Wachse, dafür mehr Farbpigmente und emulgierte Fette, die mehr ins Leder einziehen und es geschmeidig halten, aber weniger Schutz aufbauen.

Ganz helle offenporige Glattleder und Reptilleder pflegen Sie nur mit diesen wässrigen, lösemittelfreien Cremen, da bei diesen Ledern die Lösemittel in das Leder eindringen und Flecken verursachen können. Da diese Pflege weniger Schutz bietet, brauchen diese Schuhe immer mal wieder eine Imprägnierung.

Zum **Ausbessern abgewetzter Stellen** eignen sich farblich passende Deckcremen mit reichlich Farbpigmenten. Bitte nicht flächig auftragen, da sie auf dem Leder unschöne Schichten aufbauen und die Bekleidung verfärben.

Vermeiden Sie Selbstglanzemulsionen! Sie bauen Schichten auf, die dann rissig werden.

Raulederschuhe werden regelmäßig mit einer Krepp- oder Messingbürste aufgeraut. Lässt die Farbe nach, können imprägnierende Sprays oder Flüssigkeiten mit Farbpigmenten eingesetzt werden. Nach dem Auftrag noch während des Trocknens wieder aufrauen.

5. Polieren

Bereits nach fünf bis zehn Minuten können Sie bei Glattleder durch kräftiges Polieren überschüssiges Pflegemittel entfernen und eine glatte, zusammenhängende Schutzschicht auf dem Leder aufbauen: Der Schmutz bleibt nicht haften, die Schuhe bleiben länger sauber. Schuhputzfanatiker lassen Hartwachspasten zum Aushärten der Wachse sogar noch länger einziehen. Wählen Sie eine weiche Bürste (Ziegenhaar!) oder ziehen Sie über eine gröbere Bürste einen alten Strumpf.

6. Aufbewahrung von Schuhen

Immer ausgespannt, luftig und trocken! Leder kann leicht schimmeln und dann muffig riechen.

Schuhprobleme

DRÜCKENDE SCHUHE

- Im Leder sind die Eiweißfasern durch die Gerbung relativ fest miteinander verbunden. Deshalb dauert es eine Weile, bis sich das Leder weitet. Rauleder gibt schneller nach, bei dick pigmentierten Glattledern brauchen Sie mehr Geduld.
- Bei nur leicht drückenden Schuhen ziehen Sie etwas dickere Strümpfe an, sprühen diese ganz leicht mit Wasser an und laufen in den Schuhen eine Stunde durch die Wohnung. Das Leder wird durch die feuchte Wärme etwas geschmeidiger. Die Schuhe ausziehen und dann sofort einen Schuhspanner einspannen.

- Etwas besser klappt es mit **Lederdehnungssprays.** Das sind leicht rückfettende Flüssigkeiten oder Schäume, die das Geflecht weiten und das Leder nach dem Trocknen durch die Öle weicher halten. Ich sprühe das Lederdehnungsmittel immer nur von innen auf die Druckstellen, um Flecken auf dem Leder zu vermeiden.
- Schmerzhafte Druckstellen z. B. an der Ferse können Sie vorsichtig mit einem Gummihammer ausklopfen. Noch besser lassen Sie dies den Schuhmacher machen, da er den Schuh über einen Dreifuß stülpen kann und so auch an schwierige Druckstellen kommt.
- Hilfreich sind auch verstellbare Schuhspanner (Schuhdehner), bei denen das vordere Holzteil über ein Gewinde gespreizt werden kann. Hier können Sie die Schuhe im vorderen Bereich durch langsames Dehnen weiten. Bitte immer vorsichtig und schrittweise arbeiten, damit sich der Schuhschaft nicht von der Sohle löst. Die Schuhdehner kommen bei spitzen Schuhen aber nicht

bis nach vorne! Zudem ist dort auch zu wenig Leder, um die Spitze überhaupt zu weiten.

ABFÄRBENDE SCHUHE

- Bei einer fehlerhaften Färbung oder Farbfixierung können die Schuhe auf Strümpfe und Füße abfärben. Ein anfänglicher leichter Abrieb ist akzeptabel, aber bei anhaltenden Problemen ist es ein berechtigter Reklamations- und Rückgabegrund. Wenn eine Rückgabe nicht möglich ist oder Sie die Schuhe behalten wollen, gibt es einige Möglichkeiten, die Belastung zu vermindern. Denn immer wieder werden unerlaubte Farbstoffe gefunden und viele der zugelassenen Produkte lösen häufig Kontaktallergien aus.
- **Tragen Sie Strümpfe oder Füßlinge!** Wenn das bei offenen Schuhen nicht möglich ist, behandeln Sie die Füße mit keiner pflegenden Fußcreme. Häufig sind darin Liposome enthalten, die die Aufnahme von Pflegestoffen in die Haut beschleunigen. Gleichzeitig wird dadurch auch die Aufnahme von Schadstoffen verstärkt. Empfehlen kann ich dagegen eine Hautschutzsalbe. Sie schützt und baut eine Barriere auf der Haut auf. Ersatzweise können Sie auf die gefährdeten Stellen etwas weiße Vaseline auftragen.
- Im Handel gibt es spezielle Lederfixative, die z. B. vor dem Waschen von mehrfarbiger Lederbekleidung eingesetzt werden und das Abfärben vermindern.

QUIETSCHENDE SCHUHE

- Schuhe machen aus ganz verschiedenen Gründen immer wieder unangenehme Geräusche und nicht immer ist es möglich, die Ursachen zu finden und abzustellen.
- Wenn **Leder auf Leder** reibt, können knarrende Geräusche entstehen. Wechseln Sie zunächst, falls Sie eine bienenwachshaltige Schuhpflege verwendet haben, auf ein synthetisches Pflegemittel.
- Bei anhaltenden Geräuschen verteilen Sie auf die Verbindungsstellen Talkumpuder. Talkum hilft auch, wenn im Schuh eine herausnehmbare Innen- oder Einlegesohle ist und dann „Pupsgeräusche" entstehen. Lose Sohle herausnehmen und mit Talkum ausstreuen.
- **Knarrende Ledersohlen** werden mit einem Sohlenöl behandelt und nach dem Eindringen des Öls etwas aufgeraut.
- Neue Kunststoffsohlen quietschen, wenn bei der Formung der Sohle zu viele Trennmittel zum leichteren Herauslösen aus der Form verwendet wurden. Einfach mit einer Messingbürste oder Schleifpapier etwas aufrauen.
- Vor allem bei Pumps können sich die Gelenkfedern aus Metall lockern oder gar brechen. Bei jedem Schritt ist ein leises Knackgeräusch zu hören. Bei neuwertigen Schuhen reklamieren, ansonsten kann eventuell ein Schuhmacher helfen.
- Bei **viel Fußschweiß** können durch Reibung zwischen den nassen Strümpfen oder Füßen und dem Schuh Quietschgeräusche entstehen.

SCHIMMELBEFALL

Werden Schuhe bei über 70 % Luftfeuchtigkeit und geringer Luftbewegung aufbewahrt, können sie schimmeln. Da die Schimmelsporen auch ins Ledergeflecht eindringen, ist eine Bekämpfung schwie-

rig. Stark verschimmelte Schuhe werden entsorgt, da durch den Fußschweiß der Schimmel weiter wachsen kann. Leichter, oberflächlicher Schimmel lässt sich mit 70–80 %igem Alkohol oder 70 % Isopropanol abwischen, aber bei empfindlichen Ledern kann der Alkohol die Oberfläche angreifen. Verwenden Sie hier besser einen organischen Schimmelentferner oder reiben Sie das Leder vorsichtig mehrmals mit Essigessenz (1:1 mit Wasser verdünnt) ab. Leder verträgt Säuren gut! Zusätzlich stellen Sie die Schuhe für zwei Tage mit in Essigessenz getränkten Tüchern in eine Kunststofftüte. Oxidationsbleichen können zur Schimmelentfernung auf Schuhen nicht verwendet werden.

Da Schuhe gern mit natürlichen Fetten gepflegt werden und diese Nährboden für Schimmel sind, sollten einmal von Schimmel befallene Schuhe nur noch mit Synthetikprodukten gepflegt werden.

STINKENDE SCHUHE

- Vorbeugung ist das Wichtigste, denn wenn die Gerüche tief in das Schuhmaterial eingezogen sind, wird der Gestank an die Materialien gebunden. Wichtigste Voraussetzung ist natürlich eine ausreichende Fußhygiene. Tragen Sie in überwiegend geschlossenen Schuhen grundsätzlich immer Strümpfe oder Füßlinge. Bevorzugen Sie saugfähige Materialien – optimal sind Wolle oder Funktionsware – damit keine Staunässe entsteht.
- Bevorzugen Sie bei starkem Fußschweiß **Schuhe aus Naturmaterialien.** Leder kann die Feuchtigkeit schneller aufsaugen und schneller nach außen abgeben als die meisten Synthetikmaterialien. Achten Sie deshalb bei Problemfüßen beim Neukauf auf die vollständige Deklaration (Piktogramme) der Materialien.

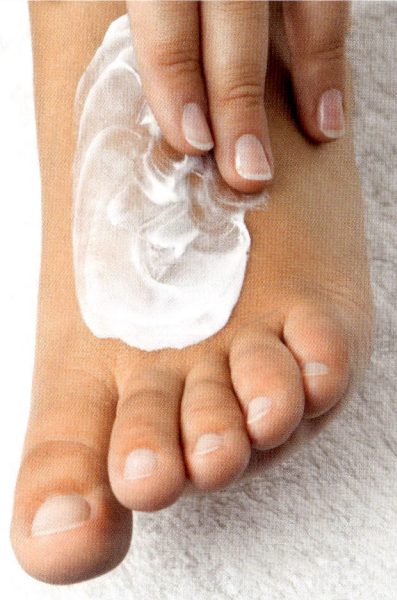

- Tragen Sie am besten Slipper oder Pumps, die Sie beim Sitzen z. B. am Tisch tagsüber kurz diskret ausziehen können.
- Vermeiden Sie enge Schuhe und kaufen Sie die Schuhe so groß, dass noch eine Einlegesohle hineinpasst. Wählen Sie zumindest waschbare Sohlen. Sehr wirksam sind Sohlen mit geruchs- und feuchtigkeitsbindender Aktivkohle. Nach einem Tragetag die Einlegesohlen immer herausnehmen und dem Schuh mindestens 24 Stunden Zeit zum Erholen geben. Untersuchungen zeigen, dass Auslüften nur über Nacht nicht ausreicht.
- Sprühen Sie zur Keimverminderung immer mal wieder alkoholhaltige Flächen- oder Händedesinfektionssprays in die Schuhe. Sie können sich auch selbst aus Spiritus und destilliertem Wasser eine 70 % Sprühlösung zubereiten. Sprühen Sie möglichst im Freien.
- Wer viel auf Reisen ist, kann zu speziellen Schuhkissen greifen. Sie ziehen die Feuchtigkeit schneller aus dem Schuh und enthalten pflanzliche, desinfizierende Substanzen.

MEIN SPEZIELLER TIPP

Sie können sich selbst preiswert aus geruchsbindender
Katzenstreu ein Kissen machen. Füllen Sie Katzenstreu
in Socken ein und stopfen Sie
die Schuhe damit über Nacht
aus. Nach zwei Wochen wird
die Füllung erneuert.

- Bei starker Schweißbildung morgens nach dem Waschen die Füße gründlich abtrocknen und **mit Fußpuder behandeln,** ebenso die Schuhe innen bestreuen. Puder „vergrößert" die Hautoberfläche, dadurch kann der Schweiß rascher verdunsten. Zusätzlich enthalten viele Puder adstringierende Aluminiumsalze und Parfümstoffe, leider aber häufig auch noch organische Desinfektionsmittel.

- Wer keinen Fußpuder verwenden will, kann ein altes Hausmittel ausprobieren: Mais- oder Reisstärke mit etwas Natron (Natriumhydrogencarbonat) mischen und aufstreuen. Das Natron bindet die Stinksäuren, kann aber allmählich auf der Haut den ph-Wert verändern. Deshalb Natron mit Stärke strecken und nicht zu häufig verwenden. Egal, was Sie bevorzugen – die feinen, pudrigen Substanzen so wenig wie möglich einatmen!

- Sie können auch zu einem **Schuhdeodorant** greifen. Es ist vor allem bei Sportschuhen mit viel Synthetikmaterialien eine wirksamere Vorbeugung.

- Bei extrem stinkenden Schuhen konnte ich die besten Erfolge mit alkoholischen Hautdesinfektionssprays, die noch Wasserstoffperoxid zur Oxidation der Geruchsstoffe enthalten, erzielen. Alkoholische Sprays alleine können zwar Bakterien vermindern, aber Gerüche werden zuwenig entfernt.

Stoffschuhe

Helle Stoffschuhe oder Turnschuhe werden schnell schmutzig, grau und schmuddelig. Zwar haben immer mehr Waschmaschinen ein spezielles Sportschuhprogramm, das überstehen aber nicht alle Schuhe unbeschadet.

STOFFSCHUHE WASCHEN

- Viele einfache Stoffschuhe überstehen eine kurze Maschinenwäsche im Feinwäscheprogramm ohne Zwischenschleudern bei 30 °C. Bei höheren Temperaturen kann der Klebstoff mehr ausbluten, es bilden sich auf hellen Schuhen gelbliche Ränder. Als Waschmittel empfehle ich ein Flüssigwaschmittel, eventuell ein sogenanntes Sportwaschmittel, das auch Geruchsvernichter enthält. Verwenden Sie bei weißen Schuhen zusätzlich etwas Flüssigbleiche. Vor dem Waschen Schnürsenkel und Einlegesohlen entfernen und die Schuhe einzeln in einen doppelten hellen Schuhbeutel oder Kissenbezug stecken. **Geben Sie in die Waschmaschine noch zusätzlich alte Frottiertücher.** Dadurch werden die

Schuhe geschont und die lästigen Geräusche während des Waschens gedämpft.

- Schuhe zum Trocknen zunächst für zwei bis drei Stunden zweimal mit Zeitungspapier oder Handtüchern ausstopfen, dann herausnehmen und gut trocknen lassen. Beim Trocknen nicht direkt auf die Heizung stellen, da sich in der feuchten Wärme rasch Schimmelpilze vermehren können. In der direkten Sonne können die UV-Strahlen dem Gummi schaden. Falls Sie einen Wäschetrockner mit Wollkorb haben, können Sie die Schuhe im Schonprogramm auf den Wollkorb stellen.

MEIN SPEZIELLER TIPP

Waschen Sie nie Espadrilles
und funktionelle Sportschuhe
mit Luftpolsterungen oder
Dämpfungen – hier könnte das
eindringende Wasser die Funk-
tionalität vermindern.
Bei Schuhen mit Korksohlen
kann die Sohle in der Waschmaschine brechen.

STOFFSCHUHE REINIGEN

- Die Schuhe lassen sich mit einem eingespannten Schuhspanner besser bearbeiten. Stoff und Gummi mit einem Schmutzradierer abreiben, bei weißen oder hellen Schuhen sind auch Schlämmkreide, ein weißer Putzstein und Scheuermilch hilfreich. Die Reste nach dem Trocknen einfach ausbürsten oder absaugen und eventuell noch mit einem feuchten Tuch nachreiben. Bewährt hat sich das **Einbürsten mit Polster- oder Teppichschaum,** anschließend lassen sich die schmutzigen Kristalle einfach absaugen. Sie können sie aber auch mit Waschmittelschaum, Rasierschaum, flüssiger Gallseife oder Kernseifenschaum abreiben, kurz einwirken lassen und dann abbrausen oder abwaschen. Bei Lederanteilen ist Sattelseife eine gute Wahl.
- Für die gummierten Teile ist ab und zu etwas Silikonöl (flüssig oder in Sprayform) optimal. Es schützt den Kautschukanteil vor UV-Strahlen und hält dadurch das Gummi weich und geschmeidig, verhindert das Austrocknen und die Versprödung.

Stiefel für Regen und Matsch

Die neuen Stiefel sind weder derb noch klobig, sondern bunt und peppig und immer praktisch und wetterfest. Die preiswerten oder modischen Modelle sind **aus PVC oder Kunststoffgemischen mit PVC.** Leider sind die Materialien nicht immer ausreichend deklariert, aber PVC fühlt sich eher hart und kalt an, das Material ist trotz Weichmacher nicht sehr elastisch, Schweißbildung und Geruchsprobleme beim längeren Tragen sind stärker ausgeprägt. Achten Sie gerade bei diesem Material auf ein etwas dickeres textiles Futter.

Teurer, aber angenehmer zu tragen sind **Gummistiefel aus vulkanisiertem Natur-**

kautschuk. Die Stiefel werden meist auch aufwendiger verarbeitet, deshalb sind diese Schuhe in der Regel bequemer. Wer die Stiefel auch bei tiefen Temperaturen tragen will, kann Stiefel aus PU (geschäumtes Polyurethan) wählen.

TRAGETIPPS

- Achten Sie auf herausnehmbare Einlagen und holen Sie diese nach jedem Tragen zum Abtrocknen und Auslüften heraus.
- Tragen Sie zum Aufsaugen des Schweißes und zum Schutz Ihrer Gesundheit unbedingt immer etwas dickere Strümpfe in den Stiefeln. In diesen Produkten werden immer wieder geringe (und deshalb zulässige) Mengen gesundheitsschädlicher Substanzen wie Schwermetalle, Weichmacher, Anti-Fäulnismittel oder Stabilisatoren nachgewiesen. Falls doch etwas durch den Fußschweiß herausgelöst wird, bleibt es in den Strümpfen haften! Die oft empfohlenen Stiefelsocken in Form von Füßlingen sind beim Tragen nicht so bequem wie Socken oder Strümpfe, außerdem bleiben sie beim Ausziehen der Stiefel meist im Stiefel stecken.
- Wer den **Fußschweiß reduzieren will, trägt zwei Paar Strümpfe.** Direkt auf der Haut einen Strumpf aus Synthetikfasern, die den Schweiß in einen darüber getragenen Baumwollstrumpf

ableiten. Achten Sie darauf, dass der Schaft nicht zu fest sitzt, denn auch nach oben kann etwas Schweiß abgegeben werden.

HINWEIS
Wer häufig und lange wasserdichte Stiefel trägt, muss auch an die Pflege seiner Füße denken!

PFLEGETIPPS

- Abbürsten mit Wasser und etwas Allzweckreiniger reicht aus. Hochglanzstiefel nur mit einem weichen Lappen behandeln, die Stiefel zum Trocknen umgekehrt aufhängen, aber niemals auf der Heizung oder in der prallen Sonne.
- Gummistiefel bekommen manchmal weiße Flecken. Das ist kein Qualitätsmangel, sondern ein Zeichen dafür, dass ein hoher Anteil von Latex vorhanden ist. Diese Verfärbungen lassen sich mit Glyzerin abreiben. Empfehlenswert ist für Gummistiefel ab und zu auch etwas Silikonöl. Es schützt den Naturkautschuk vor UV-Strahlen und hält das Material weich und geschmeidig.
- Bewahren Sie die Stiefel stehend mit Stiefelspanner oder ersatzweise einer gerollten Illustrierten im Schaft auf.

Pflege von Accessoires und Hilfsmitteln

Accessoires sind wörtlich übersetzt nebensächliches Beiwerk. Ein Schirm im Dauerregen ist nun wirklich keine Nebensache und in einer Damenhandtasche stecken viele praktische und für Frau notwendige Dinge. Wie langweilig wäre das Straßenbild, wenn wir nicht unserem Outfit durch auffallende Accessoires wie Taschen, Mützen oder Schirme das gewisse, individuelle Etwas verleihen würden? Deshalb habe ich für Sie einige Pflegetipps für diese schmückenden Alltagsbegleiter zusammengestellt.

Handtaschen

Eine Handtasche ist eine treue Begleiterin durch den Tag. Sie schmückt jahrelang jedes Outfit, vorausgesetzt, wir behandeln sie schonend, gönnen ihr den besten Aufbewahrungsplatz und verwöhnen sie ab und zu mit etwas Pflege.

KAUF UND AUFBEWAHRUNG

- Lassen Sie sich beim Kauf unbedingt **einen passenden Aufbewahrungsbeutel mitgeben.** Sie brauchen die Schutzhülle bei vielen Taschen bereits für den Nachhauseweg. Denn moderne Lackledertaschen und viele Synthetiktaschen reagieren mit den Weichmachern oder Farbpigmenten aus den Plastikeinkaufstüten.
- Zuhause sollten Sie alle Taschen in diesen luftdurchlässigen Stofftaschen aufbewahren, denn viele Taschenmaterialien sind lichtempfindlich und können auch mit den flüchtigen Stoffen aus den Innenlackierungen oder Be-

schichtungen von Schränken reagieren. Es bildet sich auf den Taschen allmählich ein matter, weißer Belag.
- Wählen Sie für jede Tasche einen separaten Beutel, da die Materialien gegenseitig Farbstoffe und Weichmacher übertragen können. Eine Entfernung ist ohne Beschädigung der Oberfläche kaum möglich.

SO BLEIBT IHRE TASCHE LANGE AUSGEHFEIN

- Vermeiden Sie jeden längeren Kontakt mit Materialien, die Farbpigmente abgeben können (z. B. Zeitschriften oder Jeans). Schützen Sie sie vor zu viel Wärme: Nicht in der prallen Sonne, auf der Heizung oder im Sommer im Wageninnern liegen lassen.
- Die großen Feinde aller Taschen sind Fettcremes, Öle und Make-up-Produkte, dicht gefolgt von geöffneten Kugelschreibern oder Filzstiften.
- Fast jede Tasche kann ab und zu mit

einem feuchten Tuch außen und innen abgerieben werden. Bei mehr Schmutz können Sie ein Wollwaschmittel verwenden. Damit können Sie auch verschmutzte Henkel reinigen.
- Eine Vollwäsche in Wasser mit einem Feinwaschmittel kann bei einfachen einfarbigen Taschen gehen, bei Taschen mit aufwendiger Innenkonstruktion treten Schäden auf (geklebte Teile lösen sich, in Kammern sammelt sich Wasser, die Tasche fängt an zu stinken und die Nähte färben sich braun).
- Von Stofftaschen können Sie aufliegende Flecken mit einem Schmutzradierer entfernen.
- **Ledertaschen nicht mit Schuhpflegemittel behandeln,** da diese fettreich und pigmentiert sind und die Kleidung verschmutzen. Wählen Sie Pflegemittel für Lederpolster/Lederbekleidung.
- Veloursledertaschen nach dem Kauf sofort nochmals imprägnieren. Stark speckige Bereiche bearbeiten Sie mit

einem Lederradierer oder einer feinen Messingbürste.

- Lackleder sind vor allem in dunklen Farbtönen nicht für Alltagstaschen geeignet, da die Lackschichten kratzempfindlich sind. Die Kratzer sind sehr schwer wieder auszupolieren. Zum Erhalt der Elastizität lohnt sich bei hochwertigen Teilen die Verwendung spezieller Lackpflegeöle.

Regenschirme

Mehr als 95 % der in Deutschland verkauften Schirme werden in Fernost einfach und billig produziert. Sie werden bereits nach nur ein- bis zweimaligem Gebrauch weggeworfen, weil die Mechanik nicht mehr funktioniert oder Stangen im Wind zerbrochen sind. Circa 30 Millionen Stück werden jedes Jahr in Deutschland weggeworfen und bilden einen gigantischen Müllberg!

BEIM KAUF BEACHTEN

- Der Preis eines Schirms alleine sagt nicht sehr viel über die Qualität aus, da bekannte Marken- oder Designerlogos teilweise auf billige Fernostware geklebt werden und das das Produkt nur teurer, aber nicht besser macht.
- **Schirme mit manueller Bedienung** sind meist besser und länger haltbar als Schirme mit Automatiköffnungen.
- Der Begriff „windproof" oder „windstabil" bedeutet, dass der Schirm bei einem eventuellen Überschlagen durch den Winddruck wieder gut zurückgeholt werden kann. Es bedeutet nicht, dass der Schirm dem Starkwind standhält.
- Langschirme sind stabiler und haben eine größere Spannweite als Taschenschirme. **Ein guter Langschirm hat zehn Verstrebungen, ein guter Taschenschirm acht.**

- Einfache Schirmgestelle sind aus schwarz lackiertem Metall, Nickel oder Messing. Die besten Schirmgestelle sind immer noch aus Federstahl, aber auch Carbon und Fiberglas sind eine empfehlenswerte Hightech-Alternative. Aluminium ist nur leicht, aber nicht stabil. Das Gestell sollte hart, aber elastisch sein und auf Druck nur kurz nachgeben und dann wieder zurückfedern.
- Hochwertige Schirme sind einzeln pro Segment bedruckt und haben keine zerschnittenen Muster. Der Bezug ist an der Kante gut gesäumt oder mit einer sauberen Webkante verarbeitet. Die Bespannung darf nicht locker sein und alle Bahnen sollten exakt auf den Streben sitzen.
- Die Bezugstoffe sind heute meist aus Polyester, weil Polyesterstoffe im nassen wie im trockenen Zustand formstabil bleiben. Fast alle Stoffe werden heute unsichtbar mit Teflon beschichtet, damit die Schirme besonders regendicht, schmutz- und fleckgeschützt sind.

PFLEGE VON SCHIRMEN

- Nasse Schirme über Nacht aufspannen. Metall trocknet schlechter als die Bezugsstoffe. Wenn der Schirm zu früh zusammengelegt wird, können die Gestelle oder die Metallverbindun-

gen rosten bzw. korrodieren. Auch bei Glasfiber oder Carbon haben Sie noch Metallteile im Schirm. **Zu kurzes Trocknen ist die Hauptursache für defekte Schirme.**
- Bewahren Sie sie möglichst sorgfältig zusammengedreht und durch eine Hülle geschützt flach liegend oder frei hängend auf. Langschirme sehen zwar in einem Schirmständer stehend dekorativ aus, aber das Gestell kann je nach Qualität verbogen werden und der Schirm verstaubt.
- Ein aufgespannter, großer Schirm darf nicht schnell gedreht werden, da es zu starken Zentrifugalkräften kommt.
- Einzelne Flecken werden mit viel Wasser und einem weichen Schwamm entfernt. Verzichten Sie möglichst auf Schmutzradierer, Seife und Waschmittel, da die Schirme dann eventuell nicht mehr wasserdicht sind und eine Nachimprägnierung brauchen.
- Bei einem Schirm mit sehr gutem Gestell lohnt sich eine Neubespannung. Sie haben eine große Auswahl zwischen klassischen und modernen Mustern. Bevor Sie einen guten, nicht mehr funktionsfähigen Schirm einfach wegwerfen, erkundigen Sie sich im Fachgeschäft, meist lohnt eine Reparatur.

Hüte

Das wahrscheinlich älteste Material für Hüte sind tierische Haare. Es werden die feinsten Haare von Kaninchen, Hasen oder Bibern verwendet. Um die Hüte für den Winter warm, wetterfest und wasserdicht zu machen, werden die Fasern verfilzt. Sommerhüte werden aus echtem Stroh und anderen Pflanzenteilen wie Bast, Hanf, Binsen oder Blattrispen geflochten. Beliebt sind auch gehäkelte Kunstbaste und Papierborten. Sie überstehen einen leichten Regenguss, da sie meist schutzlackiert sind.

PFLEGE

- Fassen Sie einen Hut beim Auf- und Absetzen so wenig wie möglich am Rand an, auch nicht oben an der Krone, sondern immer beidhändig im seitlichen Bereich. So bleibt die Form besser erhalten. Bei Herrenstrohhüten den Hut vorne nicht immer zusammenquetschen, das Material kann brechen.
- Befestigen Sie eine Hutnadel immer an der gleichen Stelle.
- Hüte werden nicht einfach an einen Kleiderhaken gehängt, sondern auf einem Hutständer abgelegt, den Sie aus einem zu einem Kegel geformten Stück Pappe auch selbst herstellen können. Ersatzweise können Sie die Hutkrone mit Zeitungspapier ausstopfen.
- Legen Sie einen Hut nie auf die Heizung und lassen Sie ihn auch nicht im heißen Auto liegen, denn **Filzhüte schrumpfen in der warmen Luft und Strohhüte werden brüchig.**

- Hüte, die längere Zeit nicht getragen werden, lagern am besten in einer Hutschachtel. Hüte mit stark geschwungenem Rand lagern Sie auf einem leicht zusammengeknüllten Seidenpapier umgekehrt in der Schachtel (Hutkrone nach unten), da sich so der Rand weniger verformen kann.
- Filzhüte brauchen im Sommer einen Mottenschutz.
- **Um Filzhüte aufzufrischen, reicht eine Bürste.** Es muss nicht unbedingt eine spezielle Hutbürste sein, eine Kleiderbürste erfüllt auch ihren Zweck. Wichtig dabei ist, dass immer in Richtung des Flors gearbeitet wird, damit der Staub von der Oberfläche entfernt und nicht in die Oberfläche eingebürstet wird. Regelmäßiges Bürsten verhindert auch die typischen speckigen Tragespuren.
- Stark verschmutzte Hüte können mit einem Teppichschaum für Wollteppiche

gesäubert werden. **Speckige Schweißränder** werden mit Ammoniakwasser (ein Teil 10 %iger Ammoniak + ein Teil Spiritus + zwei Teile Wasser) gereinigt.
- **Wasserränder** werden mit Sandpapier aufgeraut und kräftig mit dem Strich ausgebürstet.
- Druckstellen und Dellen entfernen Sie mit Wasserdampf. Den Hut dafür über Wasserdampf halten und mit den Händen so formen, bis er wieder die gewünschte Form hat.
- Strohhüte verschmutzen stärker als Filzhüte, da sich der Schmutz zwischen den Halmen absetzen kann. Manche Schutzlackierung wird in der Hitze weicher und der Schmutz bleibt gut haften. Fast alle Hüte können Sie feucht abreiben, viele können sogar unter Wasser vorsichtig ausgebürstet werden.
- Panamahüte sollen unverwüstlich sein, doch gilt das nur für tropische Gebiete mit hoher Luftfeuchtigkeit. Nur dort bleibt die Palmfaser weich und geschmeidig, in gemäßigten Zonen trocknet die Faser aus, besonders in geheizten Wohnungen. Deshalb den Hut häufig mit Wasser besprühen, ganz besonders, wenn Sie ihn eingerollt einpacken wollen.
- Viele Hüte aus Synthetikstoffen können Sie zwar selbst waschen, doch verlieren viele Hüte dabei den Chic. Deshalb ist es besser, wenn Sie mit einem Schaumreiniger arbeiten.
- Verschmutzte **Schleier oder Spitzenstoffe** werden am besten abgetrennt, mit der Hand und einem Feinwaschmittel vorsichtig gewaschen und zum Trocknen flach gespannt. Nach dem Waschen werden zu weiche Stoffe mit Haarlack gesteift.
- Gefärbte Hutfedern sind nicht waschbar. Sie werden nur mit einem Pinsel entstaubt.

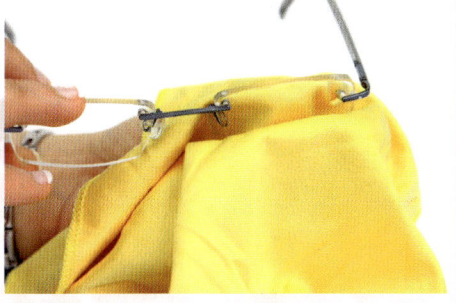

Brillen

Brillenträger brauchen guten Durchblick und klare Sicht für möglichst lange Zeit. Doch sowohl Korrekturbrillen als auch Sonnenbrillen sind empfindliche optische Präzisionsgeräte und erfordern eine sorgsame Behandlung.

DAS SCHADET IHRER BRILLE

- Setzen Sie die Brille immer mit beiden Händen auf und ab, damit sie ihren perfekten Sitz behält.
- **Legen Sie die Brille nie auf die Gläser.** Verkratzte Gläser sehen nicht nur unschön aus, sie wirken sich auch ungünstig auf die Optik aus, da sie reflektieren. Vermeiden Sie die „Ablage" in Brusttaschen oder in den Haaren, denn auch dabei leidet der Sitz. Am besten lagert eine Brille in einem ausreichend großen, stoßfesten, weich ausgepolsterten Hartschalenetui. Dies ist besonders wichtig für randlose Brillen.
- Brillen mit Kunststoffgläsern werden durch **extreme Sonnenstrahlung und hohe Temperaturen beschädigt.** Auf dem Armaturenbrett oder im Handschuhfach eines Autos kann es zu Hitzeverformungen kommen.
- Ähnliches gilt für die Sauna. Bei den hohen Temperaturen nehmen Kunststoffgestelle und Kunststoffgläser Schaden. Glasgläser in Metallfassungen sind hitzestabiler, doch können die Versiegelungsschichten durch Temperaturschocks, wie sie z. B. in der Sauna beim Sprung in das Eisbecken entstehen, Haarrisse bekommen.
- Zerkratzte Gläser, egal ob Kunststoff oder Mineralglas, werden nie mit Poliermitteln für Acryl oder Autoglas behandelt, da die Verspiegelungen beschädigt werden.

TÄGLICHE REINIGUNG

- Jede Brille kann täglich **unter fließendem Wasser mit etwas Spülmittel** gereinigt werden. Diese Methode ist auch immer empfehlenswert bei viel Sand oder Staub auf den Gläsern.
- Einfache Spülmittel ohne Hautbalsamzusätze sind am besten geeignet. Jedes Glas wird zum Reinigen am Rand zwischen Daumen und Zeigefinger genommen, der Steg in der Mitte wird dadurch weniger belastet. Zuerst mit viel Wasser spülen, dann mit den Fingern auf beiden Gläsern einen Tropfen Spülmittel von innen nach außen sanft einreiben und unter fließendem Wasser klar spülen.
- Dann mit einem weichen Baumwolltuch trocken reiben. Echte Brillenliebhaber trocknen nur Glasgläser ab, während sie Kunststoffgläser lieber an der Luft trocknen lassen. Bei sehr hartem Wasser spülen sie deshalb die Brille kurz mit destilliertem Wasser nach.
- Hartnäckige Verschmutzungen wie Lackspritzer nie selbst mit Lösungsmittel reinigen oder mit spitzen Gegenständen abkratzen. Das kann nur der Optiker für Sie erledigen.

SCHNELLREINIGUNG

- Die Schnellreinigung ist als zusätzliche Pflege gedacht, die tägliche Grundreinigung ist immer die Basis.
- Eine Brille sollte **so wenig wie möglich trocken geputzt werden,** da das beliebte Papiertaschentuch, der Pullover oder die Bluse zusammen mit dem Schmutz auf den Brillengläsern wie Schleifpapier wirken.
- Bei geringer Verschmutzung (Schweiß, Fingerabdrücke) eignet sich ein **spezielles, weiches Mikrofasertuch** für Brillen. Bewahren Sie dieses Tuch in einer separaten Hülle oder im Etui auf und waschen sie es regelmäßig. Mikrofaser bindet den Staub, andere Fasern verschieben den Staub nur auf der Oberfläche. Diese Tücher können auch für Gläser mit Superentspiegelung verwendet werden, aber vermeiden Sie kräftiges Reiben.
- Bei stärkerer Verschmutzung nehmen Sie besser ein **Brillenpflegespray.** Die Gläser von beiden Seiten einsprühen, kurz warten und mit einem sauberen Baumwolltuch (saugfähiger als Mikrofaser) abtrocknen. Grober Schmutz darf nie trocken oder mit Spray entfernt werden, die Partikel immer zunächst mit viel Wasser abspülen.
- Die feuchten Brillenreinigungstücher reinigen sehr gut, allerdings hinterlassen sie auf der Brille einen Reinigungsmittelfilm und das Glas kann wieder schneller verschmutzen.
- Viele Optiker raten bei hoch veredelten Oberflächen von der Verwendung der Feuchttücher ab. Diese Glasbeschichtungen sind aufgedampft und können durch den Alkohol in den Tüchern bei häufiger Anwendung stumpf werden.

INTENSIVREINIGUNG

Viele Brillenträger haben nach einiger Zeit ständig Flecken und Schlieren auf den Brillengläsern. Die Brille ist durch Augenbrauen, Hautfett und Make-up verfettet. Besonders zwischen Fassung und Gläsern liegt so viel Fett, dass es bei jedem Reinigen über das Brillenglas verteilt wird. In diesem Fall braucht Ihre Brille beim Optiker ein Ultraschallbad mit Fettlösemittel. Einfache Ultraschall-Reinigungsgeräte für den Privatbedarf arbeiten mit sehr viel niedrigeren Frequenzen und sind nur ein Notbehelf.

Zuschauer fragen – Frau Frank antwortet

WIE WASCHE ICH BETTWÄSCHE, WIE LAGERE ICH KASCHMIR?

FRAU G. S. AUS MAINZ

Bitte beantworten Sie mir folgende Fragen:
1. Wird Bettwäsche in der Waschmaschine besser von links oder rechts gewaschen?
2. Lagere ich eine Strickjacke aus Kaschmir besser in einem Plastik-Kleidersack oder in einem Kopfkissenbezug?

Frau Frank empfiehlt...

1. Wenn Sie die Bettwäsche von links waschen, werden bei bedruckten Teilen die Farben geschont, ebenfalls gibt es bei der winterlichen Biber- oder Frottee-Bettwäsche weniger Pilling (Knötchenbildung). Zudem werden die durch den Abrieb zwischen Bettzeug und Bettwäsche entstandenen Flusen besser entfernt und die Wäsche lässt sich viel einfacher und schneller wieder aufziehen.
Aber natürlich gibt es auch Nachteile: Das Bügeln und Zusammenlegen ist je nach Konfektionierung (Reißverschluss oder Knopfleiste ...) nicht immer so einfach und bei starken Pigmentflecken ist die Fleckentfernung nicht ganz so gut. Auch kann es passieren, dass Haare von der Außenseite nicht vollständig entfernt werden. Die Teile vor dem Waschen immer verschließen, damit andere Wäsche nicht in die Bezüge wandert.
2. Wenn die Kaschmirjacke an einem trockenen Ort gelagert wird, unbedingt luftig in einem Kopfkissenbezug lagern. Gerade Eiweißfasern wollen atmungsaktiv gelagert werden! Nur wenn der Lagerort feucht ist, kann das luftdichte Verpacken akzeptiert werden. Allerdings verliert die Wolle dann an Elastizität. Falls Sie Bedenken wegen Motten haben: Packen Sie das kostbare Teil in einen dichten Mikrofaserbezug. Die gefräßigen Raupen haben weniger Lust, sich da hindurchzukämpfen.

WIE ENTFERNE ICH SCHOKOFLECKEN?

FRAU K. AUS MÜHLHEIM

Meine vierjährige Tochter liebt Schokolade und Schokoladeneis. Jedoch bekomme ich die Flecken aus Textilien nicht heraus. Selbst mit Oxi-Fleckenspray oder Soda lassen sie sich nicht entfernen. Ich habe schon oft gelesen, dass Bleichen in der Sonne helfen kann, aber ich habe kaum Möglichkeiten, den Fleck durch Sonne zu bleichen. Meine Tochter trägt hauptsächlich Baumwoll-T-Shirts und -Pullis. Können Sie mir weiterhelfen?

Frau Frank rät...

Die dick aufliegenden Schokoreste zunächst mit einem kalten Messer etwas abkratzen. Bei sehr großen Flecken lohnt eine intensive Vorbehandlung mit Gallseife oder Handspülmittel und einer weichen Bürste, da Schokolade viel Fett enthält. Ich vermute, Sie haben bei Ihren Versuchen die Mechanik, das Bürsten oder Reiben vergessen, und das ist bei diesen fett- und pigmenthaltigen Flecken sehr wichtig.

Lassen Sie die Gallseife 30 Minuten einwirken und waschen Sie dann so heiß wie möglich, eventuell im Normal- und nicht nur im Pflegeleichtprogramm. Der Zusatz einer Sauerstoffbleiche kann die Kakaofarbe während des Waschens noch besser entfernen.
Waschen Sie eventuell Ihre Wäsche mit einem Bio-Waschmittel, das keine oder wenig Enzyme enthält? Da Kakao und Schokolade auch Milch enthalten, sollten im Waschmittel unbedingt Enzyme enthalten sein, um die Eiweiße abzubauen.
Ich denke, es lohnt sich, auch mal unkonventionell mit Glycerin als Vorbehandlungsmittel zu arbeiten. Ich hatte damit bei Versuchen ganz gute Erfolge. Glycerin (aus der Apotheke, Drogeriemarkt, evtl. auch Tankstelle) auf den Fleck auftragen, 30 Minuten einwirken lassen und dann mehrmals mit einer weichen Bürste behandeln. Anschließend normal waschen.

WIE ENTFERNE ICH TROCKENE WEINFLECKEN?

FRAU R. T. AUS SÜDTIROL

Ich habe ein sehr großes Problem: Meine grüne, neue Stoffhose hat eingetrocknete Weinflecken. Bekomme ich die jemals wieder heraus?

Frau Franks Tipp...

Das wird etwas aufwendig, da die Flecken nicht punktuell vorbehandelt werden können. Ich hoffe, die Stofffarbe ist einigermaßen stabil! Düsengefärbte Synthetikstoffe wären in Ihrem Fall gegenüber Baumwolle von Vorteil. Ich würde die Hose zwei Stunden in Colorwaschmittel einweichen und die halbe Dosierung einer Flüssigbleiche zugeben. Achten Sie bitte genau auf die Konzentrationen. Falls Ihre Waschmaschine ein Einweichprogramm hat, dann würde ich das nutzen. Anschließend bei 40 °C nochmals mit der halben Menge Flüssigbleiche waschen. Normalerweise halten die heutigen Wäschefarben Sauerstoffbleichen recht gut aus, da wir heute wegen der tieferen Waschtemperaturen mehr Flecken mit Sauerstoffbleiche entfernen.

WAS TUN GEGEN MÜFFELNDE SPORTKLEIDUNG?

HERR E. S. AUS FREIBURG

Wir radeln gerne lange und intensiv über die Schwarzwaldberge. Deshalb fällt bei uns viel Sportwäsche aus Synthetikfasern an. Leider zeigen die Teile trotz Waschens (erlaubte Waschtemperatur 30 °C) mit einem flüssigen Marken-Feinwaschmittel immer mal wieder einen muffigen Geruch. Wie können wir das Waschergebnis verbessern? Hilft der oft empfohlene Zusatz von einem Teelöffel Essigessenz zum Waschmittel?

Frau Frank rät...

Essigessenz wird vom Waschmittel sofort neutralisiert und aus den im Waschmittel enthaltenen Seifen bilden sich unlösliche Fettsäuren, die zusätzlich als Schmutz entfernt werden müssen. Ich rate Ihnen zu folgendem Vorgehen:
Verschwitzte Wäsche bis zum Waschen luftig und trocken lagern. Eine 30 °C-Wäsche mit Feinwaschmittel reicht meist nicht aus. Waschen Sie mit einem flüssigen Colorwaschmittel, da es durch den alkalischen pH-Wert Fett und Schweiß besser entfernen kann. Zwischendurch empfehle ich Ihnen eine 40 °C-

Wäsche und die Zugabe von etwas flüssiger Sauerstoffbleiche. Sie können auch spezielle Sportwaschmittel mit Geruchsentfernern oder ausnahmsweise eine Hygienespülung austesten. Allerdings enthalten diese Spülungen Biozide (meist Benzalkoniumchlorid), und die sollten nie regelmäßig eingesetzt werden. Entnehmen Sie die Wäsche immer sofort nach Programmablauf zum Trocknen. Je weniger Keime die frische Wäsche enthält, desto mehr Frischegefühl!

HILFE, MEINE KUNSTLEDERJACKE HAT FLECKEN!

FRAU J. S. AUS NEUSTADT

Auf meiner weißen Kunstlederjacke habe ich rot-braune Verfärbungen. Meine Vermutung ist, dass die Flecken von einem roten Halstuch kommen. Haben Sie einen Tipp für mich? Shampoo, Gallseife sowie 30 °C-Wäsche habe ich bereits erfolglos ausprobiert.

Frau Frank weiß...

Leider haben Sie die Jacke schon gewaschen, denn meist kann ein ganz leicht angefeuchteter Schmutzradierer – sofort eingesetzt – einen Abrieb von anderen Textilien entfernen.
Ich rate Ihnen, die Flecken kreisförmig mit unverdünntem flüssigem Vollwaschmittel zu bearbeiten. Noch besser wirksam sind spezielle Kunstlederreiniger, Schreibtischreiniger bis hin zu Graffiti-Entferner. Die meisten Kunstleder können sogar mit verdünnter Hypochloritbleiche (Verdünnung 1:20) oder einem Haushaltsentfärber auf Dithionitbasis behandelt werden. Machen Sie aber unbedingt immer an einer unauffälligen Stelle eine ganz sorgfältige Vorprobe, da Kunstleder ganz unterschiedliche Eigenschaften haben kann. Lassen Sie die Bleichmittel 30–60 Minuten einwirken und decken Sie mit einer Folie ab. Anschließend gründlich mit Wasser entfernen. Erst wenn alles trocken ist, beurteilen Sie die Vorprobe und nur, wenn keine Schäden sichtbar sind, legen Sie los...

Experten-
wissen

Rund um die
Küche

Früher war die „gute Stube", das Wohnzimmer, das Herzstück der Wohnung. Die Küche war ein diskreter, etwas abseits liegender Arbeitsraum mit möglichst dicht schließender Türe und diente nur zur Essenszubereitung. Heute ist die Küche für viele der wichtigste Raum! Viele Wände werden eingerissen oder versetzt, um offene Küchenräume zu schaffen. Küchen sind zentrale Wohn- und Wohlfühlräume geworden, beliebte Treffpunkte für Familie und Besucher. Dennoch soll eine Küche immer noch zunächst funktionell sein, neue Techniken und kurze Wege haben, Handgriffe erleichtern, genug Platz für das Arbeiten/Essen bieten, optisch schön und ruck, zuck wieder sauber sein ...

Diese Vielseitigkeit werden Sie auch in diesem Kapitel finden. Es gibt Tipps zur Reinigung und Pflege der gängigen Küchenmaterialien und Geräte, Sie finden Energiespartipps, und ich habe ganz bewusst die Diskussion „Lebensmittelverschwendung" aufgegriffen. Denn als Lebensmittelchemikerin habe ich mich schon immer mit der richtigen Lagerung von Lebensmitteln befasst.

Tipps zur Küchenreinigung

Kochen macht Spaß – das anschließende Reinigen löst weniger Begeisterung aus. Die Fettspritzer und Kochwrasen bilden oft hartnäckige Beläge und dann hilft kein rasches Wisch und Weg.

Küchenfronten

Küchen entwickeln sich immer mehr zum Wohnmittelpunkt und für ein schönes Ambiente werden die Küchenmöbel mit ganz verschiedenen Fronten angeboten. Aber Küchenmöbel sollen nicht nur schön, sondern auch praktisch sein.

VOLLHOLZ- ODER MASSIVHOLZ

Hier müssen die Teile (außer Rückwand und Schubkastenböden) aus dem deklarierten massiven Holz bestehen. **Greifen Sie eher zu Harthölzern** als zu Weichhölzern. Wird das Holz lackiert, verhält es sich wie Furnierholz, dagegen sind geölte oder gewachste Fronten empfindlich gegenüber Hitze, Kratzern, Feuchtigkeit und Flecken. Regelmäßig mit ganz wenig Öl nachbehandeln. Vorteil: Bei Schäden kann die Front abgeschliffen und neu eingepflegt werden.

HOLZFURNIERE

Holzfurniere bei Echtholzküchen sind 0,6–1 mm stark und werden nach dem Aufbringen auf die Trägerplatten mit farblosen Lacken geschützt. Je nach Lackierung sind sie kratzempfindlich und feuchtigkeitsempfindlich, **bei sorgfältigem Umgang aber empfehlenswert.**

LAMINATE

Laminate sind hauchdünne Platten, die direkt auf die Trägerplatte aufgebracht werden. Sie bestehen aus harzgetränkten Papierschichten, darüber kommt eine stabile Deckschicht aus Melaminharz. Dieses Harz ist extrem hart und die Oberfläche ist widerstandsfähig, kratzfest und hitzebeständig (180–230 °C).

SCHICHTSTOFFPLATTEN

Bei HPL (High Pressure Laminate) Schichtstoffplatten ist die Laminatschicht etwas dicker, da sie aus mehreren übereinander geschichteten Papieren und Phenolharzen besteht. Die Deckschicht ist aber auch hier ein Melaminharz. **Sehr robust und pflegeleicht!**

MODERNE LACKE

Lacke liefern bei mehrmaligem(!) Auftrag auf die Trägerplatten widerstandsfähige matte bis hochglänzende Schichten. Diese sind etwas kratzempfindlich, aber Lackschäden können ausgebessert werden. Entgegen der weit verbreiteten Meinung sind Hochglanzlackfronten **unempfindlicher als eine mattierte Front,** weil sich auf der porenlosen Oberfläche kein Schmutz festsetzen kann. Fingerspuren sind auf Hochglanz zwar zu sehen, aber sie sind mit einem nebelfeuchten Tuch oder Fensterleder sehr leicht streifenfrei zu entfernen.

KUNSTSTOFFFOLIEN

Diese gibt es in unterschiedlichen Qualitäten, von der einfachen PVC-Folie bis zur Folienauflage. Nur Folienfronten können allseitig abgerundet verarbeitet werden. Die Kante zwischen Folie und Rückseite der Front muss sehr sorgfältig ausgeführt sein, sonst kann Feuchtigkeit eindringen. Folienfronten sind **kratzempfindlich und wenig hitzebeständig** und die Folie kann sich von der Trägerplatte lösen. Die Folien enthalten Weichmacher, die allmählich ausdünsten und dabei versprödet die Folie. Aber so richtig sichtbar wird das erst nach Ablauf der fünfjährigen Gewährleistung für Einbauküchen...

GLAS

Glasfronten bestehen entweder aus eingefärbtem Acrylglas oder aus rückseitig bedrucktem oder lackiertem Einscheibensicherheitsglas. Acryl ist preiswerter, aber kratzempfindlicher als Glas.

REINIGUNG VON FRONTEN

- Verwenden Sie für geölte Holzfronten, Acrylfronten und alle Hochglanzlackfronten kein Mikrofasertuch. Viskosevlies oder Fensterleder sind ideal.
- Handspülmittel werden häufig zur Frontenreinigung eingesetzt, sie können aber Schichten und Schlieren bilden, wenn sie nicht mit viel Wasser abgewaschen werden. **Neutral- oder Alkoholreiniger** sind besser geeignet. Bei viel Fettschmutz hilft ein schwach alkalischer Küchenreiniger, ein Sodareiniger oder etwas Soda im Wischwasser. Immer mit Wasser nachwischen.
- Die Schwachstelle bei Küchenfronten ist immer der Kantenbereich, deshalb hier immer rasch trocken wischen.
- Beschläge brauchen bei korrekter Montage keine Pflege. Staub entfernen mit einem weichen Pinsel reicht aus. Gegen Quietschgeräusche hilft ein Silikonspray.

Spülen

Die Spüle ist in jeder Küche ein intensiv genutzter Arbeitsplatz. Natürlich ist eine große Spüle mit zwei Becken schön und praktisch, aber opfern Sie dafür nicht zu viel wertvollen Küchenarbeitsplatz. Wer viele große Töpfe oder Backbleche spülen will, braucht ein großes Becken (50 cm breit). Bewegliche Brausen an den Armaturen sind praktisch, ersetzen aber nicht das große Spülbecken. Wählen Sie statt zwei kleinen Becken lieber ein großes und eine zusätzliche Resteausgussmöglichkeit. Eckspülen oder hintereinander angeordnete Becken sind dekorativ, aber für fließende Bewegungsabläufe ist eine

HINWEIS

Nicht nur das Material, sondern auch die Form beeinflusst die Pflegeleichtigkeit. Zur Zeit sind kantige Spülen im Trend und so gibt es pflegeintensive Spülen mit innen rechteckigen Ecken und Kanten. Bevor Sie sich so ein teures Designobjekt kaufen, gießen Sie Schmutzwasser in die Spüle und beobachten Sie, wie das Wasser abläuft.

Längsanordnung günstiger. Eine flächenbündig eingebaute Spüle ist teurer, vergrößert aber die Arbeitsfläche und spart Putzarbeit.

EDELSTAHLSPÜLEN

Sie werden am häufigsten gekauft, denn sie sind langlebig, säure- und alkalifest, hitzebeständig und hygienisch. Aber auf poliertem und mattiertem Edelstahl sind **Fingerspuren und Kratzer schnell sichtbar,** unempfindlicher sind strukturierte Oberflächen. Ein feuchtes Mikrofasertuch oder ein Polierschwamm beseitigen die Gebrauchsspuren, Kalk verschwindet durch Zitronensäure und mehr Schmutz entfernen Handspülmittel, Allzweckreiniger, eine Scheuermilch, ein Putzstein oder eine Edelstahlpflege. Trocken nachreiben!

MINERALWERKSTOFFE

Mineralwerkstoffe bestehen aus Acryl oder Polyesterharzen in Verbindung mit natürlichen Materialien wie Quarz, Alabaster oder Granit. Jeder Hersteller hat hier für die Spülen seine eigenen Produktnamen. Die Spülen sind je nach Aufbau hitzefest bis 280 °C. Sie sind **stein-**

hart, kratzfest, resistent gegen haushaltsübliche Säuren und Laugen und fleckunempfindlich. Ausreiben mit einem Schwamm, Spülmittel oder etwas milder Scheuermilch ist ausreichend. Vermeiden Sie Scheuerpulver oder Stahlwolle – die Fläche wird dadurch matt und fleckempfindlicher. Die Oberfläche ist trotzdem nicht ganz so glatt wie Keramik, deshalb kann mehr Kalk hängenbleiben, der Farbstoffe binden kann. Kalk entfernen Sie mit Essig- oder Zitronensäure. Falls das nicht ausreicht, können Sie zum heißen Wasser in der Spüle etwas Wäschebleiche, pulverförmiges(!) Vollwaschmittel oder zwei bis drei Gebissreiniger-Tabletten geben. Eine Stunde einwirken lassen. Legen Sie keine Spülmatten ins Becken, denn falls Weichmacher enthalten sind, wird die Oberfläche beschädigt.

KERAMIKSPÜLEN AUS FEINSTEINZEUG

Diese gibt es in vielen Formen und Farben. Das Material ist **sehr unempfindlich, hart, stoß-, kratz- und chemikalienfest** und es muss nicht poliert werden. Die Spülen gibt es auch mit selbstreinigenden Beschichtungen, aber der Effekt hält nicht lange an, wenn z. B. sandiges Gemüse verarbeitet wird. Bei hellen Spülen und hartem Wasser den Kalk regelmäßig entfernen, da Kalk Verfärbungen von Kaffee oder Tee bindet. Da Keramik härter als Metall ist, kann es zu Metallabrieb durch Topfböden usw. kommen. Die dunklen Streifen entfernen Sie mit Scheuermilch.

Küchenarbeitsplatten

Der wichtigste Arbeitsplatz in der Küche ist die Arbeitsplatte. Stellen Sie deshalb bei der Wahl des Plattenmaterials nach dem Preis die Gebrauchstüchtigkeit in den Vordergrund. Das sollten Sie bedenken:

- Wählen Sie eine glatte, wasserfeste und nicht fleckenempfindliche, leicht zu reinigende Oberfläche!
- Hochglanzflächen haben eine edle Optik, doch sind matte oder leicht strukturierte Flächen nicht so kratzempfindlich und oft auch hitzestabiler.
- Küchenarbeitsplatten können recht günstig sein oder ein Vermögen kosten. Wählen Sie lieber ein preiswerteres Grundmaterial, aber dafür die beste Qualität!
- Sehr wichtig ist ein passgenauer Einbau mit wasserfest abgedichteten Ausschnitten.

SCHICHTSTOFFOBERFLÄCHEN

Diese sind preiswert und beinahe unverwüstlich.

- Bevorzugen Sie Platten, die vorne nicht nur umleimt sind, denn durch eindringendes Wasser kann sich die Umleimung lösen. Wählen Sie **dicke Abschlussleisten oder abgerundete Kanten,** bei denen der Kunststoff in einem Stück nach vorne gezogen ist.
- Verwenden Sie Topfuntersetzer, denn die hochglänzenden Beläge sind nur bis ca. 120 °C wärmebeständig, leicht strukturierte Flächen können kurzfristig 180 °C aushalten.
- Die Platten sind nicht schnittfest, auch sollten schwere Töpfe mit rauem Boden nicht über die Platten gezogen werden.
- Schützen Sie die Platten von unten vor Wasser, Wasserdampf aus der Spülmaschine und Dämpfen aus dem Backofen.
- Zum Reinigen reichen Wasser und Allzweckreiniger aus. Wischen Sie mit viel klarem Wasser zur Vermeidung von Schlieren nach.
- Falls bei hellen Platten Verfärbungen durch Obst oder Gemüse entstehen, helfen sauerstoffabspaltende Bleichmittel.
- Tragen Sie nie Wachse oder Möbelpolituren auf, das führt zu unhygienischen Schmutzschichten.

MASSIVHOLZPLATTEN

Platten aus Buche oder Eiche sind nicht hitze- und schnittfest und auch trotz Auftrag eines Pflegeöls etwas feuchtigkeits- und fleckempfindlich. Aber die Platte kann jederzeit abgeschliffen und neu eingepflegt werden. Für Arbeitsplatten gibt es spezielle lebensmittelechte, rasch trocknende Öle oder Hartöle, die schneller als Speiseöle wie Raps-, Mandel- oder Olivenöl einen besseren Langzeitschutz geben. Speiseöle härten nicht aus und die Platte bleibt lange schmierig, Schmutz anziehend und mitunter auch merkwürdig riechend. Falls es unbedingt nur ein Speiseöl sein soll, nehmen Sie Walnuss- oder Hanföl, das nach einigen Wochen allmählich hart wird. Für Ihre kleinen Schneidebrettchen können Sie jedes Öl nehmen – vorausgesetzt, Sie mögen den Geruch. Behandeln Sie Ihre Platten sehr schonend! Verwenden Sie kein Mikrofasertuch, reinigen Sie nur feucht, nicht nass, mit wenig neutralen Reinigungsmitteln oder Holzseifen. **Und vergessen Sie das regelmäßige Nachölen nicht!**

MINERALWERKSTOFFE

Mineralwerkstoffe gibt es auch als Arbeitsplatten. Je höher der Anteil an Quarz oder Granit, desto besser, aber auch umso teurer. Der Werkstoff fühlt sich sehr warm und angenehm an, ist durchgängig farblich pigmentiert und sehr strapazierfähig, so dass die Platten auch bei stärkster Beanspruchung durch Hitze (bis ca. 220 °C), Schläge, Kratzer, Säuren oder Reinigungsmittel einwandfrei bleiben. Nur manche Schnellentkalker können auf hellen Platten gelbe Flecken hinterlassen. Vorsicht bei organischen Lösemitteln wie Nagellackentfernern! Leichte Beschädigungen lassen sich ausschleifen.

GRANIT

- Neben vielen positiven Erfahrungen gibt es auch immer wieder Enttäuschungen. Denn alle Natursteine sind ein viele Millionen Jahre altes Naturprodukt mit besonderen Merkmalen und die gilt es zu beachten, damit Sie lange Freude an Ihrer Arbeitsplatte haben.
- So unterschiedlich die Preise, so unterschiedlich können die Materialien sein. **Echter Granit ist säurebeständig, wenig saugfähig, wenig fleckempfindlich und widerstandsfähig!** Viele vermeintliche Granitplatten sind andere Hartgesteine wie Quarzit, Diorit, Gabbro oder Basalt – alles Steine, die Graniteigenschaften aufweisen. Es gibt auch Natursteine, die wie Granit aussehen, aber viel empfindlicher sind. So ähneln die beliebten schwarzen „belgischen Granite" eher Kalkgesteinen. Dieser Stein darf niemals wie eine Granitarbeitsplatte behandelt werden!
- Verlangen Sie ein genaues Gutachten über die Zusammensetzung, chemische Beständigkeit und die Saugfähigkeit des Steines. Machen Sie an Probeplatten Tests für die Gebrauchstauglichkeit:

Lassen Sie Essig und ein mit etwas Paprikapulver verrührtes Speiseöl eine Stunde einwirken. Gibt es Flecken, und wie lassen sie sich wieder entfernen?

- Jede Oberflächenbearbeitung verändert die Farbe und hat Einfluss auf die Reinigung.
- Strukturierte, geflammte und gebürstete Platten empfehle ich für sehr dunkles Material, wenn keine Hochglanzpolitur erwünscht ist. Geschliffene und satinierte Oberflächen sind vor allem in dunklen Farben sehr pflegeintensiv, sie „sammeln" Fingerabdrücke und Fettflecken. Beides ist schwierig zu entfernen. Deshalb brauchen diese Platten unbedingt eine sehr gute Imprägnierung, evtl. auch eine Heißimprägnierung oder Resinierung mit Kunstharzen. Dagegen sehen Sie auf einer polierten Oberfläche jeden Fingerabdruck, doch dieser ist auch schnell und einfach zu entfernen, da die Politur die Oberfläche glättet und verdichtet. Aber: Der Glanz lässt durch den Gebrauch allmählich nach.
- Die Platten werden heute imprägniert ausgeliefert, aber sie sollten regelmäßig nachimprägniert werden. Imprägnierungen sind lebensmittelechte, öl- und wasserabweisende Fleckschutzprodukte. Wasserbasierende Imprägnierungen sind eher für stärker saugende Steine, lösemittelhaltige Produkte können auch schwach saugende Steine gut schützen.
- **Aber keine Imprägnierung kann vor heißem Fett ausreichend schützen.** Deshalb um das Kochfeld die Fettspritzer rasch entfernen. Stellen Sie auch nie eine heiße Pfanne auf den Stein. Die anhaltende Hitze der Pfanne beschleunigt die Diffusion von Fett.
- Schneiden Sie nicht direkt auf der Platte. Die polierten Platten bekommen Kratzer und Ihre Messer werden stumpf.

REINIGUNG

- Reinigen Sie Ihre Küchenarbeitsplatte so oft wie möglich nur mit sauberem Wasser und einem sauberen Lappen. Nehmen Sie nicht einfach das Spülwasser, denn alle Steine sind noch saugfähig und der Schmutz aus dem Wasser kann sich in den Stein einarbeiten.
- Wenn möglich, verzichten Sie auf Reinigungsmittel, dann hält die Imprägnierung viel länger. Bei viel Schmutz können Sie mit etwas verdünntem Spiritus oder einem farblosen Glasreiniger arbeiten. Hilfreich sind auch Neutral- oder Allzweckreiniger, aber hier immer mit klarem Wasser nachwischen. Im Fachhandel gibt es sehr gute Spezialprodukte für Küchenarbeitsplatten, die keine Schichten aufbauen.
- Verwenden Sie kein normales Spülmittel, denn die Inhaltsstoffe können von einer Arbeitsplatte nicht wie bei Geschirr mit viel heißem Wasser abgespült werden. Es bleiben zu viele Reinigungsmittel (Tenside) auf der Platte zurück, die sich allmählich trotz Imprägnierung in den Stein einarbeiten und einen „Speckeffekt" auslösen. Diese Rückstände geben dann auch die berühmten **Wasserflecken und Ringe beim Abstellen von heißen Tassen.** Unter dem Tassenboden bildet sich Kondenswasser und das löst die Rückstände ringförmig an.
- Schmierseifen und stark alkalische Reinigungsmittel wie Soda oder Fettschmutzlöser lassen Natursteine nachdunkeln.
- Verzichten Sie auf Wischpflegen für Steinböden. Sie enthalten schichtenbildende Öle und Wachse, die Arbeitsplatte kann „verfetten".
- Kalkflecken können bei säurestabilen(!) Steinen mit Säuren entfernt werden. Unbedingt eine Vorprobe machen! Da Säuren bei polierten Stei-

nen die Politur etwas angreifen, können Sie den Fleck vorher mit einem Schwamm eine halbe Stunde wässern. Bei säureempfindlichem „Granit" darf der Kalk nur mechanisch entfernt werden (Polierschwamm, Nylonpad, trockene Polierstahlwolle 000).
- Farbige Flecken können durch stundenlanges Auflegen eines nassen Schwammes im Stein verteilt werden. Nach einer Vorprobe kann bei hellen Steinen mit 3–7 % Wasserstoffperoxid gebleicht werden.
- Intensive Fettflecken können mit Ölentfernungspasten für Steine entfernt werden. Sie enthalten Fettlösemittel und Adsorptionsmittel.
- Problematisch sind bei dunklen Graniten die Glaskeramikreiniger für die flächenbündig eingelassenen Kochfelder. Denn die enthaltenen Poliertone lassen sich fast nicht mehr aus den feinen Steinporen entfernen.

MARMOR

Marmor kann ich als weichen und nicht säurefesten Stein für ganze Küchenarbeitsplatten nicht empfehlen, es sei denn, Sie lieben die besondere Patina dieser Steine. Sehr schön sind aber kleine eingelassene Marmorflächen zum Teig ausrollen.

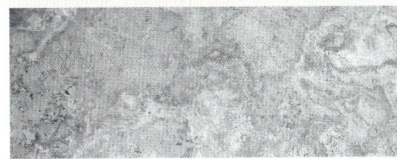

HARTE STEINZEUGFLIESEN

Diese sind ein gutes Material, aber durch die rasch verschmutzenden Fliesenfugen nur bedingt geeignet.

Herd und Backofen

Der Herd mit Kochfeld und Backofen ist das Herzstück jeder Küche und er ist meist das teuerste, aber langlebigste Küchengerät. Immerhin erweist er Ihnen bei guter Pflege durchschnittlich gut 20 Jahre treue Dienste.

Allerdings habe ich bis heute keine Auskunft erhalten, wie lange die komfortablen computergesteuerten Backöfen mit über 100 hinterlegten Automatikprogrammen funktionieren oder wie es um die Haltbarkeit von Induktionskochfeldern bestellt ist...

Glaskeramik

Die meisten modernen elektrischen Herde haben heute eine Abdeckung aus Glaskeramik, die Hitze wird durch Strahlungsheizkörper, Induktionsspulen oder Gasbrenner erzeugt. Glas und Keramik bilden zusammen ein Material, das für große Hitze und große Temperaturdifferenzen optimal geeignet ist. Der Topf sitzt immer optimal auf der Platte, zudem ist Glaskeramik im Vergleich zu Emaille- oder Edelstahlkochmulden energiesparender, da die Wärme aus der eigentlichen Kochzone seitlich schlechter abgeleitet wird.

DAS KANN SCHADEN

- Glaskeramik-Kochfelder besitzen eine harte Oberfläche. Trotzdem bleiben Kratzer beim jahrelangen Gebrauch nie ganz aus und bei den heute tiefschwarzen Feldern ohne jedes Dekor sind selbst die feinsten Kratzer gut sichtbar. Bei bedruckten Kochfeldern sieht man die Verschmutzungen nicht so stark, außerdem sind die heutigen Kochfelder dank neuer großzügiger Dunstabzugshauben wesentlich besser ausgeleuchtet. Das sind wahrscheinlich auch die Gründe für die immer wieder gehörte Meinung, dass Glaskeramik viel schlechter und empfindlicher geworden sei.
- Kleine Kratzer sind nur ein Schönheitsfehler, tiefe Kratzer können das Kochfeld etwas bruchempfindlicher machen. **Ein Kochfeld mit Sprung oder Riss darf auf keinen Fall mehr verwendet werden!** Die eindringende Feuchtigkeit gefährdet die elektrische Sicherheit.
- Vermeiden Sie alle rauen Topf- und Pfannenböden und ziehen Sie schwere gusseiserne Geschirre nicht über das Kochfeld.
- Wenn Sie das Kochfeld als zusätzliche Arbeitsfläche benutzen, verarbeiten Sie darauf keine sandigen Lebensmittel.
- Verwenden Sie keine an den Kanten abgebrochenen Glaskeramikschaberklingen, keine Stahlwolle und kein Scheuerpulver. Diese Mittel schaden dem Dekor, der Randeinfassung des Kochfeldes und der Glaskeramik selbst.
- Glaskeramik ist gegenüber starken Alkalien lange nicht so empfindlich wie Glas. Trotzdem warnen die meisten Hersteller vor starken Sodalösungen oder stark alkalischen Backofenreinigern.
- Flecken können verschiedene Ursachen haben. Eingebrannte Reinigungsmittel und eingebranntes Fett schimmern bläulich, wie Perlmutt sieht Metallabrieb von zu weichen Alu- oder Kupfertopfböden aus und weiß sind die Kalkränder von übergekochtem Wasser. Flecken lassen sich mit milden abrasiven Mitteln wie Scheuermilch, Putzstein, Glaskeramikreiniger oder Edelstahlpflege entfernen, allerdings sind oft mehrmalige Behandlungen notwendig.
- Kunststoffe und Alufolie können auf der heißen Kochzone einbrennen. Schalten Sie die Kochzone aus und gehen Sie sofort mit dem Glasschaber über den heißen Bereich.
- **Den größten sichtbaren Schaden hinterlässt verschütteter Zucker,** wenn er auf ca. 190 °C heiße Glaskeramik fällt. Sofort mit dem Glaskeramikschaber vorsichtig aus dem heißen Bereich entfernen. Der geschmolzene Zucker verbindet sich fest mit der Glaskeramik. Beim Abkühlen zieht sich die fest haftende Zuckerschicht wieder zusammen, die Glaskeramik aber ist absolut formstabil. Diese auftretenden Spannungen verursachen kleine Defekte in der Oberfläche, man spricht von Ausmuschelungen. Trotzdem bleibt das Kochfeld voll funktionsfähig. Die beschädigten Stellen können aber nicht ausgebessert werden. Bei Induktionsfeldern wird es wegen der geringeren Feldtempera-

turen zu weniger Zuckerschäden kommen. Allerdings können in der Boosterstellung oder durch einen leeren Topf trotz Induktion die entsprechenden Temperaturen auf dem Feld auftreten.

REINIGUNG UND PFLEGE

- Induktionsfelder aus Glaskeramik sind am leichtesten sauber zu halten, da die Kochzone nicht direkt, sondern nur indirekt durch den heißen Topfboden erhitzt wird.
- **Entfernen Sie unmittelbar nach dem Kochen allen groben Schmutz und Speisereste.** Lassen Sie leichte Verkrustungen unter einem feuchten Tuch einfach aufweichen, dann mit Wasser nachwischen und trocken reiben. Gerade gleichmäßig dunkle Felder ohne Dekor neigen zu Putzstreifen, deshalb lohnt das Nachreiben mit einem trockenen Lappen.
- Stärkere Verkrustungen werden auf der noch warmen Kochzone mit dem Reinigungsschaber entfernt. Achtung: Halten Sie den Schaber möglichst in flachem Winkel und ziehen Sie ihn vorsichtig flächig über das Kochfeld.
- Falls notwendig, können Sie die Mechanik mit einem Polierschwamm, einem **weißen oder blauen**, nicht kratzenden Pad-Schwamm, einer gut angefeuchteten Edelstahlspirale, einer milden Scheuermilch oder einem feinen weißen Stein verstärken. Arbeiten Sie auch bei diesen sanften Mitteln ohne viel Druck.

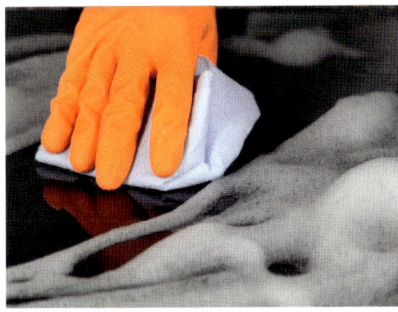

- Haushaltsüblich ist das feuchte Abreiben mit einer Spülmittellösung nach dem Kochen. Wischen Sie mehrmals mit viel klarem Wasser nach, damit es keine bläulichen Verfärbungen und Schlieren gibt. Viele Gerätehersteller raten deshalb von Handspülmitteln ab. Nehmen Sie stattdessen für viel Fettschmutz etwas Allzweckreiniger.
- Sehr gut reinigen und pflegen **Glaskeramik- oder Edelstahlreiniger.** Sie enthalten Tenside und sanfte Poliermittel wie Aluminiumoxide, gleichzeitig bauen sie einen Schutzfilm durch Silikonöle auf. Dadurch wird das Festbrennen von Speisen auf der Kochfläche vermindert und die tägliche Reinigung erleichtert.
- Das Kochfeld muss bei Einbaukochmulden sehr gut gegen Feuchtigkeit abgedichtet sein. Nehmen Sie bei der Reinigung Rücksicht auf diese für die Sicherheit extrem wichtigen Dichtungen zwischen Glaskeramik und Rahmen und zwischen Rahmen und Arbeitsplatte. Auch wenn sich da leicht etwas Schmutz ansammelt, bearbeiten Sie diese kritischen Stellen nie mit spitzen Gegenständen oder einem Dampfreiniger. Die intakte Dichtung ist für die elektrische Sicherheit aller Felder notwendig.

Kochmulden aus Emaille

Für Emaille wird eine pulverförmige Glasschmelze aus Borax, Feldspat und Quarz auf Stahlblech aufgetragen und bei über 800 °C eingebrannt. Diese glasähnliche Beschichtung ist stabil, aber sie kann durch einen Stoß abplatzen. Die Kochmulde sofort nach Gebrauch mit heißem Wasser reinigen, starker Schmutz kann mit Spülmittel aufgeweicht werden. Auch Essig- oder Zitronensäure, eine milde Scheuermilch oder ein weißer Stein können verwendet werden. Verfärbungen können durch Sauerstoffbleiche entfernt werden. Nur Stahlwolle und starke Alkalien (Soda) oder starke Säuren können schaden!

Gusseiserne Kochplatten

Diese sind unverwüstlich, nur vor Rost müssen sie geschützt werden. Deshalb immer gut abtrocknen und decken Sie sie nicht mit den beliebten Schutzplatten ab, denn darunter können sich Feuchtigkeit und Rost bilden.

Die Platten und den umlaufenden Rand können Sie mit feuchter Edelstahlspirale oder Scheuermilch säubern. Die Platten selbst vertragen auch verseifte Stahlwolle. Für die Nachbehandlung gibt es spezielle Pasten, die schwärzen und schützen, aber beim Aufheizen etwas unangenehm riechen. Nichtsdestotrotz halten sie Platten jahrelang wie neu. Da die Pasten inzwischen kaum mehr zu erhalten sind, können Sie ersatzweise hauchdünn reine Vaseline auftragen. Vergessen Sie den überlieferten Tipp und reiben Sie die Platte nicht mit einer Speckschwarte ein. Das enthaltene Salz beschleunigt die Eisen-Korrosion!

HINWEIS
Die Reinigung von Kochmulden aus Edelstahl ist in Band 1 „Das ARD-Buffet Haushalts 1x1" beschrieben.

Gasbrenner

Gasbrenner erfordern etwas mehr Reinigungsaufwand. Die emaillierten Trageroste lassen sich abnehmen, in Spülmittellösung einweichen und mit der rauen Seite eines nicht kratzenden Reinigungsschwammes (kein grüner Topfschwamm!) abschrubben. Manche Hersteller erlauben auch Spülmaschinenreinigung. Die einzelnen Brennerteile können aus unterschiedlichen Metallen bestehen. Häufig ist es ein Ring aus Aluminium und hier lassen sich Verfärbungen nicht vermeiden. Nur mit neutralen Reinigungsmitteln arbeiten und das weiche Metall nicht verkratzen. Ab und zu feucht abreiben reicht aus, da die groben Verkrustungen durch die Hitze ausgebrannt werden. **Vermeiden Sie beim Reinigen unbedingt das Verstopfen der Düsen.** Wenn Sie als Blickfang die Brennerdeckel aus Messing zum Glänzen bringen wollen – mit einer neutralen bis schwach basischen Metallpolitur polieren, polieren, polieren …

Pflege von Backöfen

Wenn man den Aussagen der Gerätehersteller glaubt, ist Backofenreinigung heute ein Kinderspiel. Die Backinnenräume sind ab einer bestimmten Preisklasse reinigungsfreundlich ausgestattet und es gibt viele kleine Reinigungshilfen wie abnehmbare oder versenkbare Türen, klappbare Grills und herausnehmbare Gitterträger.

EMAILLIERTER INNENRAUM

- Verwenden Sie keine kratzenden Mittel wie Scheuerpulver oder grüne oder schwarze Pads, denn in den kleinen Kratzern bleibt der Schmutz haften.
- **Aufweichen mit Dampf** ist viel effektiver und schonender. Füllen Sie dazu Wasser in die Fettpfanne des noch heißen Backofens oder erhitzen Sie auf knapp 100 °C. Lassen Sie den Dampf eine Stunde einwirken, starke Verkrustungen können nun mit einem Glasschaber oder einer feuchten Edelstahlspirale punktuell entfernt werden. Abwischen, nachwaschen und gut austrocknen lassen. Bei stärkerer Verschmutzung hilft während der Dampfbehandlung eine verdünnte Sodalösung (1 EL Soda auf 1 l Wasser, mit Schwamm im Inneren verteilen), ein Allzweckreiniger oder ein Küchenfettschmutzlöser.
- **Hilfreich kann auch ein Backofenreiniger sein.** Die heutigen Produkte sind lange nicht mehr so stark alkalisch wie früher und arbeiten mit Aminen unter Komplexbildung. Sie können also durchaus eingesetzt werden, aber bitte auf die Sicherheitshinweise achten. Schauen Sie auch immer in die Anleitung Ihres Backofens! Eingefressener Schmutz von Zucker und Säure (Obstkuchen) lässt sich nicht mehr entfernen, da die Oberfläche durch die Säure beschädigt wurde.

EMAILLIERUNGEN MIT ANTI-HAFT-SPEZIALBESCHICHTUNG

Versprechen Sie sich nicht zu viel von diesen Spezial-Emaillierungen. Sie erleichtern die Reinigung, wenn Sie **unmit-**

telbar nach jeder Benutzung den Backofen sanft, aber gründlich ausreiben. Denn jeder anhaftende Schmutz, jeder kleinste Kratzer und die Reste von Reinigungsmitteln vermindern den Effekt! Wenn die Backöfen ein extra gesteuertes Reinigungsprogramm haben, ist der Reinigungseffekt etwas besser.

BACKÖFEN MIT KATALYSE-BLECHEN

Die raue Spezialemaillierung der Innenwände enthält winzige Keramikkügelchen als Katalysatoren, die in Verbindung mit Sauerstoff und bei Temperaturen von über 200 °C eine **chemische Umwandlung der Fettverschmutzung** bewirken. Bei sehr viel Fettschmutz ist aber ein extra Reinigungsgang erforderlich: Der Backofen wird eine Stunde bei höchster Temperatur mit Heißluft eingeschaltet. Andere Verschmutzungen werden hierbei aber nicht beseitigt! Die Katalysebleche sind sehr kratzempfindlich, deshalb sind sie austauschbar. Die Beschichtung verliert ihre selbsttätig wirkenden Reinigungseigenschaften auch durch manche Backofenreiniger! Wenn nur einzelne Teile des Backofens katalytisch ausgestattet sind, müssen diese Teile vor einer Behandlung mit einem Backofenspray immer entfernt werden.

BACKÖFEN MIT PYROLYSE

Die pyrolytische Reinigung wird immer besser. Bei 500 °C werden die **Bratrück-stände in einer bis drei Stunden verascht,** der entstehende Rauch und die Gerüche werden bei einigen teuren Geräten bereits durch Katalysatoren gebunden. Schalten Sie auf jeden Fall den Dunstabzug ein! Bei viel Schmutz empfehle ich eine grobe Vorreinigung, damit weniger Qualm und kein kurzfristig aufloderndes Feuer entsteht. Bei einigen Geräten sind die Aufnahmegitter und Backbleche pyrolysetauglich, bei anderen muss alles entnommen werden. Eine Schwachstelle ist auch häufig die Backofentüre, die noch mit Hand nachgereinigt werden muss. Die Hersteller bemühen sich um eine Senkung des Energieaufwandes, doch müssen Sie immer noch mit 3–5 kWh rechnen.

KOMBI-BACKÖFEN

Die Geräte sind eine Kombination aus Backofen und Dampfgarer mit einer Edelstahlauskleidung. Diese wird wie Edelstahl gereinigt, doch sie sollte nach der Behandlung mit Reinigungsmitteln und Edelstahlpflegen immer mit klarem Wasser nachgewaschen werden, damit der Dampf keine Reinigerbestandteile herauslöst und eventuell auf die Nahrungsmittel übertragen kann. Bei Dampfgeräten ist immer auf die vollständige Ausheizung des Restwassers zu achten. Lassen Sie bis zum vollständigen Abtrocknen die Türe geöffnet! Bei längerem Nichtbenutzen sollte die Tür hin und wieder leicht geöffnet bleiben, damit keine Schimmelbildung auftritt. Nach dem Braten in sogenannten Kombidämpfern sind zusätzlich die Fettfilter zu reinigen.

MEINE SPEZIELLEN TIPPS

Backöfen am besten reinigen, solange sie noch warm sind. Vergessen Sie nicht, die Dichtungen regelmäßig mit Wasser zu reinigen, denn Fett macht sie spröde.

Vollauszüge sind mit einem Spezialfett eingepflegt. Vermeiden Sie das Auswaschen des Fettes durch zu langes Einweichen in Reinigungsmitteln oder Backofenreinigern. Feucht abreiben geht aber immer.

Backbleche und Gitterroste können in die Spülmaschine. Aber oft nur, wenn die Oberflächen nicht veredelt sind. Achten Sie auf die Herstellerangaben, damit die teure Beschichtung erhalten bleibt. Wenn Sie in der Spülmaschine spülen, sind durch den Klarspüler Tensidreste vorhanden, die die Antihaftwirkung stören. Deshalb mit klarem Wasser nachspülen.

Auf den dunklen Glasfronten der Backofentüren sind kleinste Schmutzreste und Kratzer sowie Schlieren durch Reinigungsmittel gut sichtbar. Wenn klares Wasser und verdünnter Spiritus oder Glasreiniger nicht ausreichen, können Sie die Front mit Schlämmkreide oder einem Schmutzradierer ohne viel Druck reinigen. Nach Aufweichen der Verkrustungen hilft ein ganz vorsichtig darüber geführter Glaskeramikschaber! Schonend sind der Ausbau der Türe und das Einweichen der Scheiben in warmer Spülmittellösung. Es gibt zwar Intensiv-Glaspolituren für Autoscheiben oder feinstes Bimsmehl, aber bei dunklen Backofenscheiben ist es schwierig, damit zu arbeiten.

Töpfe und Pfannen

Gute Töpfe und Pfannen sind teuer, aber viele Kochgeschirre können über Jahrzehnte treue Kochbegleiter sein und die Freude am Kochen steigern. Nehmen Sie sich Zeit für die Auswahl, kaufen Sie funktionell, nicht nur „fürs Auge".

WICHTIGE KRITERIEN FÜR IHRE KAUFENTSCHEIDUNG

- Herdart (Gas, Elektro, Kochfeld mit Strahlungsheizkörper oder Induktion, wird viel im Backofen gegart …)
- bevorzugte Gerichte und Garungsarten (fettarm, wasserarm, braten, schmoren, dünsten, dämpfen, im Wok garen …)
- Größe und Gewicht der Kochgeschirre
- zur Verfügung stehende Kochzeit (Dampfdrucktopf, -pfannen)
- gesundheitliche Beeinträchtigungen (Allergien, Diäten)
- Reinigungsaufwand

KLEINE TOPF- UND PFANNENKUNDE

- **Geradwandige Töpfe** sind für Speisen, die im geschlossenen Topf vor sich hin garen.
- **Gebauchte Formen** müssen zum Ausgießen weiter geneigt werden und Ihre Hände sind mehr dem Dampf ausgesetzt. Das Reinigen ist schwieriger.
- **Konische Töpfe** sind für das Reduzieren, das Sautieren und für schnelle Soßen oder Risotto optimal geeignet. Hier lohnt sich eine Stielkasserole mit einem langen Stiel. Dann können Sie mit der einen Hand den Topf gut halten, während Sie mit der anderen Hand den Rührbesen schwingen. Konische Formen ermöglichen zusätzlich platzsparendes Ineinanderstapeln, aber sie verbrauchen etwas mehr Energie. Bei jedem Öffnen entweicht mehr Dampf.
- **Fleisch-, Nudel- oder Suppentöpfe** haben einen großen Durchmesser mit hohem Rand für das Garen großer Mengen in Flüssigkeit.
- **Braten- oder Schmortöpfe** haben große Durchmesser, sind aber niedriger als Fleischtöpfe; für Ragouts, Rouladen, gedünstetes Gemüse ...

- **Bräter** sind längliche Bratentöpfe und werden oft mit Dämpf- oder Frittiereinsätzen angeboten, für Geflügel, große Braten, Fische ...

MEIN SPEZIELLER TIPP

Der Übergang zwischen Boden und Wand sollte bei jeder Topfform leicht abgerundet sein, damit beim Rühren der Gesamtinhalt erfasst und das Reinigen erleichtert wird.

- **Schüttrand:** Gute Töpfe haben einen nach außen gewölbten Schüttrand, der beim Ausgießen das Kleckern des Inhaltes an der Außenwand vermindert. Ausgezogene, fugenlose Ränder machen beim Spülen keine Probleme. Angesetzte Ränder sollten keine Hohlräume oder Spalten aufweisen.
- Manche Töpfe haben im Rand eine **integrierte Abgießfunktion,** die bei aufliegendem Deckel – je nach Drehung des Deckels – das Abgießen ermöglicht.
- **Deckel:** Ein guter Deckel muss den Topf rundum richtig verschließen, damit wenig Energie und Dampf verloren gehen. Typische Schmortöpfe aus Gusseisen haben mitunter „Aromaspitzen" auf der Innenseite des Deckels, damit während der langen Garzeit das Kondenswasser ganz gleichmäßig auf das Schmorgut tropft. Denn jedes Öffnen führt nicht nur zu Energieverlusten, sondern mit dem Dampf entweichen auch Aromastoffe.
  Aufliegedeckel sind leichte Deckel, die locker aufliegen und sich schnell öffnen lassen.
  Steckdeckel (Zargendeckel) sind schwerer, schließen besser ab und sind besonders für das wasserarme Garen notwendig.
  Glasdeckel sind schwer, gut schließend und energiesparend, da bei geschlossenem Deckel das Garen beobachtet werden kann.
- Manche Töpfe haben integrierte **Deckelablagen.**
- **Griffe** sind für das sichere Hantieren wichtig. Fassen Sie die Griffe an: Sind sie gut greifbar? Sind sie stabil und nicht zu klein? Sie sollten nicht zu nah am oberen Topfrand sitzen, da sonst beim Ausgießen der Dampf an die Arme kommt. Achten Sie auf die typischen „Reinigungsfallen" bei Griffen, die auch bei teuersten Produkten zu entdecken sind.
  Kunststoffgriffe sind oft nicht ofenfest (auf die deklarierte Temperaturangabe achten) und sie werden allmählich spröde. Deshalb sollte man die Griffe austauschen können. Bei Gasherden sollten Sie keine Töpfe mit Kunststoffgriffen wählen.
- **Email-, Gusseisen- und Edelstahlgriffe** werden sehr heiß, aber es gibt auch sogenannte Kaltgriffe. Diese sind innen hohl, da Luft ein schlechter Wärmeleiter ist.
- **Innenverarbeitung:** Ein guter Topf ist auch innen sehr sauber gearbeitet und poliert, damit nichts anhängen kann. Mit einer Mess-Skala an der Topfinnenseite können Flüssigkeiten bequem dosiert werden. Es ist kein zusätzlicher Messbecher notwendig.
- **Topfboden:** Der wichtigste Teil eines Kochgeschirres ist der Boden. Die Wärme soll rasch und gleichmäßig aufgenommen und an die Speisen ebenso gleichmäßig abgegeben werden, damit nichts anbrennt. **Die besten Wärmeleiter sind Kupfer, dann Aluminium, gefolgt von Gusseisen, Eisen und Edelstahl.**
- **Dünne Böden** werden zwar schneller heiß, aber sie haben zu wenig Hitze gespeichert, um sie rasch gleichmäßig an die Speisen abzugeben. Zudem sind

TIPPS ZUM ENERGIESPARENDEN KOCHEN UND BACKEN

- Die geringsten Energiekosten verursacht ein Gasherd. Bei Elektroherden ist Induktion die sparsamste Variante, gefolgt von den Halogen-Heizkörpern, die bis 2200 °C heiß werden können und eine kürzere Aufheizzeit haben als die Infrarot-Strahlungsheizkörper (1000 °C). Die meiste Energie verbraucht eine Kochmulde mit gusseisernen Platten.
- Herd erst nach dem Aufsetzen des Kochgeschirrs einschalten.
- Gusseisen- und Strahlungs-Herdplatten heizen einige Minuten nach. Rechtzeitig abschalten und Restwärme nutzen.
- Auf zur Kochplattengröße passenden Topfdurchmesser achten. Eine ein bis zwei Zentimeter größere Kochplatte vergeudet 30 % Energie. Ist der Topfdurchmesser größer, wird die Kochzeit unnötig verlängert.
- Wegen der besseren Wärmeübertragung auf saubere Topfunterseiten achten.
- Topf- oder Pfannenböden mit guter Wärmeleitfähigkeit haben eine kurze Aufheizzeit, das spart Zeit und Energie. Allerdings bringt das nur bei kurzer Erhitzungsdauer messbare Vorteile, denn beim längeren Fortgaren

bleibt die Wärme nicht so gut im Topf gespeichert.
- Für Schmorgerichte ist ein schwerer, relativ schlecht Wärme leitender, gusseiserner Topf vorteilhaft, da er während der langen Garzeit weniger Wärme abstrahlt.
- Breite Töpfe strahlen während der Garzeit weniger Energie ab als hohe Töpfe.
- Wählen Sie den kleinstmöglichen Topf. Verwenden Sie beim Garen in Wasser sehr wenig Wasser. 1–2 cm auf dem Boden sind ausreichend, doch berücksichtigen Sie, dass sehr stärkereiche Lebensmittel aufquellen und deshalb leicht anbrennen können.
- Füllen Sie bei Suppen die Flüssigkeit immer erst zum Schluss auf.
- Alle Speisen, die länger als 30 Minuten garen, können günstig im Schnellkochtopf zubereitet werden.
- Ein Deckel auf einem Topf ist ein echter Energiesparer! Ohne Deckel braucht man zwei bis drei Mal so viel Strom, um eine Speise aufzukochen. Ohne Deckel braucht man die vierfache Menge Strom, um eine Speise am Kochen zu halten.
- Überlegen Sie bei einer Neuanschaffung, ob es unbedingt ein Backofen in

Standardgröße mit rund 65 l Garraum sein muss. Kompaktbacköfen mit rund 45 l haben die gleiche Blechgröße und sind nur flacher gebaut. Aber sie sparen bei jeder Nutzung rund 20–25 % Energiekosten.
- Dreifach verglaste Backofentüren isolieren besser, dadurch reduziert sich der Energieverbrauch.
- Die Programmautomatiken in hochwertigen Backöfen optimieren den Energieverbrauch.
- Vorheizen ist beim Backen und Garen im Ofen meist nicht erforderlich, außer bei Brot und Blätterteig oder Biskuit. Ohne Vorheizen sparen Sie bis zu 20 % Energie!
- Nutzen Sie den Platz im Backofen so gut wie möglich. Umluft- oder Heißluftherde bieten gleichzeitig Platz für bis zu vier Ebenen. Wenn Sie nur auf einer Ebene garen, ist Umluft trotz der niedrigeren Temperatur nur wenig sparsamer als Ober- und Unterhitze, da der Ventilator auch Energie verbraucht und mehr warme Luft ausgeblasen wird.
- Die Backofentüre so selten wie möglich öffnen und beim Öffnen den Ventilator ausschalten.

sie nicht formstabil und verziehen sich rasch in der Hitze. Deshalb werden dickere Böden bevorzugt.
- Gute und sorgfältig hergestellte Böden sind bombiert. Sie sind leicht nach innen gewölbt, damit der erwärmte Boden durch die temperaturabhängige Ausdehnung ganz eben auf dem Kochfeld anliegt. Dies ist auch beim Induktionsherd wichtig, damit der Topf nicht „tanzt". Zudem bildet sich weniger

elektromagnetische Streustrahlung. Bei guten Töpfen sind Boden und Seitenwände fest, glatt und ohne Hohlräume (Schmutzfänger) miteinander verbunden.
- Bei den beliebten Edelstahltöpfen wäre ein Edelstahlboden ein viel zu schlechter Wärmeleiter. Sie haben deshalb einen Sandwichboden (zwischen Topfkörper und Bodenplatte ist eine Kupfer- oder Aluminiumschicht eingearbei-

tet) oder noch besser einen Kapselboden. Der Kapselboden entspricht dem Sandwichboden, doch ist der Aluminium- oder Kupferkern von der Edelstahl-Kapsel komplett umschlossen.
Heute werden in nicht magnetische Topfböden magnetisierbare Stähle (z. B. niedrig legierter Chromstahl ohne Nickel) eingearbeitet, um die Töpfe induktionsfähig zu machen.

Die unterschiedlichen Materialien für Töpfe und Pfannen

Favorisiertes Material für Kochtopfe ist immer noch Edelstahl, obwohl gerade traditionelles Gusseisen auch wieder vermehrt als Schmortopf auf den Kochplatten steht. Selbst das lange Zeit nur als dekorativer Blickfang genutzte Kupfergeschirr kommt wieder zum Einsatz. Es ist unglaublich, welchen Einfluss Fernsehköche auf die Topf- und Pfannenauswahl haben ...

EDELSTAHL

- Sieht gut aus, ist stoß-, schlag- und abriebfest und temperaturbeständig.
- Die Wärme bleibt lange im Topf, weil Edelstahl wenig Wärme über die Seitenwände abstrahlt.
- Gibt beim Kochen **kein Nickel** ab. Nur bei extremer Überempfindlichkeit sollte man auf das Kochen und Aufbewahren säurehaltiger Speisen in Edelstahl verzichten.
- Ist für alle Speisen geeignet. Ideal für scharf gebratene, krosse Fleischspeisen sind unbeschichtete Edelstahlpfannen.
- **Neue Edelstahlpfannen sollte man Einbrennen** (Pfanne mit hoch erhitzbarem Fett bis zum Rauchpunkt erhitzen, Fett entfernen und mit neuem Fett braten.) Das kann man auch wiederholen. Eine so aufbereitete Pfanne wird möglichst nur mit heißem Wasser und ganz wenig Spülmittel ausgespült.
- Stark angebrannte Töpfe außerhalb der Maschine reinigen. Nehmen Sie kein Scheuerpulver, Stahlwolle oder grünen Topfschwamm, sondern eine Edelstahlspirale oder weichen Sie den Topf über Nacht in heißer Handspülmittellösung, Sodalösung oder Maschinenspülmittellösung ein.

ALUMINIUM

- Aluminium ist ein sehr guter Wärmeleiter, doch verformt und verfärbt sich einfaches Aluminiumgeschirr. Saure Speisen können Aluminium herauslösen.
- Deshalb werden heute die Geschirre aus formstabileren Aluminium-Legierungen im Gussverfahren hergestellt. Die Teile sind formstabil und trotzdem leicht.
- Einfach zu reinigen, da lackiert oder antihaftbeschichtet. Beim Kochen säurehaltiger Speisen wird aus beschichteten Geschirren kein Aluminium herausgelöst. Verzichten Sie auf maschinelles Spülen, da der ungeschützte Boden durch das alkalische Spülmittel außen schwarz wird und abfärbt.

SCHMIEDEEISERNE PFANNEN

- Sie sind für Gaskochstellen und Induktionsplatten ideal und **können sehr hoch erhitzt werden.** Die leicht poröse Struktur des Materials saugt das Fett im Laufe der Zeit immer mehr auf und es entsteht eine natürliche verharzte Fettbeschichtung.
- Nur mit Küchenkrepp ausreiben, bei Verkrustungen hilft feines Salz. Wenn gespült werden muss, sofort nachfetten.

GUSSEISEN

- Gusseisen ist Eisen mit mind. 2,1 % Kohlenstoff. Es ist sehr schwer, formstabil, robust, gibt die Hitze gleichmäßig ab und ist **das ideale Geschirr zum Schmoren und für Grillpfannen.** Aber es braucht viel Energie, bis es heiß ist. Das robuste Metall kann bei starken Stößen und großen Temperaturunterschieden beim Ablöschen springen.
- Gusseisen ist meist innen und außen emailliert. Dann kann mit der Hand, selten auch maschinell gespült werden. Falls die Emaillierung beschädigt ist, die Stelle einfetten.
- Bei Pfannen gibt es auch naturbelassenes Gusseisen mit oder ohne Grundpatina ab Werk. Diese Pfannen werden erst durch Einbrennen mit Öl und Aufbau einer dicken Patina voll funktionsfähig. Zum Reinigen Küchenkrepp und etwas Salz, nur selten Wasser und eine Spülbürste verwenden. Nach dem Spülen immer komplett trocken wischen, nicht nur an der Luft trocknen lassen. Anschließend ein paar Tropfen Öl für die Patina verreiben. Immer ohne Deckel aufbewahren. Falls Rostansatz sichtbar wird, den Rost abschmirgeln und für eine Stunde im Backofen mit Öl zum Neuaufbau der Patina bei 150 °C erhitzen. Keine Speisen längere Zeit darin liegen lassen!

KUPFER

- Der beste Wärmeleiter, aber teuer und pflegeintensiv.
- **Nimmt die Wärme schnell auf und gibt sie auch schnell wieder ab.** Deshalb eignet sich eine Kupfer-Pfanne gut zum scharfen Braten und, weil die Hitze so schnell regulierbar ist, genauso gut für Eierspeisen, zum Reduzieren und zum Flambieren.
- Kupfer-Kochgeschirre sind in Europa mit einem Edelstahl-Mantel ausgekleidet, damit sich mit Säuren nicht zu viele Kupfersalze bilden. Das erleichtert auch die Innenreinigung, aber die rasch anlaufende Außenseite muss, wenn sie schön ausschauen soll, mit milden Poliermitteln (Schlämmkreide, Scheuermilch, Buntmetallpflege) geputzt werden.
- Nie in die Spülmaschine geben oder mit Scheuerschwämmen bearbeiten!

STAHLEMAILLE

- Der Stahl ist mit Schmelzglas (Emaille) überzogen und hat so eine **glatte, porenfreie Oberfläche,** die sich leicht reinigen lässt. Dunkle Emaillierungen bräunen besser als helle.
- Im Gebrauch vergleichbar mit Edelstahl, zum scharfen Anbraten geeignet, aber nie ohne Fett. Handspülen lohnt sich, da manches Emaille in der Spülmaschine stumpf wird.
- Es gibt Hightech-Versionen mit Glaskeramikglasuren, die noch haltbarer, glatter, schneid- und kratzfester als Emaille sind. Dieses Material ist spülmaschinenfest.

TÖPFE UND PFANNEN MIT ANTIHAFT-BESCHICHTUNGEN UND -VERSIEGELUNGEN

- Sind für alle Gerichte, die leicht anhaften (Eier, Fisch, Milchbreie …) und für fettarme Zubereitungsarten ideal.
- Einfache beschichtete Pfannen und Töpfe bestehen aus einem Alukern und sehr dünner Teflonfolie (PTFE). Sie kann leicht mechanisch abgekratzt oder beschädigt werden.
- Wird die Folie etwas dicker und sorgfältiger aufgebracht, bekommt man bei einem stabilen Grundmaterial (Aluguss, Edelstahl) schon ordentliche Geschirre. Für Töpfe reicht dies aus, da mit mehr Flüssigkeit und bei tieferen Temperaturen gearbeitet wird.
- Versiegelte Pfannen aus Aludruckguss oder Edelstahl haben dauerhaftere Beschichtungen.
- Die Oberflächen werden vor der Versiegelung mit einem Hartgrund und Haftgrund bearbeitet, bevor die PTFE-Schicht aufgespritzt wird. Die Versiegelung ist schnitt- und kratzfester und bis über 260 °C hitzefest. Trotzdem darf gar niemals leer erhitzt werden, da Substanzen freigesetzt werden, die grippeähnliche Symptome (Teflonfieber) auslösen.
- Statt Teflon wird immer mehr eine umweltverträglichere Antihaft-Beschichtung auf Keramik-Basis angeboten. Sie ist geringfügig kratzbeständiger, aber bis zu 450 °C hitzebeständig.
- Alle beschichteten Pfannen färben sich durch Rückstände von verharzten Fetten allmählich dunkel. Besonders

schnell geht es bei Verwendung nicht raffinierter Öle (wie kalt gepresstem Olivenöl) als Bratfett. Leider vermindern diese Rückstände auch ganz entscheidend den Antihafteffekt!
- Eine beschichtete Pfanne mit Kratzern oder Blasen auf dem Boden kann noch verwendet werden, auch wenn die Antihafteigenschaft nachlässt. Falls der metallische Untergrund durchschimmert, keine Speisen darin aufbewahren und nach dem Spülen leicht einölen.
- Antihaft-Pfannen sind leicht zu reinigen. Allerdings lehnen viele Hersteller eine Spülmaschinenreinigung ab.

MEIN SPEZIELLER TIPP

Ich selbst spüle meine versiegelten Pfannen immer maschinell und trotzdem ist meine älteste und noch perfekt funktionierende Pfanne über 10 Jahre alt. Ich führe diese Langlebigkeit in erster Linie auf die Verwendung von raffinierten Ölen, aber auch auf die stets sauber gespülte Beschichtung zurück.

FEUERFESTE GLAS-, KERAMIK- UND PORZELLANGESCHIRRE

- Werden bevorzugt **im Backofen eingesetzt,** da auf dem Herd die Speisen leicht anbrennen. Schlechte Wärmeleiter mit langer Aufheizzeit und hohem Energieverbrauch, aber die Gerichte werden darin lange warm gehalten.
- Zerbrechlich und auch bei großen Temperaturschwankungen kann es Scherben geben. Absolut nickelfrei und spülmaschinenfest.

Lagerung von Lebensmitteln im Haushalt

Die Zahl lässt aufhorchen! In Deutschland wandern jährlich rund 20 Millionen Tonnen Lebensmittel in den Müll. Natürlich gibt es die größten Verluste, bevor die Lebensmittel unseren Haushalt erreichen, aber jeder Bundesbürger wirft pro Jahr 49 kg Lebensmittel in den Müll. Neben der bedarfsgerechten Lebensmittelauswahl und dem hygienischen Transport kann eine auf die Lebensmittel korrekt abgestimmte Verarbeitung und Lagerung diese Verschwendung verringern. Temperatur und Verpackung sind die entscheidenden Faktoren bei der Frischhaltung von Lebensmitteln. Sie bilden zusammen ein Frischhaltesystem, das die Lebensmittel vor Oxidationen, Mikroorganismen, Wasserverlusten und Fremdgerüchen schützt und das Eigenaroma erhält. Aber es gibt kein Frischhaltesystem, das für alle Lebensmittel gleich gut geeignet ist.

Kühl- und Gefriergeräte

Ein Kühlschrank zur kurzfristigen Lagerung leicht verderblicher Lebensmittel und eine Gefriermöglichkeit für die längerfristige Lagerung sind heute in jedem Haushalt zu finden. Denn nach einer praxiserprobten Regel kann ein Absenken der Temperatur um 10 °C die Haltbarkeit der Lebensmittel verdoppeln. Aber die Kühlung verschlingt rund ein Fünftel unseres Stromverbrauchs im Haushalt, denn die Kühlgeräte sind 24 Stunden im Einsatz. Zwar ist der Energieverbrauch der reinen Kühltechnik in den letzten 15 Jahren um ca. 50–60 % gesunken, doch sind unsere Ansprüche an die Größe und die komfortablen Ausstattungen der Geräte enorm gewachsen. Jeder zusätzliche Schnickschnack treibt die Preise und den Energieverbrauch nach oben. Die neuen Energielabels bei Kühl- und Gefriergeräten informieren uns seit 01.01. 2011 über die Effizienzklasse der Geräte. Dunkelgrün (und bei Kühlschränken z. Zt. die Klasse A+++) steht für das sparsamste Gerät. Aber die Ausrichtung nur am Farbbalken kann irreführend sein. Kommen besonders sparsame Geräte neu auf den Markt, erhalten sie auch ein A+++ in einem dunkelgrünen Balken. Gleichzeitig sind aber natürlich auch noch die älteren Modelle auf dem Markt. Deshalb:

- Achten Sie auf den Gültigkeitszeitraum des Labels (ganz unten links).
- Vergleichen Sie bei den Geräten die deklarierten Verbrauchswerte in kWh pro Jahr in Relation zum Nettovolumen des Kühl- und Gefrierteils.
- Die Energieverbrauchsangaben sind nur das Ergebnis einer Normprüfung. Der tatsächliche Verbrauch hängt von der Nutzung (Füllzustand, Öffnungen) und dem Standort des Gerätes ab.

SENKUNG DES ENERGIEBEDARFS

- **Stimmen Sie die Größe der Geräte auf Ihren Haushalt ab.** Bereits 10 l mehr Nettovolumen erhöhen beim Kühlschrank den Energiebedarf um 1 %, beim Gefrierschrank sogar um 3 %. Rechnen Sie beim Kühlschrank für die erste Person 120 l Nettovolumen, für jede weitere Person sind 60 l ausreichend. Beim Gefrierschrank sind 50–80 l Nettovolumen pro Person für kleine Vorräte ausreichend, bei großer Vorratshaltung sind 100–130 l angebracht.
- Ein halbvoller Kühl- oder Gefrierschrank verbraucht immer mehr Energie als das gleiche Modell gut gefüllt, da bei jedem Öffnen mehr Kaltluft herausströmt und Warmluft einfließt.
- **Je kühler die Geräte stehen, desto besser.** Die Absenkung der Raumtemperatur um nur ein Grad spart bei Kühlschränken 3 % und bei Gefriergeräten bis zu 6 % Strom.
- Misstrauen Sie den Aussagen der Küchenbauer, die aus optischen Gründen gern Kühlschrank und Backofen nebeneinander einbauen, da dies heute wegen der guten Dämmungen jederzeit möglich wäre. Aber trotz guter Isolierungen kommt beim Betrieb des Backofens und Öffnen des Kühlschranks viel warme Luft ins Gerät.
- Halten Sie die Lüftungsgitter frei – auch von Staub! Sonst entsteht ein Wärmestau und damit ein höherer Stromverbrauch.
- Steht ein zusätzliches Gefriergerät in der Nähe, so reicht ein Kühlschrank ohne Gefrierfach. Der Energieverbrauch ist bei gleichem Nettovolumen um über 30 % niedriger als bei einem Kühlschrank mit Viersternefach.

- Verzichten Sie nicht auf eine **gute Innenbeleuchtung.** Das erleichtert das Suchen und die Türen können schneller wieder geschlossen werden.
- Ein Sparbeitrag sind akustische Warnsignale bei nicht ganz geschlossenen Türen.
- Verzichten Sie auf Kühlschränke mit Glastüren, denn sie sind schlechter gedämmt. Zudem sind viele Lebensmittel lichtempfindlich.
- **Poröse Dichtungen erhöhen den Stromverbrauch.** Deshalb die Dichtungen nur vorsichtig feucht abreiben und mit Glycerin, Talkum oder Silikonspray elastisch halten. Tropfen Sie kein Fett oder Öl auf die Kunststoffteile oder Dichtungen, denn mancher Kunststoff wird spröde und kann reißen.
- Ein kleiner, einfacher Stromspartrick: Tauen Sie Gefrorenes im Kühlschrank auf.
- Eine Lagertemperatur von −18 °C im Gefrierabteil ist ausreichend! Legen Sie zur Kontrolle ein Thermometer zwischen die eingefrorenen Lebensmittel. Wenn Sie es auf das Gefriergut legen, wird die Lufttemperatur gemessen.

LOHNT EINE 0 °C-ZONE TROTZ DES HÖHEREN STROMVERBRAUCHS?

Eine moderne 0 °C-Zone mit Feucht- und Trockenfächern hat viele Vorteile:

- Die Haltbarkeit frischer Lebensmittel wird verdoppelt, da neben der Temperatur auch die optimale Luftfeuchtigkeit berücksichtigt wird.
- Die Temperaturen knapp über dem Gefrierpunkt verlangsamen den Abbau wertvoller Inhaltsstoffe wie Vitamine oder sekundärer Pflanzeninhaltsstoffe und den biochemischen und mikrobiellen Verderb.
- Der Gewichtsverlust bei Obst und Gemüse im Feuchtefach vermindert sich um durchschnittlich 60 %, ebenso werden die Putzabfälle verringert.

Aber natürlich gibt es auch Nachteile:

- Die Geräte sind rund 10 % teurer und der Stromverbrauch steigt um 10–20 %.
- Bei kleinen Kühlschränken fehlt Platz für Flaschen, da im Bereich der supergekühlten Schubladen die Türfächer wegfallen.

WAS WIRD NICHT IM KÜHL-SCHRANK GELAGERT?

- Brot – denn selbst bei richtiger atmungsaktiver Verpackung wird bei tiefen Temperaturen (bis −7 °C) das Brot schneller altbacken, da sich die verkleisterte Brotstärke in eine Art kristalline Stärke umwandelt. Dabei wird ein Teil des gebundenen Wassers wieder frei und es kann sich schneller Schimmel bilden. Einfrieren bei tieferen Temperaturen ist aber immer möglich.
- Kartoffeln, da der aus der Stärke konstant gebildete Zucker bei tiefen Temperaturen langsamer abgebaut wird. Die Kartoffeln werden süß. Falls Ihnen das doch mal passiert, einfach 1–2 Tage bei 15 °C lagern.
- Falls Sie hier die Tomaten vermissen – nur die alten Gartensorten haben heute noch ein kälteempfindliches Aroma. Die heutigen Handelssorten müssen auf dem Weg zu uns einen Kühltransport bei 10–12 °C überstehen. Also können wir unbesorgt die Haltbarkeit voll ausgereifter Tomaten im Gemüsefach verlängern. Nur verzehren sollten wir sie immer zimmerwarm.

MEIN SPEZIELLER TIPP

Ich lagere selbst Bananen in Folie verpackt vorne im Gemüsefach. Die Braunfärbung der Schale (tritt erst nach 4–5 Tagen auf) stört mich nicht, denn das Fruchtfleisch selbst bleibt viel länger frisch.

Keine richtige Lagerung ohne richtige Verpackung

Nur eine richtig ausgewählte Verpackung schützt die Lebensmittel vor Feuchtigkeits- und Aromaverlusten, vermeidet Fremdaromen und Qualitätsverluste durch Licht.

BUTTERBROTPAPIER

Dies ist ein fettdichtes Papier. Aber im Gegensatz zu echtem Pergamentpapier ist es weder wasserdicht noch kochfest. Es ist ein **preiswertes, recycelbares Material** für Vesperbrote mit sehr guter Atmungsaktivität! Die Brote bleiben durch den besseren Feuchtigkeitsaustausch als bei einer Frischhaltefolie länger knusprig, allerdings trocknen sie darin verpackt schneller aus.

FRISCHHALTEFOLIEN

Frischhaltefolien sind hauchdünne, lebensmittelechte, weichmacherfreie Folien aus Polyethen PE (umgangssprachlich Polyethylen) zum raschen und platzsparenden Abdecken von Lebensmitteln. Die Folie schützt vor Austrocknung, ist fett- und wasserdicht, aber noch atmungsaktiv. So ist die Gefahr des Schwitzens und der Schimmelbildung vermindert. **Dies ist ideal für Obst und Gemüse, aber auch für Gebäck und Brot, für Wurst, Schinken, Hart- und Schnittkäse.** Allerdings ist wegen der Atmungsaktivität auch eine Durchlässigkeit für Aromen vorhanden, so dass stark riechende Lebensmittel besser in dickere Folien gepackt werden.

MEINE SPEZIELLEN TIPPS
Lagern Sie die Folie im Kühlschrank, eine gekühlte Folie ist weniger elastisch und lässt sich besser abtrennen.

Frischhaltefolie haftet am besten auf Glas, Porzellan und poliertem Metall, bei Kunststoffen ist die Haftung schlechter. Zwischen dem Rand des Geschirrs und der Folie müssen sich Adhäsionskräfte aufbauen. Deshalb muss der Rand ganz glatt und sauber sein, aber Anfeuchten mit Wasser kann die Haftfähigkeit erhöhen. Zudem ist die Haftung temperaturabhängig: je wärmer, desto besser. Frischhaltefolie ist nur bis etwa 110°C temperaturstabil. Dagegen kann die mikrowellenfeste Frischhaltefolie bis 160°C erhitzt werden.

WURST- UND KÄSEPAPIERE

Diese bestehen aus einem festen Papier und einer ganz dünnen atmungsaktiven PE-Folienbeschichtung. Lassen Sie die Lebensmittel darin verpackt, denn das Papier schützt vor dem Austrocknen und Käse oder Wurst können noch weiterreifen, ohne zu „schwitzen".

ZELLGLAS/CELLOPHAN

Traditionell wird das Weihnachtsgebäck zum Verschenken in Cellophan verpackt. Die Industrie verwendet die Folien für Nudeln, Süßwaren und Textilien. Die Verpackung ist teuer, da das Material aufwendig wie Viskosefasern hergestellt wird. Zellglas ist undurchlässig für Flüssigkeiten, lässt jedoch Wasserdampf besser durch als Kunststofffolien. **Unter Cellophan bildet sich ein besonderes Mikroklima aus,** damit wird verhindert, dass sich im Inneren Kondenswasser bildet. Selbst

sehr feuchtes Gebäck mit Konfitüre schimmelt nicht, wird aber je nach Restfeuchte langsam trocken. Die Beschenkten sollten das Gebäck also rasch vernaschen oder in Blechdosen lagern.

FRISCHHALTEBEUTEL AUS PE

Diese sind ebenfalls noch atmungsaktiv, obwohl das Material etwas dicker, fester und stabiler ist als Frischhaltefolien. Ideal für den Transport von Lebensmitteln, auch bleiben **Obst oder Gemüse** in Frischhaltebeuteln länger knackig frisch.

MEIN SPEZIELLER TIPP
Die Brotlagerung ist schwierig, denn offen trocknet es aus, luftdicht verpackt gibt es Schimmel. Wunderbare atmungsaktive Kompromisse sind der Brottopf, der Brotbeutel oder der Frischhaltebeutel.

GEFRIERBEUTEL

Sie sind zwei- bis dreimal so dick wie Frischhaltebeutel und deshalb luftdicht, reißfest und auch bei tiefen Temperaturen noch elastisch. Wenn Sie Lebensmittel längerfristig einfrieren, dann nie im Frischhaltebeutel, sondern im Gefrierbeutel, damit sich kein Gefrierbrand bildet. **Gefrierbrand tritt bei luftdurchlässigen oder schadhaften Verpackungen auf,** da Lebensmittel auch gefroren an der Oberfläche austrocknen und Inhaltsstoffe oxidiert werden. Verschließen Sie nie mit Gummibändern, die werden in der Kälte spröde.

FRISCHHALTE- UND GEFRIERDOSEN

- Diese bestehen aus lebensmittelechten Kunststoffen. Viele Dosen sind hitzefest, mikrowellenfest, gefrierfest und spülmaschinenfest. Verzichten Sie auf Produkte mit antibakterieller Ausstattung, denn sauber spülen müssen Sie trotzdem …
- **Der große Unterschied zwischen Gefrierdosen und Frischhaltedosen ist der Verschluss.** Gefrierdosen sind luftdicht, Frischhaltedosen sollten noch atmungsaktiv sein. Leider werden diese unterschiedlichen Eigenschaften nicht deutlich an die Verbraucher weitergegeben und so kommt es oft zu typischen Aufbewahrungsfehlern.
- Sehr dicht schließende Dosen mit umlaufender Dichtung können zum Einfrieren und zur Aufbewahrung von Trockenvorräten eingesetzt werden. Sie schützen zuverlässig vor dem Verderb durch Feuchtigkeitsaufnahme und Ungeziefer.
- Im Kühlschrank verhindern die luftdichten Dosen bei gegarten Lebensmitteln und Speiseresten das Austrocknen und Aromaverluste. Je voller Sie die Dosen füllen, desto besser für die Haltbarkeit, da weniger Luft für Oxidationen vorhanden ist.
- Frisches, ungewaschenes Obst, Salat und Gemüse lagern Sie am besten in einem luftdurchlässigen Frischhaltebeutel im Gemüsefach des Kühlschranks. Gewaschenes, geputztes oder zerkleinertes Obst, Gemüse und Kräuter können Sie genauso verpacken oder Sie geben sie in eine abgedeckte Schüssel oder in eine nicht ganz dicht schließende Frischhaltedose. Gelagert wird aber nicht im wärmeren Gemüsefach, sondern in einem kälteren Kühlschrankbereich. Warum? Diese Lebensmittel haben eine größere Oberfläche, weshalb in den rohen Produkten viele Enzyme und Mikroorganismen in der sogenannten Zellatmung aktiv sind. Der Sauerstoffgehalt nimmt ab, der Kohlendioxidgehalt nimmt zu. Gleichzeitig entsteht durch diese Zellatmung Wasser, zusätzlich bildet sich in der Dose Kondenswasser. Damit kein Schimmel entsteht, wird atmungsaktiv gelagert und die Zellatmung durch tiefere Temperaturen verlangsamt. Einige Hersteller berücksichtigen diese biochemischen Vorgänge und bieten Dosen mit extra Ventilöffnungen an.
- Stark beworben werden vakuumierbare Dosen, doch bringen sie mir für den hohen Preis zu wenig Vorteile. Wird Fleisch oder Wurst beim Hersteller oder in der Metzgerei vakuumverpackt, ist die Haltbarkeit gut verlängert. Wird erst im Haushalt vakuumiert, sind bereits beim Verschließen mehr sich unter Luftausschluss weiter vermehrende Keime auf dem Lebensmittel vorhanden. Mehr Vorteile gibt es aber bei fetthaltigen Lebensmitteln, da das Ranzigwerden der Fette verzögert wird.
- **Nur saubere Dosen halten frisch!** Die Dosen müssen nach jedem Einsatz gespült werden, auch die Dosen für das Vesperbrot! Zuerst kalt ausspülen, damit kein Eiweiß gerinnt, dann mit heißer Spülmittellösung oder maschinell reinigen. Ganz wichtig ist eine gründliche Reinigung, falls sich Schimmel in der Dose gebildet hat. Lassen Sie die Dose zunächst eine bis zwei Stunden mit einer 5 % Essig- oder Zitronensäurelösung stehen.
- Verfärbungen durch Lebensmittel (fettlösliche Carotinoide) verschwinden allmählich wieder von selbst, Sie können sie aber auch im UV-Licht der Sonne oder mit einer Wäschebleiche wegbleichen.

Praktische Küchenhelfer

Es gibt eine Vielzahl von praktischen kleinen Küchenhelfern, und was für Sie vielleicht unerlässlich ist, wird von jemand anderem in die hinterste Ecke in der Küche verbannt. Aber einen Tipp möchte ich Ihnen geben: Überfüllen Sie weder die Arbeitsflächen noch die Schränke mit diesen Teilen! Das spart Geld und Zeit, denn alles muss auch bei Nichtgebrauch gereinigt und hin und her bewegt werden...

Wasserkocher

Richtig verwendet sind Wasserkocher die energetisch günstigste Variante, heißes Wasser zu erzeugen. Verwenden Sie das Gerät konsequent, um auch das Wasser für Nudeln oder Kartoffeln zu kochen, zum Blanchieren oder zum Aufgießen von Suppen! Die Verluste beim Übergang zwischen Platte und Topf fallen weg, weil das Wasser direkt erhitzt wird. Wasserkocher sind auch sparsamer als Induktion, selbst beim Vergleich mit der Mikrowelle verbrauchen Wasserkocher für kleine Mengen weniger Energie. Allerdings kann ich in der Mikrowelle auch Mengen unter 250 ml erhitzen, während der Wasserkocher eine Minimummenge braucht, damit die Abschaltautomatik funktioniert.

TIPPS ZUM UMGANG

- Wasserkocher sind mit einem Überhitzungsschutz ausgestattet, der den Heizkörper schützen soll, falls das Gerät versehentlich ohne Wasser eingeschaltet wird oder sehr stark verkalkt ist. Bevorzugen Sie Geräte mit hoch angebrachten Schaltern, die seltener versehentlich eingeschaltet werden.
- **Erhitzen Sie nur reines Wasser,** denn andere Flüssigkeiten haben einen höheren Siedepunkt, die Selbstabschaltung funktioniert zu spät.
- Vorsicht, Metallgefäße können sehr heiß werden! Wählen Sie besser ein Gerät mit Kunststoffmantel. Bevorzugen Sie bei sehr hartem Wasser helle

Gehäuse – die Kalkflecken sind weniger sichtbar.
- Erhitzen Sie nur so viel Wasser, wie Sie brauchen und kippen Sie den Rest immer aus, um bei sehr hartem Wasser die Kalkbildung zu vermindern.
- Schütteln Sie den Wasserbehälter immer wieder kräftig mit etwas klarem Wasser durch, so können Sie lose aufliegenden Kalk ausspülen.
- Es gibt kleine Marmorsteine, die Sie in den Behälter einlegen können. Diese dienen als Kristallisationskeim für den sich abscheidenden Kalk. Dieser Kalk setzt sich nicht an den Wänden fest und ist deshalb leichter ausspülbar.
- Trotzdem sollten Sie **regelmäßig entkalken,** da eine Kalkschicht die Wärmeübertragung auf das Wasser verlangsamt und Sie mehr Energie verbrauchen.
- **Entkalken können Sie Wasserkocher mit Zitronensäure oder preiswerter mit Essigessenz,** denn Wasserkocher sind Geräte ohne besondere Dichtun-

gen und offene Leitungen. Erhitzen Sie zunächst das Wasser im Wasserkocher, erst dann geben Sie 50–80 ml Essigessenz dazu, damit Sie nicht so viele Essigsäuredämpfe einatmen müssen. Nicht mehr erhitzen, sondern eine halbe Stunde einwirken lassen. Ausgießen, nachspülen und einmal mit viel Wasser erhitzen.
- Die Geräte werden zum Reinigen der Gehäuse immer vom Netz genommen. Auch die Versorgungseinheit der schnurlosen Geräte darf nur mit gezogenem Stecker feucht abgerieben werden – es droht Stromschlaggefahr!
- Die Versorgungskabel bei Elektrogeräten immer in Richtung Stecker zum Gehäuse reinigen, damit Sie keinen Zug auf die Kabel im Gehäuse ausüben.

Wassersprudler

Mit Hilfe dieser Geräte wird Trinkwasser mit Kohlendioxid versetzt und das sprudelnd frische Getränk ist ein preiswerter Mineralwasserersatz. Aber die Wassersprudler machen aus Trinkwasser kein Mineralwasser, sondern die rechtlich korrekte Bezeichnung für das mit Kohlendioxid versetzte Leitungswasser ist Tafelwasser.

Obwohl das zugesetzte Kohlendioxid keimhemmend wirkt, haben Untersuchungsreihen gezeigt, dass nur bei diszipliniertem Umgang und regelmäßiger Reinigung die mikrobielle Belastung in den Kunststoffflaschen gering gehalten werden kann. Durch die Geräte selbst werden keine Schadstoffe an das Wasser abgegeben.

HYGIENETIPPS

- Befüllen Sie die Flaschen erst, wenn Sie bereits etliche Liter Wasser aus der Leitung entnommen haben. Füllen Sie in die Flaschen kein Wasser aus den haushaltsüblichen Wasserfiltern, da dieses mikrobiell höher belastet ist als Leitungswasser.
- Verwenden Sie nur lebensmittelechte Kohlensäurepatronen! In Billigangeboten mit Industriebefüllung wurde Mineralöl gefunden.
- PET-Flaschen haben ein Haltbarkeitsdatum. Doch erfolgen diese Angaben nicht aus hygienischen Gründen, sondern der Kunststoff wird etwas spröde und kann dem Druck eventuell nicht mehr standhalten.
- Füllen Sie keine Sirupe direkt in die Flaschen, sondern mischen Sie erst im Glas. Der Zucker bietet den Mikroorganismen ein optimales Nährmedium.
- **Trinken Sie bei PET-Flaschen nie direkt aus der Flasche.**
- Die PET-Flaschen sind nicht gasdicht, d. h. die Kohlendioxidkonzentration im Wasser nimmt wieder ab. Da ausreichend Kohlensäure aber nicht nur das Wachstum der Keime hemmt, sondern die Keimbelastung sogar vermindern kann, sollten Sie nur vorgekühltes Wasser mit Kohlendioxid versetzen. So wird mehr Kohlendioxid im Wasser gebunden. Sprudeln Sie immer reichlich Kohlendioxid in die Flasche.

REINIGUNGSTIPPS

- PET-Flaschen können nicht in der Spülmaschine gereinigt werden, da die hohen Temperaturen die Flaschen verformen würden. Nur mit Wasser bis 50 °C und ab und zu mit etwas Spülmittel reinigen.
- Da sich in den Flaschen allmählich Keime ansiedeln können, ist ab und zu die **Reinigung mit ein bis zwei Gebiss-**

reiniger-Tabletten oder den speziellen Reinigungstabletten aus dem Handel empfehlenswert. Sie wirken durch Sauerstoffbleiche desinfizierend.
- Füllen Sie die Flasche nach der Reinigung sofort wieder mit Trinkwasser und bewahren Sie sie im Kühlschrank auf. Bewährt hat sich beim Einsatz von mehreren Flaschen das Einhalten einer bestimmten Reihenfolge beim Entnehmen, da das Wasser nicht länger als zwei Tage im Kühlschrank stehen soll.
- Werden die Flaschen längere Zeit nicht benutzt, lässt man sie nach gründlicher Reinigung kopfüber vollständig austrocknen. Sie werden trocken und unverschlossen gelagert.

MEIN SPEZIELLER TIPP
Wer ein neues Gerät kauft, sollte spülmaschinenfeste Glasflaschen wählen. Sie lassen sich leichter gründlich reinigen.

Isolierkannen

Vor 100 Jahren erfand der Berliner Laborflaschenfabrikant Reinhold Burger die Thermoskanne. Aus Geldmangel verkaufte er das Markenzeichen „Thermos" – und so halten heute „Isolierkannen" oder doppelwandige Warmhaltegefäße Kaffee oder Tee warm.

UMGANG UND REINIGUNG VON GLASKOLBEN-ISOLIERKANNEN

- Alle heißen und kalten Getränke außer Milch können eingefüllt werden. Milch wird durch mikrobiologische Vorgänge rasch sauer.
- Füllen Sie nie Tee in eine Kanne, in der schon Kaffee warm gehalten wurde, da Glas Aromastoffe gut bindet und das intensive Kaffeearoma selbst nach gründlichem Spülen an andere Getränke abgeben wird.

- Kontrollieren Sie, ob die Bodenverschraubung fest angezogen ist.
- Schütteln Sie kurz das Gefäß und achten Sie auf Klappergeräusche, denn sowohl der Glaseinsatz wie auch der Kapillar können brechen. Die Kanne wird dann aus Sicherheitsgründen nicht befüllt.
- Die Kannen können leicht beschädigt werden durch: einen Stoß oder hartes Aufsetzen, Teeeier aus Metall, harte Gegenstände zum Umrühren, starke Temperaturwechsel beim Einfüllen/Reinigen, Eiswürfel, Kandiszucker oder Trockeneis sowie hohen Druck von kohlensäurehaltigen Getränken.
- Meist genügt nach dem Gebrauch das Ausspülen mit viel warmem Wasser. Danach offen stehen lassen! Nie ganz ins Spülwasser tauchen, es kann Wasser zwischen Isoliereinsatz und Hülle dringen, die Kanne rinnt.
- Hartnäckige Beläge und muffige Gerüche lassen sich mit Gebissreinigertabletten entfernen. Dicke Teebeläge am Deckel entfernen Sie mit Ascorbinsäure (Vitamin C).
- **Schraubdeckel schließen am dichtesten,** doch wegen des bequemeren Handlings werden immer mehr Steckverschlüsse, Tippverschlüsse oder Einhandverschlüsse angeboten.
- Sehr empfehlenswert: Nachkaufmöglichkeit der Glaskörper, der Deckeldichtung oder des Deckelstopfens, da diese Materialien bei häufigem Gebrauch spröde werden.

Zuschauer fragen –
Frau Frank antwortet

LOHNT DIE NO-FROST-TECHNIK?

HERR M. AUS NIEBÜLL

Wir möchten uns einen neuen Gefrierschrank kaufen. Nun überlegen wir, ob sich der Mehrpreis für die No-Frost-Technik lohnt. Was meinen Sie?

Frau Frank rät...

Wer nicht abtauen will, wählt die No-Frost-Technik. Dieser Komfort kostet mehr Geld und verbraucht sogar noch geringfügig mehr Strom. Aber es lohnt sich trotzdem, da sich keine den Energieverbrauch steigernde Reifschicht aufbauen kann. Und jeder Abtauvorgang verbraucht viel Energie! Bei Gefriertruhen lohnt das Low-Frost-Antireifsystem. Ein Trockenluft-Sack verringert das Einsaugen von (feuchter) Außenluft, sodass nur alle zwei bis drei Jahre abgetaut werden muss.

HILFE, WAS MACHE ICH GEGEN GEFRIERBRAND?

FRAU K. AUS WEGBERG

Wie vermeide ich Gefrierbrand? Alle Lebensmittel in meinem Gefrierschrank bekommen Gefrierbrand, obwohl ich gute Gefrierbeutel verwende.

Frau Franks Tipp...

Der sogenannte „Gefrierbrand" entsteht vor allem durch Austrocknen der Lebensmittel im Randbereich. Denn auch Eiskristalle können „verdunsten". Wenn das Eis verdunstet, ist die Oberfläche natürlich strohig aufgeraut und kann durch Sauerstoff aus der Luft rasch oxidiert werden. Fetthaltige Lebensmittel können dann sogar ranzig schmecken.
Zuverlässig verhindern können Sie Gefrierbrand nur durch eine luftdichte, unverletzte Verpackung und durch eine möglichst eng anliegende Verpackung ohne viel Lufteinschluss. Da bei Ihnen offensichtlich alle Lebensmittel betroffen sind, kann ich mir eigentlich nur vorstellen, dass Sie statt absolut dichter Gefrierbeutel oder Gefrierboxen atmungsaktive Frischhaltebeutel oder Frischhaltedosen verwendet haben. Eine andere Möglichkeit könnten Verletzungen der Verpackungen durch starkes Hin- und Herschieben beim Beladen oder Herausholen sein. In geringem Umfang können auch Temperaturschwankungen Ursache für Gefrierbrand sein. Beim Anstieg der Temperatur bildet sich an der Oberfläche Tauwasser, das

beim erneuten (langsamen) Absinken der Temperatur große Kristalle bildet und die Dichtigkeit der Packung beeinträchtigen kann. Gibt es in Ihrem Gefrierschrank immer mal wieder starke Temperaturschwankungen durch eventuelles Um- und Abschalten bei der Stromzufuhr? Kontrollieren Sie die Steckdose, an die der Gefrierschrank angeschlossen ist.
Wenn Sie darüber hinaus noch etwas tun wollen, so können Sie z. B. Fleisch oder Fisch mit Wasser glasieren. Dazu werden die Lebensmittel zunächst zwei Stunden auf einem Teller angefroren, dann kurz unter kaltes Wasser gehalten und sofort in Gefrierbeutel gepackt. Das Lebensmittel überzieht sich mit einer abdichtenden, geschlossenen Eisschicht.

WAS IST SPARSAMER: GEFRIERTRUHE ODER GEFRIERSCHRANK?

FRAU H. AUS STUTTGART:

Ich brauche ein neues Gefriergerät. Nun überlege ich, ob ich mir lieber eine Gefriertruhe oder einen Gefrierschrank zulegen soll. Was ist sparsamer?

Frau Franks Rat...

Gefriertruhen sind berechnet auf das Fassungsvermögen in der Anschaffung billiger und verbrauchen ca. 25 % weniger Strom. Kalte Luft fällt nach unten und kann beim Öffnen nicht so schnell entweichen wie bei einem Schrankmodell und ein schwer nach unten fallender Truhendeckel schließt etwas besser als eine Türe. Allerdings ist das Ordnung halten nicht einfach.

WELCHE KÜHLGERÄTE SIND SPARSAM?

HERR UND FRAU S. AUS KREFELD

Vor der Anschaffung der Kühlgeräte für die neue Küche haben wir folgende Fragen im Hinblick auf den zukünftigen Energieverbrauch: Was ist sparsamer: Eine Kühl-Gefrierkombination oder zwei Solo-Geräte?

Frau Frank meint ...

Wenn Sie Platz haben, sind zwei unabhängig arbeitende Geräte besser. Zwar sind Kühlschrank und Gefrierteil manchmal getrennt regelbar und einzeln abschaltbar, aber das Kühlelement ist langlebiger als das Gefrierelement. Dann relativieren sich die etwas höheren Anschaffungskosten. Auch der Stromverbrauch spricht für zwei Geräte, vor allem, wenn Sie die Möglichkeit haben, das Gefriergerät außerhalb der warmen Küche aufzustellen.

HILFT ESSIGESSENZ GEGEN KALK IN DER SPÜLMASCHINE?

HERR C. G. AUS DEM OBERALLGÄU

Meine Freundin gibt nach dem Vorspülen in die Spülmaschine einen Esslöffel Essigessenz zum Hauptspülgang, damit das Geschirr ohne Kalkbelag aus der Maschine kommt. Ist das sinnvoll?

Frau Frank weiß ...

Alle Maschinenspülmittel sind stark alkalisch, also wird die Reinigungskraft durch den Essig sogar abgeschwächt. Aber es gibt die Möglichkeit, statt eines Klarspülers etwas Essig in das Klarspülerfach zu füllen. Doch sind die dadurch dosierbaren Essigmengen sehr gering. Auf so behandeltem Geschirr bleiben im Vergleich zum Klarspüler mehr Wassertropfen und Wasserränder zurück. Was auch völlig fehlt, ist der Glanz! Denn der Klarspüler enthält noch Stoffe, die das glatte Ablaufen des Wassers verstärken und deshalb das Geschirr besser glänzen lassen.

SOLL ICH FRISCHE EIER WASCHEN?

FRAU M. AUS FREISING

Ich bekomme von einem Kleintierzüchter immer frische Eier. Manchmal sind die aber doch sehr verschmutzt. Ich würde nun gerne wissen, ob man die Eier besser abwäscht oder doch so schmutzig bis zum Verbrauch im Eierkarton oder in der Eierablage aufbewahren soll. Ich habe mal gehört, dass beim Abwaschen der Kalk von den Schalen entfernt wird und dann wären die Eier nicht mehr haltbar.

Frau Frank rät ...

Bitte waschen Sie die Eier nicht ab. Auf der Eierschale liegt zwar keine abwaschbare Kalkschicht, aber eine pergamentartige Schutzschicht, die durch das Waschen entfernt wird. Das Ei ist dann nicht mehr so lange lagerfähig. Ganz groben Schmutz können Sie mit einem trockenen Küchenkrepp vorsichtig abreiben.

Lagern Sie diese Eier im Kühlschrank besser nicht in der Pappschachtel! Der Karton kann je nach Beladung des Kühlschranks Feuchtigkeit aufnehmen und zusammen mit den Verschmutzungen auf den Eiern (Hühnerkot!) extrem stark verkeimen. Ich rate grundsätzlich, verschmutzte Eier in einer mit einem Teller abgedeckten Glasschüssel zu lagern, also auch nicht in den vorgesehenen Eierbehältern, denn Sie müssten die Einbauten vor jeder Auffüllung gründlich reinigen. Die Glasschüssel und ein Teller sind hingegen viel leichter zu reinigen als diese Plastikeinsätze.

Etwas vorsichtig sollten Sie beim Aufschlagen der Eier vorgehen, denn dabei kann leicht Schmutz vom Ei in die Schüssel fallen. Entweder Sie waschen das Ei unmittelbar vor der Verwendung ab, oder Sie schlagen es an einer sauberen Stelle mit einem Messer an. Natürlich ist anschließendes Händewaschen vor der weiteren Verarbeitung von anderen Lebensmitteln unerlässlich.

141

Register

Lizenziert durch: SWR Media Services GmbH.

FOTOS: **fotolia** Absolutimages (S. 9 unten); Adam Radosavljevic (S. 12 oben); Africa Studio (S. 10 oben, 83 links, 97 rechts, 87, 121 rechts, 141, Rückseite Cover, links); akf (S. 36); alain wacquier (S. 73 oben); Alex Petelin (Hintergrundbild S. 34–53), Alexandre (S. 44); Alterfalter (S. 126, 122, Hintergrundbild S. 120-139); Andreja Donko (S. 20 links unten); Andres Rodriguez (S. 100); Angela (S. 68 unten rechts); Anton Balazh (S. 132 unten links); Anyka (S. 94, Hintergrundbild S. 82-117); arsdigital (S. 63); audioscience (S. 21); auremar (S. 133 unten rechts); babimu (S. 20 oben); BeTa-Artworks (S. 17 oben, 68 oben); Brebca (S. 128 oben rechts); burakdemire-zen (S. 139); by-studio (S. 128 oben links); Carmen Steiner (S. 68 unten links); Carola Schubbel (S. 75 unten); Chedges (S. 35 unten rechts, 43 unten rechts); ChristArt (S. 81); CHRSTOCK (S. 76 unten rechts); Claudia Paulussen (S. 57 unten rechts, 78); Composer (S. 60); Coprid (S. 136); Cora Müller (S. 105, 113); corepics (S. 14 unten links); Creatix (S. 18); crimson (S. 32); Dan Race (S. 89 oben); Dana S. Rothstein (S. 137 unten); Dario Sabljak (S. 123); detailblick (S. 65); djama (S. 25, 69); Dmitry Naumov (S. 41); drubig-photo (S. 7 unten rechts, 12 unten rechts, 43 unten links); duesV (S. 46); Eisenhans (S. 108 unten rechts); Eky Chan (S. 125 oben rechts); Dusk (Hintergrundbild S. 6-31); eyewave (S. 98 unten links); FirstBlood (S. 132 unten rechts); Foodlovers (S. 51 unten rechts); foto-fund (S. 121 unten links); fotografiche.eu (S. 14 oben rechts); Fotolia XXV (S. 77 oben); fottoo (S. 106); Gernot Krautberger (S. 88); Gina Sanders (S. 13 unten, 64, 90 unten links, Rückseite Cover, Mitte); goodluz (S. 91); Harald Biebel (S. 28); hasepupase (S. 125 unten rechts); Heino Pattschull (S. 73 unten); ilyashapovalov (S. 27); INFINITY (S. 98 unten rechts); Inga Nielsen (S. 31); Ingo Bartus-se (S. 17 unten links); Ingrid (S. 77 unten); ispstock2 (S. 11, 71); JackF (S. 57 unten links, 61, 109); Janet Layher (S. 22 oben); javier brosch (S. 37 oben); Jeanette Dietl (S. 42, 107, 129, Rückseite Cover, rechts); JJAVA (S. 83 unten rechts); JM Fotografie (S. 101 oben); Jürgen Fälchle (S. 37 unten, 40 oben); K.- P. Adler (S. 117); Kadmy (S. 96); Kasia Bialasiewicz (S. 59, 127 oben); kateholms (S. 132 oben); Kathrin39 (S. 39 unten); Konstantin Yuganov (S. 119); Kzenon (S. 62); lassedesignen (S.108 oben); Lichtbildnerin (S. 47 unten); M. Schuppich (S. 110 unten links); M. Rosenwirth (S. 10 unten); Manuel Tennert (S. 55); mapoli-photo (S. 101 unten); Markus Bormann (S. 85 unten); Martin_P (S. 92); Martina Berg (S. 13 oben); Maxim Malevich (S. 114); Miredi (S. 115); Monste (S. 75 oben); Nik (S. 16 unten); norixon (S. 130); Okea (S. 51 unten links); onoky (S. 8); padovanluke (S. 102); panimo (S. 51 oben); Patryssia (7 unten links, 30, 33); Pavel Losevsky (S. 80); Pavlo Vakhrushev (S. 38); Paylessimages (S. 45); Petair (S. 39 oben); Peter Atkins (S. 89 unten rechts); Peter Kögler (S. 76 unten links); Petra Beerhalter (S. 29); Photographica (S. 110 oben); PhotoSG (S. 50 oben,137 oben); Piccolo (S. 116); picsfive (S. 85 oben); Piotr Pawinski (S. 135, 140); ponsulak (S. 89 unten links); Prod. Numérik (S. 84); projekt40 (S. 90 rechts); Robert Kneschke (S. 97 unten links); rubberball (S. 92-93 oben); S.Kobold (S. 66); sauletas (S. 104); schankz (S. 72); Sergii Moscaliuk (S. 138); Sergej Toporov (Hintergrundbild S. 56-79); shootingankauf (S. 126); simmittorok (S. 133 unten links); StefanieB. (S. 15); Susan Woyzichovski (S. 17 rechts); Syda Productions (S. 23); Teamarbeit (S. 111, 127 unten); Tim (S. 22 unten); Torsten Dietrich (S. 95); TrudiDesign (S. 128 unten); victoria p. (S. 50 unten); Warren Goldswain (S. 112); WavebreakmediaMicro (S. 9 oben); wttbirdy (S. 47 oben); xiquence (S. 108 links); yamix (S. 16 oben); zavgsg (S. 118); zdshooter (S. 124)

Istock ClarkandCompany (S. 40 unten, 54); Depe (S. 49); Jan-Otto (S. 48); tacojim (S. 53)

Lichtpunkt, Michael Ruder, Stuttgart (alle Bilder von Frau Frank: Cover oben, Rückseite oben, S. 1, 6, 32, 33, 54, 56, 80, 82, 118, 120, 140, Hintergrundbild S. 2/3, 4/5, 142-144, Vorsatz, Nachsatz)

KONZEPT UND PROJEKTMANAGEMENT: Claudia Mack

LEKTORAT: Dr. Ulrike Voigt, Almuth Kampczyk

LAYOUTENTWICKLUNG UND -UMSETZUNG: Petra Theilfarth

DRUCK UND BINDUNG: Neografia, Slowakei

Materialangaben und Arbeitshinweise in diesem Buch wurden von der Autorin und den Mitarbeitern des Verlags sorgfältig geprüft. Eine Garantie wird jedoch nicht übernommen. Autorin und Verlag können für eventuell auftretende Fehler oder Schäden nicht haftbar gemacht werden. Das Werk und die darin gezeigten Modelle sind urheberrechtlich geschützt. Die Vervielfältigung und Verbreitung ist, außer für private, nicht kommerzielle Zwecke, untersagt und wird zivil- und strafrechtlich verfolgt. Dies gilt insbesondere für eine Verbreitung des Werkes durch Fotokopien, Film, Funk und Fernsehen, elektronische Medien und Internet sowie für eine gewerbliche Nutzung der gezeigten Modelle. Bei Verwendung im Unterricht und in Kursen ist auf dieses Buch hinzuweisen.

1. Auflage 2013

© 2013 **frechverlag** GmbH, 70499 Stuttgart

ISBN 978-3-7724-5942-9 • Best.-Nr. 5942

Silvia Frank, Lebensmittelchemikerin und freiberufliche Dozentin für Biochemie der Ernährung und Betriebshygiene im Haushalt, ist seit 1998 beim ARD Buffet als Haushaltsexpertin zu sehen. Ihr Ziel ist es, mit ihren Tipps allen Interessierten die alltägliche Hausarbeit zu erleichtern. Statt auf Altbewährtes blind zu vertrauen, ist sie stets auf der Suche nach zeitgemäßen Lösungen für altbekannte und neue Probleme in den eigenen vier Wänden.

Herzlichen Dank!

Niemand kann ein Buch ohne die Mithilfe vieler netter Menschen schreiben und verlegen. Deshalb möchte ich allen danken, die mir dieses Buch ermöglichten.

An erster Stelle danke ich Ihnen, den Zuschauerinnen und Zuschauern des ARD Buffets! Denn ohne Sie und ohne Ihr Interesse an den Sendungen und ohne die vielen Kontakte zu Ihnen könnte ich keine Fernsehsendungen machen und damit auch kein ARD Buffet Haushalts 1x1 schreiben. Danke für viele Anregungen, danke für Ihre Fragen und danke für so manchen Tipp, den ich gerne ausprobierte. Fundgrube für den Inhalt dieses Buches sind meine Fernsehbeiträge für die Sendungen im SWR Fernsehen. Sie finden deshalb hier nicht nur die Tipps aus den Sendeskripten zum ARD-Buffet, sondern viel „Basisarbeit" wird bei der SWR Sendung „Kaffee oder Tee" geleistet. Dies ist eine tägliche zweistündige Live- Sendung im SWR- Nachmittagsprogramm und hier darf ich auch kleine Detailthemen intensiver bearbeiten. Diese Erkenntnisse fließen dann alle in die Tipps für Sie beim ARD-Buffet ein. Deshalb geht mein herzlicher Dank ganz speziell an beide SWR-Redaktionen, besonders an meine langjährige, liebevolle redaktionelle Betreuerin Isabella Kästel und an die vielen Mitarbeiter bei beiden Sendungen. An die immer hilfsbereiten Mitarbeiterinnen und Mitarbeiter bei der Requisite, bei der Maske und dem Kostüm, in der Regie, an der Kamera und beim Ton! Sie alle sorgen dafür, dass ich Ihnen meine „Haushaltstipps" geben darf!

Auch Band zwei des Haushalts 1x1 musste gekürzt und in Form gebracht werden. Diese schwierige Aufgabe erledigte Frau Claudia Mack, Senior-Produktmanagerin beim frechverlag. Ganz herzlichen Dank für die überaus gute und für mich sehr unkomplizierte Zusammenarbeit. Mein Dank gilt aber auch der Leitung und den vielen kompetenten und freundlichen Mitarbeiterinnen und Mitarbeitern im Verlag.

Ein ganz inniger Dank geht an meinen Mann. Er freute sich über den Erfolg des ersten Bandes, war aber doch etwas skeptisch und besorgt, als so ganz allmählich der Gedanke an einen zweiten Band aufkam. Er tolerierte trotz seiner anhaltenden gesundheitlichen Probleme großzügig meine intensive Schreibarbeit, vor allem während der alljährlichen Ferien zu Weihnachten und Neujahr im Allgäu. Und über die Pfingsttage korrigierte er sehr aufmerksam und durchaus kritisch die „Druckfahnen".

Aber in diesem Buch möchte ich auch unseren Sonnenschein, unser erstes Enkelkind, die kleine „Phia" (Sophia Louisa * 8/2012) erwähnen. Sie schenkte uns viel Freude und Mut in den letzten Monaten! Mir bescherte sie darüber hinaus die üblichen Babyflecken…